企业班组长培训教程

张芳芳◎编著

中国工人出版社

图书在版编目（CIP）数据

企业班组长培训教程 / 张芳芳编著. —北京：中国工人出版社，2018.1
ISBN 978-7-5008-6882-8

Ⅰ.①企… Ⅱ.①张… Ⅲ.①生产小组—工业企业管理—技术培训—教材 Ⅳ.①F406.6

中国版本图书馆CIP数据核字（2018）第017913号

企业班组长培训教程

出 版 人	王娇萍
责任编辑	石钰艳
责任校对	赵贵芬
责任印制	栾征宇
出版发行	中国工人出版社
地　　址	北京市东城区鼓楼外大街45号　邮编：100120
网　　址	http://www.wp-china.com
电　　话	（010）62005043（总编室）　（010）62005039（印制管理中心） （010）62382916（职工教育分社）
发行热线	（010）62005996　82029051
经　　销	各地书店
印　　刷	北京美图印务有限公司
开　　本	710毫米×1000毫米　1/16
印　　张	22.75
字　　数	400千字
版　　次	2018年7月第1版　2021年7月第3次印刷
定　　价	46.00元

本书如有破损、缺页、装订错误，请与本社印制管理中心联系更换

目录
C o n t e n t s

第一篇 班组长的职业要求

第一章

班组长的角色定位与认知

学习目标

1. 了解班组长的地位
2. 掌握班组长的作用
3. 掌握班组长的角色定位
4. 理解班组长的多角色转换

学习重点

班组长在组织中的地位和作用

学习难点

班组长的多角色转换

学习引导

班组是企业的最小生产单位，班组管理是企业管理的基础。班组管理就是要充分发挥全班组人员的主观能动性和生产积极性，团结协作，合理地组织人力、物力，充分地利用各方面信息，使班组生产均衡有效地进行、产生“1+1>2”的效应，最终做到按质、按量、如期、安全地完成上级下达的各项生产计划指标。一个班组中的领导者就是班组长，班组长是班组公司生产管理的直接指挥者和组织者，也是企业中最基层的负责人，属于“兵头将尾”，是一支数量非常庞大的队伍。本章将介绍班组长在组织中的地位和作用以及班组长的角色定位，使班组长能够对自身有更加清晰的认识。

第一节　班组长在组织中的地位和作用

案例导入

李伟是一位技术精湛的优秀员工，在工作中积极主动，业绩优秀，因此在短短的时间内就获得了晋升的机会，当上了班组长。角色变了，工作内容和工作关系也随之变了。现在他遇到两个棘手的问题：一是如何与以前的“兄弟们”相处；二是如何调动、带领全班共同完成工作。上任前，李伟为人友善，与班组的同事打成一片，如同兄弟，班组气氛活跃。上任后，在一些应该严肃的场合，原来的“兄弟们”仍然我行我素，对待李伟布置的工作很随意，班组氛围颇为松散，使得工作效率和效力大大降低。李伟变得被动，身为管理者，他不想做老好人，听之任之，但又怕管起来破坏班组内现有的和谐氛围。但如果像现在这样，自己每天忙得不可开交，班组成员却不积极，严重影响了班组工作的完成。

班组长号称“兵头将尾”，既是一线战斗的直接组织者和指挥者、主管人员命令和决定的执行者、班组的主心骨带头人，也是主管人员和作业人员之间的桥梁。认识自身在企业中的地位和作用，这是每一个班组长都需要清楚的问题。

一、班组长的地位

班组是企业的细胞，班组工作是企业一切工作的落脚点，是企业管理的基石，企业所有的管理目标、管理思想，企业的发展战略、发展方向最终要落实到每一个班组。有人曾说：“看企业有没有竞争力，关键要看班组、看岗位。没有优秀的班组作为基础，企业腾飞就是一句空话，世界上跨国公司和具有综合竞争能力的企业，没有一个不是班组建设搞得好的。如果班组建设搞不好，企业可以兴旺一时，但绝不会持久。所以，班组建设表面看是企业内容的微观事务，但把它放到全面建成小康社会、加快推进社会主义现代化的伟大事业中认识，放到日趋激烈的国际竞争环境中来审视，意义十分重大。”

俗话说：“要想火车跑得快，全靠车头带”，基层班组能否完成上级下达的工作任务，完成任务的质量、速度、效益与班组长是密不可分的。班组长作为班组的带头人和组织者，处在“兵头将尾”的特殊位置，起着承上启下的重要作用。

企业从纵向结构上划分为三个层次：经营、管理和执行。其中，经营层是指总经理、董事长，他们负责企业战略的制定及重大决策。管理层是指各部门经理、主管、部长、科长、车间主任等，他们负责贯彻执行经营层的意图，组织和督促下级的工作。执行层是最基层的管理者，例如工段长、队长、领班，更多的是班组长。

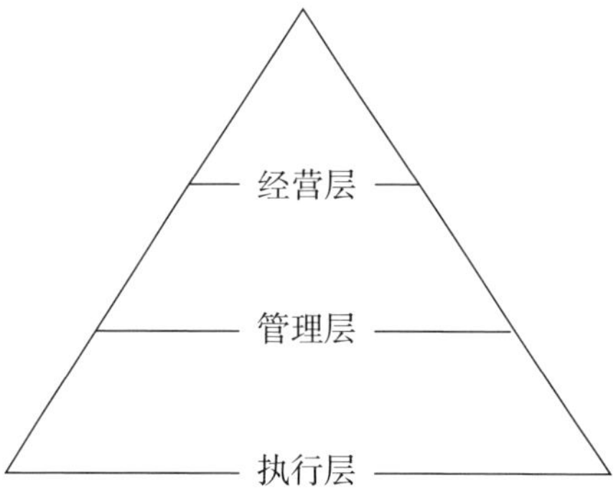

图 1-1-1　企业纵向管理层次图

班组长的地位是指班组长在企业管理中所处的位置。在企业中，班组长是基层的一级领导，是班组的领导者。班组长在班组中起着厂部、车间两级领导的代表作用，具体负责厂部、车间所布置任务的贯彻落实。同时，班组长作为企业最基层的组织者和领导者，既要直接参加劳动完成自己的计划，又要指挥全班组的生产完成班组的任务；既要带头遵纪守规，又要严格考核，搞好班组管理。由此可见，班组长在整个企业中的地位十分重要。班组长工作如何，直接关系到企业生产经营活动的正常进行和经济效益的提高。

1. 班组长在企业生产指挥中处于“兵头将尾”地位

从纵向来看，班组长处在企业生产指挥的“兵头将尾”地位。班组长作为班组的“排头兵”和“领头雁”，既是班组成员中的“将”，也是管理人员中的“兵”，是企业各项工作的重要执行者和落实者，处在联系企业和职工最关键的环节。作为一班之长，班组长既要组织指挥生产，又要带头完成所承担的生产任务。从一定意义上来讲，班组长带头作用的强弱，直接关系着班组工作的好坏，班组长要率先垂范，通过自己的模范带头作用，带领员工出色完成生产和其他各项任务。

2. 班组长在企业生产和管理的各种要素相互联系贯通中处于“枢纽”地位

从横向来看，班组长处于企业生产和管理相互联系贯通的“枢纽”地位。班组长是贯彻落实上级制度、措施的桥梁和纽带，承担着组织生产、安全监督、技术指导、相互协调和劳务分配等工作，是传达企业各级指示精神的枢纽，同时是班组成员在生产和工作中相互联系的纽带。班组既然是群体，成员之间就必然会有思想、观念、技能、爱好等诸多方面的差异，而差异就是矛盾，就需要班组长进行疏导。如果班组长没有发挥强有力的协调、导向作用，班组之魂就会丧失，生产工作任务就无法顺利完成。

3. 班组长在班组队伍中处于核心地位

从班组内部看，班组长在班组生产中起着主导作用，处于“核心”地位。班组长是生产一线的指挥官，负责协调完成上级下达的工作任务；班组长是下属成长的教导员，不仅要对下属进行工作指导，同时要在生活中关心下属，做下属信赖的朋友，促进班组的和谐发展；班组长还是生产现场出现问题时的“锄头”，在生产现场出现问题时，班组长要利用自己的业务技能及时解决问题。

二、班组长的作用

作为基层的管理者，班组长影响着决策的实施，即使决策再好，如果执行者不得力，也很难落到实处。班组长不仅是承上启下的桥梁，也是员工联系领导的纽带。作为生产的直接组织者和参与者，班组长既应是技术骨干，也应是业务上的多面手。班组长的作用体现在以下四个方面。

1. 班组长是一线生产指挥者

班组长是一线的指挥者，是“兵头将尾”，是直接带领员工从事一线生产或服务的实践者、组织者。企业的生产任务要分解落实到班组，班组长要结合班组实际进行组织和安排。班组长如果指挥不力，管理工作做得不好，将会给班组甚至企业造成损失。班组长要通过指挥促进管理，合理地安排和组织好基础工作，营造正常的工作秩序并严格执行劳动纪律，解决工作中出现的问题，确保班组生产计划的完成。

2. 班组长是基层管理组织者

企业各项管理工作都要通过班组组织并贯彻落实，而班组的一切工作都要靠班组长来组织实施。班组长需要具备优秀的品德、卓越的才干，要具备管理能力，能把整个班组拧成一股绳，充分发挥集体的智慧。班组长要努力使班组各项管理工作标准化、规范化、科学化。在这个过程中，班组长要敢于碰钉子，大胆地抓，严厉地管，同时要有创新能力。优秀的班组长应既能完成任务，又能不断创新，不断地为企业领导者提供合理化建议，不断地开拓班组工作的新局面。

3. 班组长是班组领导者

如果班组是企业的细胞，班组长就是细胞核，是班组的“主心骨”。班组构成少则几人，多则几十人，如果没有一个领导者，就形不成统一协调的战斗集体，上级下达的各项指令、任务就不会得到有力地贯彻执行，运营工作和生活中的疑难问题就无人组织研究，并加以解决。作为班组的带头人，班组长承担着开展思想工作，倾听班组成员意见和呼声，关心员工疾苦，为员工说话办事，带领班组成员齐心协力做好工作的责任。

4. 班组长是微观关系协调者

班组是生产一线多种关系的交汇点，要协调各种关系，就要靠班组长在化解矛盾、理顺情绪等方面做好疏导工作，妥善地调理好上下级之间、班组之间、同事之间以及工序之间等内外部的关系。

第二节　班组长的角色认知

案例导入

担任班组长以后，李伟每天都是第一个到工作现场，最后一个离开，员工操作中有什么问题，他都能立刻帮助解决。如果有员工缺勤，李伟就亲自操刀上阵。员工有什么技术问题，也都立即找他解决。每一天李伟都要处理不同的问题，从上班到下班，忙个不停，生产设备出现问题，他要去解决，生产任务完不成，他要亲自上岗……

李伟本以为自己如此认真，班组必定会上一个台阶，没承想，上任不到三个月，竟然丢掉了保持了一年的红旗。李伟进行了反思，认为主要的原因是自己管理不严。因此，李伟决定从严管理，通过细化班组各项管理制度严格考核管理，调动大家的积极性。但是结果却让李伟倍感意外和困惑：这样的规章制度和考核方法不仅没有起到积极作用，反倒让自己变成了“孤家寡人”，班组成员开始渐渐地疏远他。

为了提高管理水平，班组长应提高自己的角色认知能力，明确角色定位和不同角色间的转换是每一位班组长都需要认真思考的问题。

一、班组长的角色定位

角色定位的前提是角色认知。角色认知是组织行为学里的一个概念，意思是指每个人都像生活在一个大舞台上，都在充当着一定的角色，在这个舞台上你是什么角色就唱什么曲调，不能反串。在实际工作中如果出现反串就属于角色错位。班组长要对自己角色的规范、权利和义务进行准确把握。班组长要代表三个立场：对下代表经营者的立场，对上代表生产者的立场，对待直接上司既代表员工的立场，同时又代表上级的辅助人员的立场。如果班组长不清楚这一规范，不知道自己究竟有多少权利、义务、职责，应扮演何种角色，那么他虽然承担班组长工作却未能发挥班组长的作用，是没有实际价值的班组长。当然，在对自己角色的把握上也不可过激，西方将这种现象称为印象整式，通俗的说法就是“装蒜”，以致不认识或不了解下级的想法。案例中的李伟在初任班组长时，就是因为对自身的角色没有明确的认知，进行了错误的定位，从而带来一系列的困扰。

对班组长的角色进行认知后要进行角色定位。角色定位是角色在组织结构中的地位以及相互关系的确立。班组长的地位非常特殊，在企业中处于执行层的位置，在其上面有决策层和管理层，在其下面有操作人员，所以班组长在整个管理层级中起着桥梁和纽带的作用。总体来说，班组长在工作中扮演着以下五种角色。

（1）责任者。对企业来说，班组长是基层的管理者，是质量、成本、产量指标达成的最直接的责任者，是企业利润的创造者。

（2）带头人。对作业员工来说，班组长是直接领导、作业指导和作业评价者，是作业人员的帮助者和支持者，是班组的主心骨、带头人。

（3）桥梁。对主管人员来说，班组长是主管人员命令和决定的执行者，是主管人员和作业人员之间的桥梁，是管理精神的传播窗口。班组长处于各种关系的交汇点，要协调上下级之间、班组之间、班组成员之间的关系，化解矛盾，促进各方面关系的和谐。

（4）同事。对其他班组长来说，班组长是同事、是战友，是协作配合者和竞争者。

（5）助手。对中层管理人员来说，班组长是他们的左右手。

班组长所扮演的管理角色不同于其他管理角色，具有以下三大特点。

第一，班组长直接对产品和劳务负责。企业的财富源于生产一线的创造能力，产品的质量和数量以及交货期限的控制也由生产一线决定。占企业人数比例最大的一线员工的出勤和劳务的管理也由班组长在日常工作中直接负责。所以说，班组管理是企业管理的基础。

第二，班组长的管理更富于操作性和技术性。在大多数企业中，中高层管理人员几乎不直接从事具体的业务性工作。作为一线管理的班组长，则必须熟悉本班组的具体业务，具备培训和辅导组内其他员工的能力，班组长的管理成效要建立在精通业务的基础之上。

第三，班组长扮演着双重角色。班组长的特殊地位决定了他要对三个阶层的人员采取不同的立场：面对部下应站在代表经营者的立场上说话；面对经营者他又应站在反映部下呼声的立场上说话；面对他的直接上司又应站在部下和辅助人员的立场上讲话。

班组长不仅是业务的基层管理者，还要站在公司的角度，代表公司的利益，向员工说明公司的要求。辅助上级时，班组长应及时、准确地向上级反映工作中的实际情况，提出自己的建议，做好上级领导的参谋助手。

二、班组长的多角色转换

从班组长的角色定位可以看出，班组长所处的层级有两重上级和一层下级。在企业管理系统中班组长既是管理者，又是被管理者，既要提供服务，又要协同合作。显然班组长集多角色于一身。实际上，在企业的管理系统中，班组长要根据所处的不同环境和面对不同对象，选择转换的角色和沟通交流的方式。有效的角色转换可以充分发挥基层管理监督者的承上启下作用，通过角色转换得到管理的效力。

班组长管理地位的特殊性要求班组长要具备角色转换意识。在进行角色转换时，班组长面对五类不同人员必须采取相适应的角色立场。

1. 面对班组成员——应站在代表中高层管理者的立场，做好监督管理工作

对班组长来说，应对班组生产（运营）状态和生产（服务）活动进行领导和指挥。这项管理工作是代表企业的高层管理者实施的，所以要体现高层管理者的意志。班组长代表高层管理者实施监督管理，目的是使班组现场活动朝着良好方向发展。例如，在科学、合理的基础上，将班组成员分配到作业现场的各个岗位；维护和提高作业环境质量；维持良好的人际关系；维持工作现场良好的工作氛围等。案例中李伟之所以后来取得成功，就是因为能够维持良好的班组内部关系，听取班组成员的意见，制定合理的改进措施。

2. 面对中层管理者——应站在下属的立场，接受指令，同时汇报工作

班组长是中层管理者的下属，要做到明确领导的指令和下达任务的目标，同时重视向中层管理者汇报工作。一般来说，接受的指令都是生产（运营）指令，而汇报是把工作状态和工作结果定期反映给上级，如工作现场以及生产系统的整体改善，对有能力的人员进行加薪和调岗，班组的串行活动和方案，目标完成情况和所需资源情况等，或是如案例中的李伟汇报工作中遇到

的问题，请求指导和建议等。适时汇报可对上级工作起到辅助作用。

3. 面对高层管理者——应站在下级以及班组成员的立场，在服从领导的同时，主动提供基层的信息

班组长面对高层管理者必须按照上级指示和命令行事，同时，也要站在直接领导辅助职员的立场上开展工作。高层领导者在其工作岗位上不一定掌握最准确的信息，不一定做出最正确的判断。对于工作现场的实际情况，担任监督管理的人比上级了解得更清楚、更详细。所以，班组长主动提供信息、陈述意见、协助高层管理者做出恰当的判断至关重要。

4. 面对同级人员——应站在合作的立场，做好协同合作

在企业中，班组长面对本部门的同级人员或其他部门的同级人员，以及相关班组长或相关职能部门的工作人员时，协同合作至关重要。例如，新产品开发需要不同部门班组协同，上、下道工序进度调整需要协同，职能部门与班组的合作需要协同。这时，班组长应站在合作的立场上做好协同合作。

5. 面对外部关系人员——应站在企业的立场，做好服务工作

班组长在直接面对外部关系人员时需要转换角色、调整立场，站在企业的立场上考虑问题，提出意见。例如，开拓新顾客、外部招聘高技能的人才、寻找有专门技术的合作伙伴等。

以上五个立场，是作为基层管理者的班组长在岗位上面对不同管理层级和内外部人员所应进行的角色转换和应采取的态度。班组长只有具备了适时进行角色转换的能力，才能提高管理绩效。

实务训练

案例一 任劳任怨的刘力

青年工人刘力是厂里的工人技术骨干，为人忠厚老实，多次在公司电工“比武”中名列前茅。电工班老班长退休后，车间领导任命刘力为电工班班长。

刘力好钻研，电工方面的技术问题很少能难得倒他。担任班长后，刘力更加任劳任怨，不管是电气设备的检修还是运行路线的维护，每天从早忙到晚，手脚不得闲。

但刘力不太爱说话。平时和领导、同事们的话就很少，车间调度会他也很少发言，班前会也只是简短几句布置一下任务。私下里和领导、班组成员几乎没有什么来往。班组成员身体不舒服，家里有什么事，情绪有什么波动，他很少也没有时间注意到。

他认为班长最重要的是以身作则，带头完成各项工作任务。再说，每天班上有那么多活要做，不应该把精力用在鸡毛蒜皮的人际关系上。

请问，刘力是一个称职的班长吗？他的问题出在哪里？

案例二 严格管理的张军

经过一层层激烈的角逐，张军终于如愿以偿，成为钳工班班长。

为人严谨的张军认为班组管理的关键应该是制度管理。只要健全班组各项管理制度，严格考核，公平公正，人们自然会心服口服，班组管理也会井井有条。

上任伊始，他就细化了班组各项管理规定，并将考核结果与当月奖金挂钩，一旦发现违纪现象，他就绷起脸来，严加训斥。结果，一星期内，班里16名工人被张军训斥了10位，并对3位实施了经济处罚。

这样一来，大家对张军的意见很大，有人见到他就气鼓鼓的。班里以前和张军关系不错的人也对他“敬而远之”，张军成了孤家寡人。

张军想不明白，他到底哪儿错了？

案例分析：

刘力尽管任劳任怨但他不是个称职的班长，倒是个地道的劳模。虽然班组长作为生产最前线的指挥员，有危险、有困难时应该冲在最前面；但作为一名基层管理者，班组长决不能忽视自己的管理职责，应该组织调动班组成员共同完成工作，而不应该只是自己埋头做业务。不了解自己的班员不容易发挥团队力量，即使有三头六臂，也不见得能够完成班组工作任务。

严格管理的张军本意没有错，但是工作方法过于简单和生硬，又带有明显的官僚作风。人是有思想、有情感的，不能用对待机器的方法来对待人。所以，要注意管理的方式、方法，让班员感觉到你是在帮助他，为他好，从而自觉服从管理。

思考题

1. 班组长的重要地位体现在哪几个方面？
2. 作为基层管理者，班组长如何发挥作用？
3. 班组长所扮演的管理角色在哪些方面不同于其他管理角色？
4. 班组长在班组管理工作中如何实现不同角色之间的转换？

判断题

1. 班组长作为班组的带头人和组织者，处在“兵头将尾”的特殊位置，起着承上启下的重要作用。（　）

2. 在企业的纵向结构上，班组长既处于管理层又处于执行层。（　）

3. 班组长在班组中起着厂部、车间两级领导的代表作用，具体负责厂部、车间所布置任务的贯彻落实。（　）

4. 班组长工作如何，直接关系到企业生产经营活动的正常进行和经济效益的提高。（　）

5. 班组长对于上层管理者的决策没有什么影响力，只要决策好就能落到实处。（　）

6. 班组长是基层的管理者，是质量、成本、产量指标达成的最直接的责任者，是企业利润的创造者。（　）

7. 班组长只需要做好本班组的管理工作即可，无须考虑与其他班组的关

系。（　）

8. 对于中层管理者，班组长只需要执行决策即可。（　）

9. 班组长是直接领导、作业指导和作业评价者，是作业人员的帮助者和支持者，是班组的主心骨、带头人。（　）

10. 班组长是主管人员命令和决定的执行者，是主管人员和作业人员之间的桥梁，是管理精神的传播窗口。（　）

选择题

1. 从企业纵向结构层来看，班组长处于（　）。

A. 决策层　　B. 经营层　　C. 管理层　　D. 执行层

2. 在企业中，班组长是基层的一级领导，是班组的领导者，以下关于班组长的表述不正确的是（　）。

A. 班组长在班组中起着厂部、车间两级领导的代表作用，具体负责厂部、车间所布置任务的贯彻落实

B. 班组长作为企业最基层的组织者和领导者，既要直接参加劳动，完成自己的计划，又要指挥全班组的生产，完成班组的任务

C. 班组长既要带头遵纪守规，又要严格考核，搞好班组管理

D. 班组长工作如何，与企业生产经营活动的正常进行和经济效益的提高关系不大

3. 以下哪项不是班组长的作用？（　）

A. 班组长是一线的指挥者，是“兵头将尾”，是直接带领员工从事一线生产或服务的实践者、组织者

B. 企业各项管理工作都要通过班组组织和贯彻落实，而班组的一切工作都要靠班组长来组织实施

C. 作为班组的带头人，需要带领班组成员齐心协力做好工作，不需要承担开展思想工作的责任

D. 班组长要在化解矛盾、理顺情绪等方面做好疏导工作，妥善地调理好上下级之间、班组之间、同事之间以及工序之间等内外部的关系

4. 对主管人员来说，班组长是主管人员命令和决定的执行者，是主管人员和作业人员之间的桥梁，是精神管理的传播窗口。同时，班组长处于各种

关系的交汇点，要协调上下级之间、班组之间、班组成员之间的关系，化解矛盾，促进各方面关系的和谐。这说的是班组长的哪种角色？（　）

A. 责任者　　B. 桥梁　　C. 带头人　　D. 同事

5. 关于班组长的角色转换，下面哪种说法是错误的？（　）

A. 面对高层管理者，班组长只需要服从领导即可

B. 面对中层管理者，班组长应站在下属的立场，接受指令，同时汇报工作

C. 面对班组成员，班组长应站在代表高层管理者的立场，做好监督管理工作

D. 面对同级人员，班组长应站在合作的立场，做好协同合作

参考答案：

√　×　√　√　×

√　×　×　√　√

D　D　C　B　A

第二章

班组长的基本素质

学习目标

1. 了解班组长的任职资格
2. 了解班组长的素质要求
3. 理解班组长的职业素养
4. 理解班组长的职业道德

学习重点

班组长的任职资格和素质要求

学习难点

提升班组长职业素养和职业道德的重要性

学习引导

企业中的班组长都是从工作现场“摸爬滚打”中干出来的，他们技术娴熟，吃苦耐劳，一个人埋头苦干绝没有问题，可是要带领团队实现各种目标，有些班组长就有些力不从心了。有人将这样的班组长比喻为“球星”，只发挥了技术能手的作用，而没有发挥“教练”的作用。班组长应该如何从技术岗位走上管理岗位？他们需要具备哪些基本素质？本章将介绍班组长的任职资格、素质要求、职业素养以及职业道德，使班组长对自身应具备的素质有清楚的认识。

第一节 班组长的任职资格和素质要求

案例导入

在担任班组长之前，李伟业务知识扎实、工作认真、表现良好，正因为如此，在老班长退休后，由员工推举当上了班组长。自从当上班组长以后，李伟依然像以前那样，每件事情亲力亲为，总是担心班组成员做不好，会犯错误。平时上班时也很少跟同事谈话，除非工作需要，大多时候还是保持以前那种默默无闻的工作习惯。时间长了，班组的同事跟他的关系越来越疏远，即使发现什么问题、有什么意见也不跟他反映。李伟也觉得每天总有做不完的工作，身心疲惫，甚至萌生了不适合做班组长的想法，他认为自己不具备班组长的基本素质和要求。

作为一线的管理者，如何在班组中发挥应有的核心作用，清楚自己的任职资格和素质要求，是每个班组长应该思考的问题。

一、班组长的任职资格

班组长的产生一般由行政任命、公开招聘和员工推举三种方式。

1. 行政任命

行政任命是产生班组长的传统方式，具体操作办法是：一般由车间主任提名，经相关的会议研究决定，或由车间主任自行决定任命。这种方式有利于车间主任按照领导的意图选任班组长。这种方式的主要缺点是缺乏必要的群众基础，现在很多企业已经不采用这一做法。

2. 公开招聘

公开招聘是运用竞争机制选拔班组长的一种方式。这种方式既可以在本班组，也可以在外班组招聘班组长，还可以从人才市场上直接招聘。招聘时，公司、车间、班组都明确任期和签订任期目标责任书。这种方式有利于广开才路，选贤任能，有利于管理者和员工意愿相统一，有利于受聘班组长增强责任感。

3. 员工推举

员工推举是由班组成员直接选举产生班组长的方式。这种方式一般的操作方法是：在班组民意测验的基础上，经上下结合提出候选人，由全体班组成员实行等额和差额选举后，由车间主任正式任命生效。这种方式，发动群众比较充分，班组员工绝大多数拥护，当选的班组长依靠群众民主管理和接受群众民主监督的自觉性会随之提高。

不论是通过哪种方式产生的班组长都需要具备一定的任职资格。任职资格是指为了保证工作目标的实现，任职者必须具备知识、技能、能力和个性等方面的要求，经常以胜任职位所需的学历、专业、工作经验、工作技能、能力加以衡量。班组长的任职资格通常包括工作经验、业绩要求以及任职资格指标和要求。详见表 1-2-1。

表 1-2-1 班组长任职资格管理标准

1. 目的

通过对班组长任职资格评定，确定班组长职位的任职资格标准和要求；制定和规范班组长任职资格管理工作，建立班组长培养和发展通道，并规范班组长的任职资格管理，特制定本标准。

2. 适用范围

本标准适用于生产部班组长职位评估和任职资格评定。

3. 责任

3.1 人事部门负责班组长任职资格管理标准的修订与发布等；负责班组长提名的初步审核；负责整理班组长任职资格评定相关考核数据，包括班组信息、离职率、持续改善数据等；负责组织实施班组长任职资格评定。

3.2 相关部门负责班组长任职资格评定人员的提名；负责协助人事科开展班组长任职资格评定工作；提供班组长任职资格相关考核数据，包括班组信息、离职率、持续改善数据等。

3.3 班组长任职资格评定小组由生产部长、生产部各部门负责人、人事经理组成。负责班组长提名的审核及班组长任职资格等级评定工作。

4. 定义

4.1 班组长：指从事制造、品管、物流仓管等基层管理工作，担任班组长岗位的人员。

4.2 任职资格等级是根据员工专业技能、管理能力、岗位贡献等因素，由班组长任职资格评定小组经过综合评定所确定的任职等级，班组长任职资格与班组长的职业发展、岗位津贴、调薪升职相关。

4.3 任职资格等级：分为初级、中级、高级三个等级。

5. 内容

5.1 班组长任职资格评定原则：

首次评定，最高评定为初级；中级及以上评定需逐级进行。

5.2 提名工作

5.2.1 提名标准

a. 遵守国家法律法规，遵守公司规章制度；

b. 认同公司企业文化，具备较高的思想道德水平；

c. 具有一定的组织策划、学习、沟通能力，具有强烈的进取心和责任感，且能够承受较大压力；

d. 连续 6 个月月度绩效考核及上年度、本年度绩效考核 B 等级及以上人员。

5.2.2 提名方式

分为部门负责人推荐和员工自荐两种方式，由任职资格评定小组审核后，确定参加班组长任职资格评定的人选。

5.3 班组长培训考核工作

班组长培训及考核工作由各部门自行组织实施。对于提名参加班组长任职资格评定的人员，由部门将其培训考核记录提交至人事科备查。

5.4 任职资格评定

任职资格的评定要求分为工作经验及业绩要求和任职资格指标及要求两大部分，所有参与评定的人员必须符合工作经验及业绩要求，否则无权参与任职资格评定；任职资格指标及要求包括专业技能、职业能力、品质、成本 / 效率、计划 / 交付、班组建设、现场 /6S。

5.4.1 工作经验及业绩要求

任职等级	工作经验及业绩要求	
初级	连续 6 个月绩效考评 B 级以上	
中级	月度绩效考评至少一次 A 级	获得初级资格后，连续从事班组长工作一年以上
高级		获得初级资格后，连续从事班组长工作两年以上

5.4.2 任职资格等级评定表（详见表 1-2-2）

5.4.3 评定方法

由班组长任职资格评定小组对已通过资格初审的人员直接进行任职资格等级评定。

5.5 班组长任职资格与岗位津贴

5.5.1 任职资格结果与班组长岗位津贴挂钩，发放标准按照实际出勤计算。

5.5.2 发放条件

5.5.2.1 资质条件

a. 须取得有效任职资格并从事班组长岗位，两个条件同时具备；

b. 调离、调任岗位的当月津贴按照实际在岗天数核算，天数不足 5 天的，当月不享受津贴；

c. 任职资格等级调整（升级或降级）的，当月津贴按实际天数及对应标准加权核算。

5.5.2.2 出现以下情形扣除或取消津贴资格发放

出现重大投诉或在班组管理中存在较大问题的，下调或取消岗位津贴的发放，情况严重的，调离班组长岗位。

5.5.3 发放时间

岗位津贴自取得任职资格次月起开始发放。

5.6 班组长任职资格评定于每年 12 月份进行。

5.7 如出现因班组长重大失误或离职造成该岗位空缺，人事科启动本程序。

表 1-2-2　班组长任职资格等级评定表

姓名		岗位		部门（班组）		学历		职称		评价考核期	

评价考核项目		分数	评价考核要点	差 1%—59%	合格 60%—79%	良好 80%—89%	优秀 90%—100%
任职能力	学习能力	10	是否掌握系统的理论知识，能够将工作中的经验进行总结提炼并有所创新，并能够将所学传授给他人				
	执行能力	10	是否自觉遵守企业的各项规章制度，是否按照既定的计划、原则和办法执行工作任务，关注细节，有意识地在工作中寻求规律、技巧，提升工作效率与水平				
	创新能力	10	能否在工作中主动学习，锐意进取，创造或引进新概念、方式，有意识利用新知识来改进工作，提高工作绩效				

续表

<table>
<tr><td>姓名</td><td></td><td>岗位</td><td></td><td>部门（班组）</td><td></td><td>学历</td><td></td><td>职称</td><td></td><td>评价考核期</td><td></td></tr>
</table>

<table>
<tr><td colspan="2">评价考核项目</td><td>分数</td><td>评价考核要点</td><td>差
1%—59%</td><td>合格
60%—79%</td><td>良好
80%—89%</td><td>优秀
90%—100%</td></tr>
<tr><td></td><td>协同能力</td><td>10</td><td>是否具有全局意识，能否主动为他人提供帮助，主动配合其他部门或岗位开展相关工作，善于与人沟通，能有效化解工作中的矛盾</td><td></td><td></td><td></td><td></td></tr>
<tr><td rowspan="4">技术能力</td><td>专业知识</td><td>20</td><td>掌握与本职工作相关专业知识的程度</td><td></td><td></td><td></td><td></td></tr>
<tr><td>专业技术</td><td>20</td><td>职位所需的专业技术能力如何，工作中出现有难度的问题能否处理好</td><td></td><td></td><td></td><td></td></tr>
<tr><td>工作效率</td><td>10</td><td>能否在规定时间内较好地完成工作，是否自觉完成除本职工作外的工作</td><td></td><td></td><td></td><td></td></tr>
<tr><td>工作成果</td><td>10</td><td>能否按照事先拟定计划或目标保质、保量完成工作</td><td></td><td></td><td></td><td></td></tr>
<tr><td colspan="3">理论及操作技能考试得分</td><td></td><td colspan="2">考核评价得分</td><td colspan="2"></td></tr>
<tr><td colspan="2">总得分</td><td></td><td>奖惩情况</td><td colspan="4"></td></tr>
<tr><td colspan="2">综合评价</td><td colspan="2"></td><td>考核者签字</td><td colspan="3">职业发展辅导小组签字</td></tr>
</table>

二、班组长的素质要求

基层班组是企业的“细胞”，是企业安全生产中各项任务指标实现的最终落脚点。作为基层班组管理者的班组长，其能力决定着企业“细胞”的活力，直接影响到企业各项任务的落实和安全管理的成效。因此，班组长在注重自身能力提高的同时，要努力使自己具备一定的基本素质。班组长的基本素质包括知识、技能和职业素养，通过这三个层次的引导，可以正确指引班组长达到组织所需要的任职资格条件。知识、技能和职业素养之间的逻辑关系如图 1–2–1 所示。

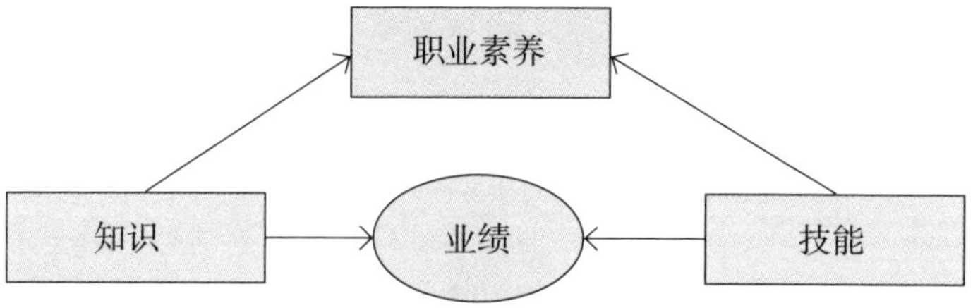

图 1–2–1　班组长素质结构

1. 知识

班组长要掌握关于企业发展和组织职责方面的知识。班组长是企业最基层的负责人，作为班组生产管理的指挥者和组织者，必须掌握关于企业及组织方面的知识，要深刻理解和掌握企业的中长期目标和短期目标，要认识当前企业的现状和存在的问题。只有掌握了必要的知识，班组长才能摆正所负责班组在企业中的位置，理解自身工作的重要性。

此外，班组长还需要掌握专业和管理方面的知识和技巧。班组长要熟悉、掌握与自身工作相关的专业知识，必须要有科学管理和现代管理的意识，要了解各项管理的基本知识，掌握提高劳动生产率、全面质量管理、成本核算、安全生产等方面的基本知识和管理的途径和方法。同时，班组长在管理中要具有创新意识，积极学习新知识、新方法，大胆创新。

2. 技能

班组长在自己的管理范围内，需要具备相当高的技术和技能。班组长应具备完成本班组生产任务相应的专业知识，要能够熟练地掌握生产（服务）基本操作技能，熟悉本班组产品（服务）各工序、业务流程的技术标准，工艺规程、操作要领和检测方法，对生产（服务）过程中出现的一般性技术质量问题有组织处理的能力，善于学习和掌握新设备、新技术、新工艺，成为生产（服务）技术的多面手。

3. 职业素养

班组长的职业素养是指班组长要有较强的民主、法制、文明意识，为人诚恳谦虚，办事果断，具有决断能力，既坚持原则，又发扬民主，要平等待人，办事公正，责任心强，对工作具有质量意识、干劲、热情和决心，要发挥表率作用，以良好的职业素养凝聚班组的核心力量。

构成班组长素质结构的这三个要素具有很强的内在逻辑。首先，知识是岗位发挥作用的基础，没有良好的知识，专业化程度会降低。例如，有些工人工作热情高，但是由于方法不对，导致工作成效不好。其次，技能是知识的提升应用，但如果没有对知识综合应用的能力，再高的知识水平也发挥不了实际作用。最后，职业素养是最重要的一项内容。职业素养简单来说就是工作态度和职业道德，有知识和技能，不一定就是组织需要的人才，当一个人的个人素养和组织的职业素养不相符合时，将会对组织工作带来负面影响。作为班组长除了需要具备较高水平的知识、技能，还需要具有较高的职业素养。

班组长的基本素质直接影响整个班组的人员、技术、管理的素质，决定着整个班组的成效。一个优秀的班组长总是全面发展的，也只有在各个方面都严格要求自己的班组长才能成为杰出的班组长。好的开始是成功的一半，不论你是通过哪种方式推举担任的班组长，在上任之初，一定需要认真对照班组长任职资格和基本素质要求对自己进行审查，找到自身的不足，制订学习、发展计划，顺利地实现技术骨干向一线管理者的过渡，这也正是案例中的李伟需要做的事情。

第二节　班组长的职业素养

案例导入

为了更好地胜任班组长的工作，李伟购买了很多专业书籍，充分利用业余时间学习研究。他经常把图纸和规程带回家认真查阅，利用业余时间一遍遍查流程，有时为了弄清一个复杂的流程，会反复试验多次，目的就是找到经常发生问题的地方，提出改进措施。李伟认识到，班组建设讲究的是凝聚力和战斗力，只有把班组成员团结起来才能克服困难完成各项任务。李伟首先认真分析了班组内各岗位的特点以及每个员工的特点，利用不同的形式和方式与班组成员沟通，讨论如何在生产上协作，如何在工作上配合，如何加强班组团队的力量，等等。李伟不仅在工作上指导班组成员、带领他们完成生产任务，而且充分地尊重、信任、理解班组员工，关心他们的个人及生活，力所能及地帮助他们解决遇到的困难。

李伟经常说的一句话就是："当班组长也许就是这样，要学会付出，学会奉献。既然选择了这份平凡的事业，我就要无怨无悔地坚持到底，做到最好！"

优秀的班组长往往具有追求卓越、超越自我的良好品格和不断学习的习惯，这是其前进的动力和支持，认识自身应该具备的职业素养是每一位班组长都应该清楚的问题。

一、班组长的常见类型

随着时代的发展和工作的需要，越来越多的年轻人走上了班组长的岗位，但他们大部分都是靠师傅带徒弟的方式或靠自己平时摸索、积累经验来了解、感悟什么是管理，缺乏系统管理知识。企业班组长主要有以下几类。

1. 生产技术型

生产技术型的班组长多是业务尖子，技术高超，处理事故的能力强，但缺乏人际关系的协调能力，工作方法通常都比较简单，常常用对待机器的方法来对待人，对这一类的班组长有必要进行人际关系方面的培训。案例中的李伟就属于这种类型。

2. 盲目执行型

盲目执行型的班组长往往缺乏创新和管理能力，常常表现为态度和作风生硬，官僚主义，出了问题则会逃避和推卸责任。

3. 得过且过型

在企业中，有些人勉为其难地当上了班组长，上任后往往得过且过，对工作没有责任心。似乎工作是给别人干的，上级要求开班前会，他就领着喊两句口号，上级的指示，往往到他这里就没有了下文，这样的班组长完全是徒有虚名，在班组成员中势必没有威信。

4. 劳动模范型

劳动模范型的班组长一般在工作中细致严谨、严守规章制度、以身作则、言传身教，但却不适合担任领导工作。劳动模范型的班组长会被下属指挥得团团转，常常感叹自己是“两眼一睁，忙到熄灯”，其结果是把时间交给了下级，下级却把责任交给了自己，成了名副其实的反授权。因此，需要对“劳动模范型”班组长进行管理能力培训，以帮助其胜任班组长岗位职务。

5. 哥们儿义气型

哥们儿义气型的班组长擅长树立权威，组织能力强，讲哥们儿义气，对待班组成员常常称兄道弟，像哥们儿一样，在工作中自然也容易感情、意气用事，缺乏原则。实际上早已把自己等同于非正式团体的“小头目”了，如果不从哥们儿义气中解脱出来，这班组长也无法做长久。

6. 事必躬亲型

事必躬亲型的班组长对于每样事情都亲力亲为，不相信别人，事必躬亲和以身作则不同，其结果是让员工变懒。试想，如果一位卡车司机总是占着驾驶座而不让别人碰方向盘的话，怎样培养新司机，又会有谁可以在他疲惫的时候给他开车呢？更重要的是，这样就不会有时间思考了。

总之，以上六种类型的班组长由于种种原因，普遍缺乏令人满意的管理能力和处理突发事件的能力，所以导致很好的企业决策在最基层却得不到有效的贯彻和执行，严重影响了企业效益，损害了企业的良好形象。

7. 外科医生型

第七种类型的班组长在进行管理的时候就如外科医生一样，管理得有条不紊，工作有重点，团队配合默契、交接清楚、全神贯注，而且能抓住重点。在团队里，有时不需要语言，一个眼神、一声咳嗽，都知道彼此如何配合。这种类型的班组长是最好的领导型管理者。

仔细对照一下，看看自己属于哪一类班组长或是您所在班组是否存在以上类型的班组长。要成为一名合格的班组长，需要修炼很多方面，其中一个重要方面就是职业素养。

二、班组长提升职业素养的重要性

职业素养是班组长基本素质的重要组成部分，具有很强的引导和示范作用，提升职业素养对于班组长胜任其岗位具有很重要的意义。

1. 班组长提升职业素养是个人职场成功的基础

从众多职场人士的成功与失败经验中可以得出一个宝贵的理念：一个人的能力和专业知识固然重要，但要在职场成功，最关键的并不在于他的能力与专业知识，而在于他所具有的职业素养。

成为一名优秀的班组长，是每一个班组长的最高追求，也是每一个企业对班组长的最高要求。随着企业管理和安全的关口下移，对班组长的要求越来越高。作为一线管理者，班组长只具备专业技术知识、管理能力只能成为以上所提到的生产技术型、盲目执行型的管理者。做一个称职而优秀的班组长，除了具备必要的专业技术和管理能力，还要实现自身由技能型向管理型、由经验型向知识型转变，要具备让人信服的个人修养，要能充分发挥表率作用，要能够维护班组的和谐，要能够充分调动员工的积极性以共同实现组织目标，而以上这些都是班组长职业素养的重要内容。

2. 班组长提升职业素养是班组长的职责决定的

号称“兵头将尾”的班组长，是生产一线的直接指挥者和具体组织者，在企业的生产管理中扮演着承上启下的重要角色，是企业生产管理中的“枢纽”，在班组生产中起着主导作用，处于“核心”地位。班组长所处的职位要求，作为一名称职的班组长，必须具备较高的思想政治素质，较高的专业技术技能，较高的管理能力，较好的文化修养和人际关系能力。这就需要班组长在专心致志地做好本职工作的同时，不断地学习文化知识、科学技术、法律法规、哲学艺术等一切有利于提高自身素养、提升职业素养的东西，学以致用，将所学的知识和掌握的能力运用到实际工作中，不断改进工作，树立工作目标，完成工作计划，努力成为一名优秀称职的班组长。

3. 班组长提升职业素养是企业生存和发展的需要

班组长是企业组织中的基本细胞，是一线生产的灵魂，是企业战略和规章制度的落实者。班组长的管理理念、管理素质和管理水平好与不好，直接关系到企业状况和竞争力，直接影响到产品质量、成本、交货期、安全生产和员工士气。可以说，班组长管理水平的高低将最终影响企业经营。因此，班组长在企业生存和发展中起重要的决定性作用。班组长要努力提升自身的职业素养，成为企业迫切需要的新一代的知识型、专家型的班组长。

4. 班组长提升职业素养是企业基层管理的需要

企业中 95% 以上的职工来自班组，企业的生产经营任务是通过班组来完成的，班组管理是企业最基础的管理，但也是各种问题的集中地。班组管理中常见的问题有执行力不强，在一些任务和文件的落实上存在扯皮或是相互推诿现象；员工岗位意识不强，不能形成良好的工作习惯和工作作风；员工的工作积极性不高，缺乏自觉性、主动性和创造性；班组之间缺乏协作关系，工作中缺少相互协调与沟通等。解决以上问题的措施就是强化班组建设，而班组建设的主体就是班组长，班组长是班组建设工作的第一责任人。作为班组长，必须明确自身的职责，掌握班组建设的全局，按照工作目标，对班组管理过程中的人、财、物、信息、时间等要素进行实质性的管理，同时在班组内部建立团队精神，提升班组的号召力、凝聚力、战斗力。班组长要努力提升自身的职业素养，使各种问题得到有效解决，确保组织管理目标的实现。

三、班组长职业素养的主要内容

职业素养是一个很大的概念，专业是第一位的，但除了专业知识，工作态度和职业道德是必备的，体现到职场上就是职业素养。班组长的职业素养是对班组长内在的规范和要求，是班组长在工作过程中表现出来的综合素质。

1. 积极的工作态度

首先，班组长的工作态度要积极，对企业安排部署的各项工作，要做到不等不靠，主动想办法解决问题、完成任务；做任何工作都要有信心和激情，只有这样，才能带动整个班组以更好的状态投入工作；在工作中遇到困难、挫折时，不气馁、不退缩，乐观面对一切挑战。

2. 良好的职业道德

职业道德既是对班组长在班组管理工作中行为的要求，同时又是班组长对企业所负的道德责任与义务。班组长所需具备的职业道德主要有正确而明确的价值观，忠于职守、尽职尽责，具有表率作用，奉献精神，坚持原则、秉公办事，关心员工，有合作精神。

第三节　班组长的职业道德

案例导入

随着燃油价格的不断攀升，企业面临成本大幅提高的严峻局面，总公司要求企业内人人都打好“小算盘”，挖掘内部潜力，严格控制成本，努力提高经济效益。班组长李伟接到了上级的指示后，进行了认真的思考，他认为成本的控制与节约不只是目前喊喊口号、多做检查就能解决的，应该在班组内形成精打细算、勤俭节约的工作作风和长效机制。李伟向车间主任提议可以在班组内开展小指标竞赛、技术革新、修旧利废、提合理化建议等活动，可以有效地调动员工的积极性，将工作落到实处。李伟的提议得到上级领导的认可，在上级领导的支持下和相关部门的配合下，李伟拟定了详细的活动方案，并且以他所在的班组作为试点首先在企业内开展“人人都是节约小能手”的活动。

作为一名班组长，应该为班组员工做出表率，带领班组员工不断提升自己，把自己的品格和能力奉献给企业和工作，而这正是班组长职业道德的体现，也是一名班组长应该清楚认识的问题。

职业道德是从事某一职业的人员必须共同恪守的基本道德准则，具有行业性和职业性的特点，不同行业和岗位对于职业道德都有着具体的要求。班组长作为班组的第一责任人，他的职业道德和综合素养直接影响和制约着班组的管理水平。

一、职业道德对于班组长的重要性

1. 职业道德是班组长综合素质的核心

班组长作为基层管理者，必须具备相应的综合素质，包括专业知识、技能和职业素养。在职业素养中，职业道德占据着首要位置，其决定着班组长对待工作的态度，进而影响班组长在工作中的所作所为。

2. 强调班组长的职业道德是时代发展的要求

改革开放和社会主义市场经济的深入发展，我国社会经济结构和价值体系发生了划时代的变革，在社会变革的运行中，人们的价值观念和价值取向发生着巨大的变化。班组是企业的细胞，同时也是社会的缩影，班组势必映射着时代发展特点，这对每天与员工打交道的班组长提出了更高的道德标准要求。

3. 重视培养班组长职业道德是企业发展的需要

无论是国有企业还是民营企业，作为社会的组成部分，在追求利润的同时，也有着不可推卸的社会责任，要讲究行业道德，塑造完美的社会形象。班组长是企业名片和窗口，其职业道德是企业道德观和社会形象的具体体现。事实证明，没有优秀的较高道德水准的基层管理者，企业不可能有良好的形象。

二、班组长职业道德的内涵

班组长需要具备的职业道德主要包括以下七个方面。

1. 正确而明确的价值观

价值观是指一个人对周围的客观事物的意义、重要性的中正评价和总看法。像这种对各种事物的看法和评价在心目中的主次、轻重的排列次序，就是价值观体系。价值观和价值观体系是决定人的行为的心理基础。班组长作为班组的带头人，必须有正确的价值观，并且通过自己的言行明确地表现出来，从而在班组成员中起到表率作用。班组长的价值观首先应该表现为对社会和人生的一种积极态度，如勇于承担责任、不轻言放弃、成为更优秀的自己等。同时，作为企业的骨干和基层管理者，班组长的价值观还应该表现为对企业文化的高度认同，这对于员工融入企业文化起到很好的带动和引导作用。

2. 忠于职守，尽职尽责

班组长应该有一种强烈的使命感和责任心，忠于职守，尽职尽责，做到“在其位，谋其政”。班组长的使命可以概括为生产的组织领导者，也是直接生产者，同时还是班组员工的技术技能教练、职业生涯发展的指导者。只有认真履行自己职责的班组长，才能成为一名卓越的班组长。

3. 表率作用

班组长作为“兵头”，应该处处起到带头作用，在全体班组成员面前率先垂范。班组长尽管只负责几个人或十几个人的工作，但其一言一行都置于班组员工的直接监督下，班组长要想带出一支好队伍，顺利完成上级交给的工作任务，必须严于律己，宽以待人，要求别人做到的，自己首先做到；要求别人不做的，自己带头不做。在工作中时时处处严格要求自己，带头实干，才能在与员工零距离接触中，树立起较高威信，为充分行施指挥权发挥积极作用。

4. 奉献精神

班组长的表率作用体现在本职工作中就是奉献精神。目前，企业中大部分班组长的岗位津贴还不是很高，和其管理责任不太成正比，而且绝大多数班组长是不脱产的，除带领全体班组成员完成上级下达的各种任务之外，还有自己的工作任务指标。选择了担任班组长，就意味着选择了奉献，无论是在一般工作中还是在面对困难时，都要做到吃苦耐劳在先，享受在后，甚至要时时刻刻想着将荣誉让给下属，归功于整个团队。

5. 坚持原则，秉公办事

班组长要正确行使为企业服务的权力，凡事要出于公心，坚持原则，秉公办事，不信口开河，不随心所欲，不以个人感情用事，更不得公报私仇；出事不偏袒、不偏护，不营私舞弊，不牟取私利。对于班组成员的“功与过”“是与非”要做到胸中有数，并记录在案，奖罚分明。在处理班组事务、矛盾时，要以规章制度、法律为依据，公正、公平、公开、合法、合理地去解决，绝不能将矛盾和困难向上推，要勇挑重担。

6. 关心员工

作为企业最基层的管理者，班组长确实没有多大权力为员工谋福利，但是作为和员工朝夕相处的班组长，应该像家长一样，尽自己所能关心班组的员工，从工作中的困难到家庭中的大事都要关注。随着员工日趋年轻化，很多“80后”“90后”员工生活经验相对缺乏，他们不仅需要锤炼和摔打，更需要关怀和指导。班组长不仅要管好他们工作中的8小时，同时也要关心他们8小时之外的生活，做员工的朋友。同时，班组长还有责任及时通过各种途径向上级反映员工的各种合理诉求，维护员工的合法权益。

7. 合作精神

作为班组长，单纯依靠个人的能力很难圆满完成上级交给的任务。班组长不仅需要具备较强的业务能力，同时应该善于与他人合作，善于听取员工的意见，在员工中树立威信。班组长不仅要加快个人学习速度、提高学习效果，同时要带领整个班组进行团队学习，引导大家有针对性地学习新知识、新技术，组织大家开展多种形式的讨论、研究，让每个人都有发言权，以团队的力量来攻克难题、开拓每个人的视野。

三、加强班组长职业道德建设的途径

加强班组长的职业道德建设既是提升班组长个人素质的重要方面，又是构建和谐班组、提升班组员工整体素质的重要基础。职业道德的建设是一项长期的系统工程，在班组长的实际工作中，不但要长期持久地开展，更要突出重点，结合实际，把加强职业道德建设放在首位。

1. 坚持全面考察

在班组长选拔过程中要坚持全面考察，强化对班组长候选人道德品质的考察。防止“能人思想”作怪，防止将个别能力虽强，但是不注意道德修养的人选拔上来，这不仅对于个人不利，对于企业的发展也不利，而且由此产生的示范效应更会产生不可低估的消极影响。

2. 重视职业道德培养

加强对班组长在职业道德方面的培养、教育和锻炼。企业在加强班组建设活动中应该把班组长道德建设作为一项重要内容来抓，在制订培训方案时，必须重视道德培养的比重，将培养与提高班组长的职业道德放在首要位置。通过思想教育、企业文化宣传，运用各种宣传载体及方式宣传班组长的典型，加强正面引导。

3. 加强道德品质考核

在考核当中加强对班组长道德品质的考核。没有考核就不是闭环管理，各项要求和标准就无法落到实处。有些企业片面地追求经济效益，在考核当中只重视经济指标，而忽视对于道德品质的考核，这是一种短期的、功利的表现。因此，企业在任何时候都应该将考核与实用结合起来，不仅要对班组长的技能和能力进行考核，更要加强对于道德品质的考核，这样才能有利于形成一种积极健康向上的企业文化。作为班组长个人，也需要认识到在不断提高自己业务技能和管理能力的同时，不断加强自身修养，这样才能提高自己的领导力和影响力，真正提高领导水平，进而提高班组整体的职业道德水平，实现提升企业形象的目标。

实务训练

案例一　老好人老周

质检班长老周是个热心人。班里谁家有个大事小情他都能照顾到，哪个人身体不舒服，他会像大哥一样关心照顾。和同事朋友相处，他从不计较个人得失，活干在前头，荣誉、奖金拿在后面，论人品，没什么说的，大家都说班长老周是个好人。

老周对领导言听计从，领导安排什么，他马上向大家布置什么，自己没什么想法。一旦大家提出异议，他马上说："领导说了，就这样执行。你照吩咐做了，出了差错领导也不会怪你，你如果不照这样做，出了问题你得自己担着。"大家听了觉得有道理，也就不再说什么。如果有不明白的地方，也不再问他，而是请示主管主任，因为大家知道跟他说了也没有用，他还是得去请示领导。

令老周苦恼的是，他发现班里有个别人跟他直接"顶牛"，不再服从他的指挥，有什么事也不跟他商量，直接找主任。他的"无能"渐渐被传播开来，以至于原本"听话"的下属也开始不拿他当回事了。

你认为老周的问题出在哪儿？难道是大家辜负了老周的一片好心吗？

案例二　哥们儿义气的老赵

老赵担任司机班班长十多年了，由于工作认真负责，待人热情豪爽，与同事及各级领导的关系都处得不错。对年轻司机，老赵更是像家长一样关心、照顾。即使他们工作中出现一些纰漏，凭老赵里里外外的关系都能给遮掩过去。车队里的年轻人都服他，也怕他。在司机班里，不管是工作分派还是车辆管理，老赵说一不二，他的话有时比领导还好使。

司机们私下也嘀咕，这司机班也不能没有章程。跟老赵关系好，什么事都好办；把老赵得罪了，领导也得说好话。

你认为老赵的问题出在哪儿？

案例分析：

老周是个好人，但不是一个好班长，大家对他的不满和“背叛”是早晚的事。作为一班之长，不能只做上级的传声筒，对于班组工作一定要有自己的想法和思路，这样才能赢得大家的信服。这需要他在工作中培养自身的素养和能力，以满足岗位的需要。

老赵是典型的哥们儿义气型班组长。他在工作中仅凭义气和感情，缺乏原则性与稳定性，长期下去会对工作造成不良影响。这需要他明确班组长的职业素养要求并在工作中努力培养自身的职业素养。

思考题

1. 班组长的产生主要通过什么方式？
2. 班组长的任职资格主要包括哪些方面？
3. 班组长的基本素质有哪些方面？
4. 班组长职业素养的主要内容有哪些？
5. 班组长职业道德的内涵包括哪些方面？
6. 班组长加强职业道德建设的途径有哪些？

判断题

1. 班组长一般都是由行政命令产生的。(　　)

2. 班组长的基本素质，就是班组长这个岗位职责所需要的知识、技能和职业素养，也就是班组长的任职资格条件。(　　)

3. 班组长的基本素质直接影响到整个班组的人员、技术、管理的素质，决定着整个班组的成效。(　　)

4. 作为班组长，只需要技术高超即可，不需要具备处理事故的能力和人际关系的协调能力。(　　)

5. 班组长在职场要成功，最关键的并不在于他的能力与专业知识，而在于他所具有的职业素养。(　　)

6. 班组长的职业素养是对班组长内在的规范和要求，是班组长在工作过程中表现出来的综合品质。(　　)

7. 班组长是企业名片和窗口，班组长的职业道德是企业道德观和社会形

象的具体体现。(　　)

8. 班组长职业道德可以通过培训在较短的时间内培养成。(　　)

选择题

1. 以下哪项不属于班组长产生的方式？（　　）

A. 行政命令　　B. 公开招聘

C. 民主选举　　D. 自我推荐

2. 以下哪项不属于班组长素质结构的构成？（　　）

A. 知识　　B. 技能

C. 职业素养　　D. 态度

3. 以下对于班组长基本素质的表述不正确的是（　　）。

A. 班组长的工作态度要积极，对企业安排、部署的各项工作，要做到不等不靠，主动想办法解决问题、完成任务

B. 责任心是班组长的基本素质，班组长不仅要对上级负责、对工作负责、对班组成员负责，还要将责任落实到行动上

C. 班组长做好正常的安全生产和部门管理工作即可，班组人员的培养工作交由人力资源管理部门完成

D. 班组长要有敏锐的观察力，不管是现场的设备状况还是班组人员的精神状况，都要善于发现问题、分析问题和解决问题

4.“往往缺乏创新和管理能力，唯命是从，不动脑子。常常表现为态度和作风生硬，给人一种官僚主义的感觉，时间长了，下属会看不起他，出了问题他会逃避和推卸责任。”这是说的哪类班组长？（　　）

A. 生产技术型　　B. 盲目执行型

C. 劳动模范型　　D. 哥们儿义气型

5. 关于班组长职业素养的重要意义，下面哪种说法是错误的？（　　）

A. 班组长提升职业素养是自身发展的需要

B. 班组长提升职业素养是班组长的地位决定的

C. 班组长提升职业素养是个人职场成功的基础

D. 班组长提升职业素养是企业基层管理存在的问题决定的

6. 以下关于班组长职业素养重要性的表述，错误的是（　　）。

A. 职业素养是班组长综合素质的核心

B. 强调班组长的职业道德是时代发展的要求

C. 重视培养班组长职业道德是企业发展的需要

D. 培养职业道德主要取决于班组长的个人选择

参考答案：

×　√　√　×　√

√　√　×

D　D　C　B　A　D

第三章

班组长的工作内容和岗位胜任能力

学习目标

1. 了解班组管理的主要内容
2. 理解班组长的岗位职责
3. 理解班组长的权限
4. 掌握班组长的管理职能
5. 掌握班组长岗位胜任能力

学习重点

班组管理的主要内容

学习难点

班组长的岗位胜任能力

学习引导

班组是企业的“细胞”，是企业各项工作的落脚点，班组管理是一项重要基础建设的综合性工作。无论是生产型班组还是服务型班组，都是企业制造产品和提供服务的作业场所。企业产量和业务量的增加、质量的提高、成本的降低、效益的增长都是依靠基层班组来实现的。因此，班组管理的好坏直接关系着企业经营目标的实现。本章将介绍班组管理的主要内容和方法、班组长的岗位职责及管理职能，使班组长能够对自身的工作内容和工作要求有更清楚的认识。

第一节　班组管理的主要内容

案例导入

经过一段时间的工作，李伟认识到，班组工作可谓是“麻雀虽小，五脏俱全”。班组管理工作包含了企业管理的全部内容，可以说是企业管理的一个缩影——设定目标，推进工作，考核员工；提高产品质量，保证安全生产，提高职工素质；保证员工参与班组决策、管理和监督；推动班组信息化建设；带领员工持续创新、改善……班组长处在管理工作的最前沿，头绪繁多，责任重大，李伟感到需要学习的东西还有很多。

班组管理都有哪些内容，如何有效地进行班组的管理，是每一个班组长都需要明确的问题。

在企业运营中，根据经营管理的需要通常划分为若干车间，根据车间规模的大小又可进一步划分为若干工段或班组。班组是企业最基层、最根本的组成单位。班组管理包括上级管理和自身管理。上级管理是指由工段或者车间以上的管理人员对班组工作、劳动纪律、思想素质进行的管理。班组自身管理是指班组中设班长或组长直接对班组成员进行的管理。通常所说的班组管理更多的是指班组自身管理。

班组管理可以定义为整合班组资源，协调班组成员，开展计划、组织、协调、领导、控制和创新等活动，实现班组既定目标的过程。班组管理包含了企业管理的全部内容，是企业管理的一个缩影。班组管理的基本内容包括目标管理、现场管理、民主管理、信息化管理、创新管理、团队建设以及文化建设等方面。

1. 目标管理

目标是指组织或个人期望的结果，并作为标准来衡量实际的绩效。班组目标管理是一种以目标为导向的基础管理方法，通过提出量化的目标指标，使班组围绕目标推进工作，消除影响目标实现的障碍，通过目标实现的量化评价，有效激励员工。班组目标管理可以充分调动员工的积极性，激发班组活力，实现班组资源的合理配置，同时有利于一线人才的培养。

2. 现场管理

班组的现场管理水平是企业的形象、管理水平和精神面貌的综合反映，是衡量企业素质及管理水平高低的重要标志。搞好班组生产现场管理，有利于企业增强竞争力，改善生产现场，消除“跑、冒、滴、漏”和“脏、乱、差”状况，改善产品质量，保证安全生产，提高职工素质，对提高企业管理水平，提高经济效益，增强企业竞争力具有十分重要的意义。有效运用科学的管理方法，对人、机、料、法、环、安全等生产现场的各要素进行有效的组织、协调和控制是班组现场管理的主要内容。

3. 民主管理

民主管理是构建和谐社会的重要内容，是现代企业管理不可缺少的重要组成部分。班组民主管理作为企业民主管理的基础，是企业最广泛、最直接的民主管理活动。班组民主管理的主要内容包括通过一定的制度并设置相应的职权，来保证员工参与班组决策、管理和监督的有效实现；建立健全与制度相配套的切实可行的运作程序，充分反映和切实表达班组员工的真实意见和建议。

4. 信息化管理

计算机与网络信息技术的普及极大地推动着现代管理的进步，信息与信息管理在企业生产经营活动中的作用越来越重要。班组作为企业的基层单位，是企业信息化管理的基础和落脚点，是基层员工队伍建设的重要载体，其信息化管理水平关系到企业的生产运营水平、经营效率和盈利水平。班组信息化管理是以网络进班组为基础，以安全生产指挥中心覆盖班组为核心，运用管理信息系统，建立班组电子台账和数据库，确保安全信息、生产任务、应急措施等快速传递和及时反馈，实现资源共享、实时控制，达到班组管理规范化、标准化、现代化，从而提升班组自控的能力。

5. 创新管理

创新是企业核心竞争力的来源，作为企业最基层的班组如果能够持续创新，则能够在执行层面让创新活动在企业里遍地开花，生根发芽。班组创新管理是指班组成员全员参与，不断发现问题，用新技术、新方法解决问题，创造新价值的过程。

6. 团队建设

班组要具有较强的竞争力，一定要成为一个和谐、完善的统一体，在班组内成员之间达成共识和默契。班组团队建设就是通过有效的沟通，使班组成员相互信任、相互帮助、相互影响、相互理解，优化工作环境，提高工作效率。通过团队建设，能最大限度地激发全体班组成员的目标一致性、主观能动性、工作积极性和思维创造性，提高班组的战斗力、凝聚力和人才培养能力，使之成为企业中有生命力和创造力的组织“细胞”。

7. 文化建设

实践证明，只有加强班组文化建设工作，创建良好、有特色的班组文化，提高班组整体素质和班组的自主管理水平，才能充分发挥班组在企业中的应有作用，提高企业竞争力。班组文化作为企业文化的一个重要组成部分，是在同一企业文化理念指导下，结合班组的工作实际，依据班组的特点，形成具有班组特色的理念体系，是企业文化在基层落地的具体体现。

良好的班组管理有利于提高基层员工的工作积极性，激发其创造性，更好履行岗位职责；有利于员工与员工之间、上级主管与员工之间的双向沟通，有效地收集和反馈信息；有利于员工不断加强工作岗位技能，提高工作效率，强化自身素质从而加快班组建设的步伐。班组管理的内容是随着市场环境的变化而变化的，追求卓越应该成为班组管理的宗旨，班组管理应该做到与时俱进。

第二节　班组长的职责、职权和职能

案例导入

经过班组长李伟的努力，班组的工作步入正轨，李伟也从原来繁杂的事务中“解放”出来思考更多的问题，他首先想到的是对目前工作进行疏理——“我的一天”。

（1）提前30分钟上班；

（2）开早会；

（3）确认物料到位情况并根据生产日程排产；

（4）安排员工生产，调整生产线；

（5）检查机器设备、治工具的作业状况；

（6）测定、确认机器等的精度；

（7）现场巡视；

（8）给上级报告生产状况等；

（9）把握某段时间的生产实绩；

（10）检查指示事项的实施状况；

（11）收集、反馈质量和异常的信息；

（12）把握上午生产实绩以及检查机器设备、治工具的维修状况；

（13）确认作业训练状况，实施作业训练；

（14）处理异常情况，制定对策；

（15）处理、检查勤务关系；

（16）下班时确认、报告生产实绩及各项生产数据；

（17）确认轮班传达的事项；

（18）确认设备情况；

（19）下班后的检查、确认及相关情况的处置。

作为班组长不是简单地要求做好自己，熟悉岗位职责和权限、明确每天的工作内容是每一位班组长都需要认真思考和掌握的问题。

一、班组长的岗位职责

班组长综合素质的高低决定着企业的政策能否顺利地实施，班组长能否尽职尽责至关重要。班组长的岗位职责是围绕其工作目标展开的，班组长的目标就是建设班组，在生产（服务）现场创造价值。通过案例中班组长李伟一天的工作，我们可以看到班组长工作的主要内容包括现场计划、现场质量、工作教导、工作关系、工作改善、工作安全等。具体而言，班组长的岗位职责包括以下几个方面。

1. 负责向班组成员传达上级的指示精神和工作部署

班组长作为一线的管理者，是贯彻企业制度、措施的桥梁与纽带，是传达各级精神指示的中间环节。班组长与生产一线员工接触最为密切，各项制度的落实全靠班组长的督促。在传达上级有关文件、规章制度和指导思想过程中，要不折不扣地将上级的指导思想传达给一线，将具体措施落实到一线工作中，需要依靠班组长深入学习领会上级精神，结合自身工作实际，将好办法、好措施运用到班组管理中。

2. 负责向上级领导请示汇报班组工作

班组长是班组工作现场的第一责任人，对整个班组的运营状况负责。在工作过程中，班组长要及时向车间主任进行反馈，让其及时了解班组工作的进展情况。在工作执行过程中，如果遇到问题，也需要班组长带着解决问题的思路与上级沟通。作为最基层的管理者，班组长在和班组成员完成工作以后，需要沉淀经验，养成总结的习惯，并且可以将规律性的东西提供给上级，将之固化下来，做好知识管理，在分享汇报的过程中，将经验沉淀固化到班组中。

3. 负责指挥班组成员高效率地完成车间下达的各项任务

班组长是生产一线的指挥官，需要认真履行“一带头、二认真、三检查、四坚持”的职责。“一带头”即在基层干部的领导下，带头组织、指挥本班的各项工作任务的落实，对本班工作负全责。“二认真”即认真开好班前会、认真落实当班任务。“三检查”即开工前先检查工作环节是否有隐患，班中检查生产进展、工程质量、职工的思想等情况，班后检查是否有遗留隐患。“四坚持”即坚持“安全第一”的生产原则，坚持按标准作业，坚持服从安排、协调组织生产，坚持把好安全生产关。

4. 负责督促检查班组成员严格遵守公司和车间班组各项规章制度

班组长是生产一线的监督员与管理员，需要对公司和班组各项规章制度的执行情况进行监督检查，对制度的执行情况进行验证，及时发现问题，采取措施，确保各项规章制度的严格落实。

5. 负责班组成员的考核工作

班组基础管理工作的好坏直接影响着企业各项经济指标的实现，班组长作为第一责任人，需要根据经济责任制的内容，对班组成员的绩效进行考核管理，形成规范的绩效考核模式，提升班组每位员工的工作绩效，从而完成目标、任务。

6. 负责调动班组成员的工作积极性

班组长是班组这个小家的“家长”，是员工思想的疏导人，要调动全班组员工的积极性，开发每一个人的能力。班组长必须在具体的客观条件下认真考察全员的思想活动，及时掌握班组成员的思想动态和生活中的困难，在主观和客观相统一的基础上，把握住每个人的思想脉络，在工作中让人们开动脑筋，创造性地工作，不断进取。

7. 负责班组成员业务学习，提高班组整体素质，增强班组凝聚力和工作力

班组长作为班组的“领头羊”，要带领班组成员加强业务理论知识的学习，在全班营造人人学技术、钻业务、争当技术能手的氛围，提高班组成员业务素质，增强班组的战斗力和凝聚力。

二、班组长的管理权限

班组长工作职责是与相应的权限相匹配的。班组长的权限，是指在实际工作中拥有的管理权力范围，班组长的权限概括起来有以下八项。

1. 指挥和管理本班组的生产经营活动

班组长的指挥管理权具体体现在：有权安排计划、分解指标；有权布置工作，分配任务；有权调度生产；有权内部协调，发出指令。

班组长要正确行使生产指挥与管理权，就必须遵循生产的客观规律，服从企业指挥系统的统一指挥，落实车间主任的生产指令，尊重员工的首创精神，抓好上下工序之间的衔接，把握产前、产中和产后三个环节，确保人机最佳组合，生产负荷饱和，节奏均衡紧凑。

2. 劳动组织调配权

班组长有权对班组内部的劳动进行调配，实行优化组合；有权批准权限

范围内的假期，安排顶班倒休；有权执行劳动纪律，维护正常生产秩序。

3. 完善制度权

班组长有权根据本企业的规章制度制定班组工作的实施细则。班组长完善制度权的主要内容有：贯彻企业和车间有关专业管理和生产管理的实施细则；落实经济责任制的实施细则；执行各工种的岗位责任制和安全生产责任制；实行本班组所规定的某些制度。

班组长制定贯彻企业规章制度实施细则和本班组的制度，实际上是带有补充、完善、具体化的性质。把企业和车间所制定制度的原则要求同本班组的实际情况紧密结合起来，既不与统一的制度相抵触、另立章法，也不要硬搬照抄，要力求标准明确、程序清楚、责任落实，做到事事有人管、人人有专责、管理有章可循、考核有据可依。在制定制度时，必须经班组全体成员充分讨论通过，使各项制度建立在科学、客观的基础上。制度一经通过，就必须严格贯彻执行。在执行制度的全过程中，要坚持在制度面前人人平等的原则。

4. 拒绝违章指挥和停止违章作业权

班组长对违章指挥，有权依据国家的法规和政府有关部门的规定提出意见，甚至拒绝；当发现设备运转不正常、工艺文件不齐全以及主要设备和原材料无使用说明书或合格证时，有权暂停设备运转；员工违章操作时，应加以制止，如操作者不听劝阻，班组长有权令其停止工作，直到危害消除。

5. 员工奖惩建议权

班组长有权向上级提出对本班组员工的奖惩建议，包括晋升工资，颁发奖品、奖金，授予先进荣誉称号以及提出经济处罚和行政处分建议。

6. 奖金分配权

班组长有权制订班组内部奖金分配方案，对班组成员的劳动成果进行定时和定性考核，并按规定分配班组奖金，奖勤罚懒。

7. 举荐权

班组长根据员工的德、才、效，有权向企业举才，推荐本班组优秀员工深造、晋级或提拔到合适的岗位。

8. 维护员工合法权益权

在班组生产、生活中，班组长要依法维护员工在劳动合同、劳动保护、安全生产、工资待遇、生活福利、发明创造、劳动休息等方面的合法权益，对侵犯员工合法权益的人和事，有权在弄清事实、辨清是非的基础上，依据有关政策法律规定，向上级主管提出意见和建议；对侵犯员工合法权益屡纠不改，甚至打击报复者，要依法处理。

概括班组长的上述“八权”，实质上是指挥生产经营、管好班组、维护员工合法权益之权，这也是权、责、利三者的有机结合。

三、班组长的管理职能

班组管理是发生在特定班组中的管理活动，是以时间为维度由班组长同班组成员共同完成既定的作业任务或工作目标的动态过程。明确管理目标或任务，是班组有效管理的前提与基础，从而规范着班组管理职能。班组长的工作目标是建设班组，在生产（服务）现场创造价值。

在具体的班组管理实践活动中，要有效运用管理知识，就必须明确班组长在管理方面的五大职能。

1. 计划职能

对于班组管理来说，计划职能主要包括制订作业计划，加强目标管理，落实岗位责任制。在制订计划时，应确定工作的重点，运用 5W2H 法可以使计划更加切合实际、容易操作。

2. 组织职能

班组管理中的组织职能主要是以正副班组长和工会小组长为领导力量，以宣传员、安全员、质量员等人员为骨干力量，对班组实行全面领导，并团结全体成员，落实岗位经济责任制，使各得其所、人尽其才，维持整个班组的有机协调。在组织过程中，应使各种资源，包括人、机、料、法、环有机地结合，合理地调配和运用。

3. 指挥职能

班组长的指挥职能，一方面要指挥工人完成生产指标；另一方面也要帮助指导工人解决生产中遇到的实际技术问题。在指挥过程中，班组长应该与下属共同确定个人发展目标，做好工作指导，提高班组成员的工作能力，及时反馈意见，同时进行激励，提高员工工作积极性。

4. 协调职能

班组的协调职能是指班组范围以内以及班组与上级和其他部门之间的调节作用，通常是在生产方面的协调和人际关系的协调，使各方能够相互尊重、彼此支援、同心协力，共同完成任务。在协调过程中，应该做好同上级、平级、下级的沟通，以及内外部关系和矛盾的处理。

5. 控制职能

班组是管理的基础环节，生产和管理中的基本数据和资料，均来自班组。所以要及时、准确地将有关信息和数据反馈给上级，以便上级对生产和管理及时调整和协调。为了更好地进行控制，班组长需要定期评价与检查，进行重点问题的分析与处理，发现差距，持续改进。

第三节　班组长的岗位胜任能力

案例导入

通过参加企业组织的班组长培训以及与其他班组长的交流，李伟认识到班组长的工作中心不再是解决自己遇到的各种技术难题，而是通过全员参与、全员管理、全员思考、全员创新共同解决班组中出现的各种问题，实现组织目标。在这个过程中，班组长为了更好地履行管理职责，需要考虑很多东西——如何与班组成员沟通、如何完成上级布置的任务、如何加强集体的力量、如何将班组建设得更好……解决上述问题需要班组长具备相应的能力。

岗位胜任能力是对班组长的最基本的要求，同时也是班组管理工作的基础，班组长要想做好自我提升必须对自身的岗位胜任能力有清楚的认识。

绝大多数班组长工作经验丰富，是行业的技能专家和单位的技术骨干，但同时他们也需要承担本班组的管理职能，而管理知识和管理能力是很多班组长的短板。班组长处于“兵头将尾”的关键位置，他们的绩效表现与企业的效益息息相关，而他们的绩效表现是由其岗位胜任能力决定的。

一、沟通协调能力

班组管理离不开“沟通”二字，班组日常问题的解决、上下级关系的处理、员工潜能的调动等，都要求班组长有较强的沟通能力。沟通是班组长需要掌握的一项重要能力，有效的沟通可以促进工作的开展，可以使班组内部思想保持一致、产生共识；有效的沟通可以减少工作上的摩擦争执与意见分歧；有效的沟通可以使上层管理者了解真相、排除误解；有效的沟通可以减少班组内的相互猜忌，凝聚团队情感；有效的沟通还能够疏导班组成员的情绪，消除心理困扰；有效的沟通可以使班组成员了解组织环境，减少革新的阻力；通过与他人沟通，还可以帮助班组长的自我成长，实现自己的目标。

班组建设是全员工程，需要每个班组成员的参与。一些班组长在推进班组建设过程初期遇到一些阻力就放弃了，错失了良好的发展机遇。班组长要意识到，这些阻力是正常的，作为一名合格的班组长要通过沟通协调或是机制的设计影响，推动员工完成既定的目标，而不是轻言放弃。当团队跟不上你的步伐时，一定是沟通出现了问题。目标明确、责权利清晰是顺利推进工作的基础。不要想当然地认为整个班组时时刻刻都知道你的意图，作为班组长，要经常主动地与团队成员沟通，让他们清楚要做什么，这么做的意义是什么，对每个人的价值是什么，大家怎样才能齐心协力来完成，等等。

二、领导激励能力

领导是一种影响力，而影响力来源于权力。组织中的权力可分为职位权力和非职位权力，职位权力包括合法权、奖励权、惩罚权，非职位权力包括专长权、个人魅力、背景权、感情权。领导者对他人能产生影响，是因为他们拥有以上的权力。班组长需要从强化工作能力和强化人格魅力两个方面来提高自己的影响力，从而提升自身的领导能力。

在发挥自身领导能力的过程中，班组长具备激励的能力。优秀的班组长，不仅要善于激励下属，还要善于自我激励。只有让下属充分发挥自己的才能，才能把他们的“要我去做”变成“我要去做”，而实现这种转变的最佳方法就是对下属进行激励。另外，用激励而非命令的方式向下属安排工作，更能使他们体会到领导对自己的信任，工作就会积极进取，迎难而上。

三、一线教练能力

班组长与班员不仅仅是上下级的关系，还应该是和睦的伙伴关系。班组长应有意识地培养与班员之间的信任和理解，建立相应的承诺机制，让班员从内心认同、信服自己。因此，班组长不仅是班组的一线管理者，同时应该是一线教练。作为管理者，班组长一般采用的是指挥、命令或是控制式的管理方式，而管理教练更多地采用引发、支持及协助式的管理方式。教练强调以人为本，从调适人的信念着手，着重于激发个人潜能，发挥人的主观能动性，带领组员发现和创造更多的可能。

班组成员是教练辅导的主角，班组长应培养班组成员的主角意识与责任意识。而教练辅导的模式不是以教练为中心，不是班组长一个人说、做，其他人听、看的过程，而是以班组成员为中心，以激发其潜能、调整其心态、提高其绩效，让他们自己体验与感悟的过程。班组长教练辅导的另一重点工作就是舒缓班员情绪，给予心理辅导与支持。当然，要成为优秀的教练，班组长需要转变并优化自身的领导方式。

四、执行能力

执行能力是指贯彻战略意图，完成预定目标的操作能力，是把企业战略、规划转化成为效益、成果的关键。对于班组长而言，执行能力就是按质按量按时完成自己的工作，是反映一个班组长的管理水平和工作效率的重要标志。班组工作的特点是小、全、实、细、快，如果班组长责任心不强，工作没有目标，不能从严治班，很难保质保量完成生产任务和工作安全。班组执行力不强首先就是班组长工作目标不明确，不能以身作则、率先垂范、身先士卒，对班组成员认识不清，责任不清，奖惩不明，考核不细，轻重不分，感情与工作混淆。

班组长提高执行能力，首要的任务就是“人尽其才、才尽其用”，做好班组成员的管理，让合适的人去做合适的事，充分发挥每位员工的优势，提升员工的自信心与斗志，达到“人适其岗、岗适其人、各尽其能、各得其所”的效果。班组长提高执行能力最重要也最关键的是做好管理规范和班组建设，特别是以完善班组各项管理规范为核心的制度建设和以提高班组员工主观能动性为核心的班组建设。

五、班组建设能力

一个组织要具有较强的竞争力，要在激烈的竞争中生存、发展、壮大，一定要使这个组织成为一个和谐完善的统一体，在这个组织的成员之间达成共识和默契。班组长的班组建设能力就是最大限度地激发班组成员目标一致性、主观能动性、工作积极性和思维创造性，提高班组的战斗力、凝聚力和人才培养能力，使之成为企业有生命力和创造力的组织“细胞”。

在班组建设过程中，班组长要处理好班组的团体利益与企业的整体利益，使班组的发展与企业的发展步伐相一致，注意与其他班组相互配合，在竞争中求和谐，在和谐中求发展；班组长还要处理好民主性和原则性的关系，在追求班组亲和力和人情味的同时，注意制度执行力，对违背规章制度的行为及时制止并进行相应的惩处；班组长还要处理好班组利益与员工自我发展的关系，班组建设要在班组总体目标的指导下，充分调动和发挥每个班组成员的积极性，使他们人尽其才、才尽其用；班组长还要处理好班组中的合作与竞争的关系，合作是班组建设的核心，班组内部同样也需要竞争，通过竞争可以在班组内形成争先创优、学赶帮超的积极向上的氛围，同时也可以发现哪些人更能适应某项工作，实现班组结构的优化配置。

六、创新改善能力

创新是指用新的方法行动，是想法和做法的问题。创新不仅仅体现在技术的创新上，比如用新的工艺进行生产，也体现在用新的操作方法来操作，体现在改变现场工具的布局以提高效率。创新与具体行动相联系。在班组实际工作中，设计新的设备工装属于创意，如果这些新的想法，落实到具体实践，并产生了实际的效果，那就变成了创新。创新一定是和具体实践相结合的，它是一系列的过程。在班组日常管理活动中，只要有新的想法，并落实在生产实际过程中，就算是创新。创新是企业核心竞争力的来源，作为企业最基层的班组如果能够持续创新，则执行层面就能够让创新活动在企业里遍地开花，生根发芽。

班组长的创新改善能力是指班组长能够看到问题，能够有勇气迎接挑战，追求理想的改善状态，能够解决问题并产生理想的效果。创新改善工作不是一时的，它是一种有延续性、可持续进行的现场改善活动。班组长应将创新改善工作纳入班组建设当中，使之成为一种班组文化，可以一直传承和保持下去，这才是创新改善工作的最终目标。

七、持续学习能力

是否具备强大的学习能力，是决定事业成败和人生幸福与否的关键因素，学习能力很关键的两点是学习培养信心和认识自己，这是掌握其他具体能力和方法的前提。可能每位班组长的起点各不相同，有的班组长工作经验丰富、技术过硬，但缺少必要的理论知识和管理技能；有的班组长年轻有活力，文化水平高，容易接受新的管理技术和思想，但缺少经验和与人沟通的技巧……但不论你是哪一种情况，都需要清楚，一个人起点的高低并不重要，重要的是知道自己的目标是什么，并且懂得如何实现。可能你天资一般，后天的机遇也平平，但是只要拥有强大的学习动力，持续学习的精神，你就会不断地突破自我，让梦想照进现实。

持续学习能力对于一线班组长来说尤为重要。班组长不仅要承担班组的管理任务，还要参与企业具体的生产任务，这就需要班组长自觉追求、不断提高技术素质，具备过硬的专业技术水平和业务能力，做到“关键时刻拿得下，困难时刻挑得起，紧急时刻站出来”，在班组中树立威信。除了自身学习，班组长还要将持续学习能力运用到班组建设当中，主动向班组成员传授知识和技能，关心每一位员工的成长与进步，通过各种形式的培训，提高员工的技术能力，最终达到班组素质的整体提升。

案例中的班组长李伟，如果想要实现自身的转变，成为一名合格甚至是优秀的班组长，必须从培养自身的岗位胜任能力入手。

实务训练

案例　李健聪明吗?

班长李健聪明、健谈，但也很滑头，当了三年班长，工作不好也不坏。李健说：“我真的认为当班长没什么意思，吃苦受累不说，就说班组管理吧，管严了，得罪人，挨骂；管松了，又会出现纰漏，领导不满意。芝麻大的官，没权也没钱，凑合着混呗。”的确，李健只有不到一半的精力用在工作上，私下还和朋友在郊区办了个小厂。

有人问李健，如果觉得没意思干脆辞职得了，李健说：“我还真舍不得丢掉国有大企业的班长工作，私人小厂底儿薄，抗风险能力低，说关门就关门，在这上班起码有个保障。”

李健的观点是当班长就要学会拿多少钱干多少事，干好了只是给领导添彩，有精力还不如自己干些什么，多赚钱才是目的。

你认为李健的想法对吗?

案例分析：

李健的做法并非聪明之举，他眼光不够长远。个人利益与企业利益是一致的，只有干好本职工作，为企业创造效益，才会增加个人收入。如果李健将全部精力用于本职工作，把企业、班组当成施展抱负的舞台，相信李健的个人能力将会得到更大的提高，个人职业生涯将会得到更大的发展。

优秀并非因为技能而是因为品格和习惯。从胜任素质能力冰山模型来看，冰山上的知识技能等显性能力只占总体能力的30%，而冰山下的动机、习惯、思维、心智等隐性能力却占到70%。优秀的班组长往往具有追求卓越、超越自我的良好品格和不断学习的习惯，这是其前进的动力和支撑。

思考题

1. 班组管理的基本内容有哪些?
2. 班组长的管理职责包括哪些方面?
3. 班组长的管理权限有哪些?

4. 班组长的管理职能有哪些?

5. 班组长需要具备哪些岗位胜任能力?

判断题

1. 班组目标管理是一种以目标为导向的基础管理方法，通过提出量化的目标指标，使班组围绕目标推进工作，消除影响目标实现的障碍，通过目标实现的量化评价，有效激励员工。(　　)

2. 有效运用科学的管理方法，对人、机、料、法、环、安全等生产现场的各要素进行有效的组织、协调和控制是班组现场管理的主要内容。(　　)

3. 班组创新管理要求班组成员必须要有新发明、新创造。(　　)

4. 班组长是班组工作现场的第一责任人，对整个班组的运营状况负责。在工作过程中，班组长要自行决策，无须向车间主任进行反馈。(　　)

5. 班组长的指挥管理权具体体现在：有权安排计划、分解指标；有权布置工作、分配任务；有权调度生产；有权内部协调、发出指令。(　　)

6. 当发现设备运转不正常、工艺文件不齐全以及主要设备和原材料无使用说明书或合格证时，班组长无权暂停设备运转，需要上报上级领导。(　　)

7. 对于班组管理来说，计划职能主要包括制订作业计划、加强目标管理、落实岗位责任制。(　　)

8. 班组长的指挥职能，就是指挥工人完成生产指标，而提高班组成员的工作能力是班组成员自己的事情。(　　)

9. 沟通是班组长需要掌握的一项重要能力，有效的沟通可以促进工作的开展，班组长沟通的主要对象是班组成员。(　　)

10. 执行能力就是按质按量按时完成自己的工作，执行能力是反映一个班组长的管理水平和工作效率的重要标志。(　　)

11. 班组长的领导里来源于职位权力。(　　)

12. 班组创新一定要发明新的设备工装，难度很大。(　　)

选择题

1. 通过一定的制度并设置相应的职权，来保证员工参与班组决策、管理和监督的有效实现；建立健全与制度相配套的切实可行的运作程序，以充分反映和切实表达班组员工的真实意见和建议，属于班组（　　）的内容。

A. 文化建设　　B. 团队建设

C. 民主管理　　D. 目标管理

2. 以下关于班组长职责的表述，错误的是（　　）。

A. 负责向班组成员传达上级的指示精神和工作部署

B. 负责向上级领导请示汇报班组工作

C. 负责指挥班组成员高效率地完成车间下达的各项任务

D. 负责班组成员的日常管理，班组成员的考核工作交由人力资源部门完成

3. 贯彻企业和车间有关专业管理和生产管理的实施细则；落实经济责任制的实施细则；执行各工种的岗位责任制和安全生产责任制；实行本班组所规定的某些制度，属于班组长的哪项职权？（　　）

A. 劳动组织调配权

B. 完善制度权

C. 员工奖惩建议权

D. 维护员工合法权益权

4. 解决“本班组与其他单位关系”“开展管理工作所必须具备的资源、环境和有利条件”两个问题，注重做好支持与合作的有机融合，指的是班组长哪项管理职能？（　　）

A. 计划　　B. 组织

C. 协调　　D. 控制

5.“贯彻企业战略意图，完成预定目标的操作能力，是把企业战略、规划转化成为效益、成果的关键。”这指的是班组长的哪种能力？（　　）

A. 沟通协调能力　　B. 执行能力

C. 班组建设能力　　D. 领导激励能力

6. 下列能力中不属于班组长岗位胜任能力的是（　　）。

A. 一线教练能力　　B. 创新改善能力

C. 团结协作能力　　D. 持续学习能力

参考答案：

√　√　×　×　√

×　√　×　×　√

×　×

C　D　B　C　B　C

第二篇

班组管理的基础知识

第一章

班组目标管理

学习目标

1. 理解班组目标管理的定义
2. 理解班组目标管理的重要性和类型
3. 理解班组目标管理的主要内容
4. 掌握班组目标管理的实施方法和过程

学习重点

班组目标管理的内容

学习难点

如何实施班组目标管理

学习引导

班组是一个企业组织结构的基石，是最基本的生产单位，是企业提高经济效益、提升管理水平等一切工作的落脚点。班组管理是用正确的目标引导管理，让管理为目标服务，达到某个目标的综合过程。目标管理就是根据企业的要求和班组的实际情况，有效组织生产经营活动，以达到企业既定目标的活动。本章将介绍目标管理的基本概念、班组目标管理的主要内容以及班组目标管理的实施方法和过程，使班组长能够对班组目标管理有更加清晰的认识。

第一节　目标管理的基本概念

企业目标管理制度

第一章　总则

目标管理是现代管理的科学方法之一。为了实现本企业的经营目标和达到预期效果，每年必须明确制定企业的经营决策、纲领和企业发展方针目标，方针目标的实现需要自上而下地建立各级目标，制定措施、确定制度，实施组织和严格考核，这有利于动员企业所有部门及全体职工同心协力，共同做好工作，有利于提高企业现代化管理水平，增强企业素质，提高经济效益。

第二章　制定方针目标的依据

第一条　国家的方针政策和政治经济形势，上级主管部门下达的产品品种、质量、产量、利润等技术经济指标和其他要求。

第二条　本企业的中长期企业发展规划、现代化管理规划、新产品开发规划、产品质量等级及全面质量管理发展规划、技术改造规划、生产发展规划、安全环保综合治理规划及其他规划等。

第三条　国内外市场的调查、分析、预测、情报资讯资料（包括国内外先进技术水平、管理水平等）。

第四条　企业的实际能力和现有水平，上年度企业方针目标实施的遗留问题。

第三章　方针目标编制的程序

第五条　在每年年初，由企业各分管经理、工程师提出下年度企业目标设想，经过厂务集体会讨论，形成企业方针目标指导思想，并由总经理下达指令。

第六条　由专人组织，并根据总经理指令，由生产行政部、技术部组织各职能科室提出下年度方针目标设想，并收集准备依据资料。

第七条　部门分头组织可行性分析论证，形成各部门方针目标计划。

第八条　将讨论稿发至各部门征求意见，根据反馈意见再讨论修订。

第九条 经厂务会、企业管理委员会、职代会讨论审议通过，由专人负责按系统图法在一月份编制出企业方针目标执行图。

第四章 方针目标的执行

第十条 方针目标展开要坚持以资料为依据的原则，目标值尽可能量化。其内容包括品种、质量、生产能力、科研技改、企业管理、技术经济指标、安全环保、文明生产、思想交流工作、职工福利等。

第十一条 企业方针要按系统图法执行，纵向到底，横向到边，纵横连锁，层层确保原则进行。

第十二条 各部门分管经理、工程师方针目标的展开，要根据企业方针目标展开的内容和各自分管工作的重点，列出目标值和措施。

第十三条 各车间、科室方针目标的执行一般要有分管责任人、部门方针、目标专案、现状目标值、采取措施、检查手段、评价、总结等。

第十四条 各部门要紧紧围绕企业方针目标及分管部门方针目标，结合本部的实际，发动员工认真制定本部门的方针目标，保证企业每个目标值都能落实到部门和个人，确保企业目标的实现。各部门一定要在一月底前完成方针目标展开图。

第十五条 班组方针目标由班组长主持编制，要根据主管部门方针目标和本班组具体工作的重点，列出产品的产量、质量、安全生产、文明生产、班组管理、思想工作等内容及目标值、措施、责任人、进度和检查、评价、总结等执行标准。

第十六条 各部门方针目标执行由各部门主要负责人主持编制，技术系统由负责分管人审核；生产行政系统由负责分管专人审核，分管企业领导批准。

第五章 方针目标的实施

第十七条 为确保企业方针目标的实现，企业每年将组织两次“分阶段PDCA 循环”。“分阶段 PDCA 循环”计划根据企业年度方针目标安排的进度制订。

第十八条 各部门要围绕企业方针目标和本部门方针目标，认真组织月度 PDCA 循环，每月 20 日前制订下月份计划，总结本月计划的实施情况，并由主管领导检查批示。

第十九条 在方针目标的实施过程中，要充分发挥职工积极性，广泛开展大型的质量管理活动、劳动竞赛活动，确保各级目标值的实现和完成。

第二十条　要建立方针目标管理卡和实施方案，将每项目标的展开情况，实施过程中的计划、协调、检查、调整、考核等情况登记在案，逐步达到方针目标管理标准化。

企业的发展依赖于正确的经营方针和目标，作为企业生产经营活动中最基层的组织，企业的思想政治工作、生产经营、文化生活等各项工作都要落实到班组，为有效地进行班组管理，班组长首先要掌握目标管理的重要内容。

一、目标与目标管理的定义

目标是指组织或个人期望的结果，并作为标准来衡量实际的绩效。目标管理是管理专家彼得·德鲁克（Peter Drucker）1954年在其名著《管理实践》中最先提出的，德鲁克认为，并不是有了工作才有目标，而是相反，有了目标才能确定每个人的工作。所以“企业的使命和任务，必须转化为目标”，如果一个领域没有目标，这个领域的工作必然被忽视。目标管理是一种参与的、民主的、自我控制的管理方法，也是一种把个人需求和组织目标结合起来的管理方法。具体而言，目标管理是一种以目标为导向的基础管理方法，通过提出量化的目标指标，使团队围绕目标推进业务，消除影响目标实现的障碍；通过目标实现的量化评价，有效激励员工。

目标管理的指导思想是以管理心理学中的“Y理论”为基础的，即认为在目标明确的条件下，人们能够对自己负责，其理论依据是心理学与组织行为学中的目标论，即任何一个组织系统层层地制定目标并强调目标成果的评定，都可以改进组织的工作效率和职工的满意程度。目标管理的目的是通过目标的激励来调动广大员工的积极性，从而保证实现总目标；其核心就是明确和重视成果的评定，提倡个人能力的自我提高；其特征就是以“目标”作为各项管理活动的指南，并以实现目标的成果来评定其贡献大小。

目标管理的基本内容是动员全体员工参加制定目标并保证目标实现，即由组织中的上级与下级一起商定组织的共同目标，并把其具体化展开至组织各个部门，各个层次、各个成员与组织内每个单位、部门、层次和成员的责任和成果相互联系密切，在目标执行过程中要根据目标决定上下级责任范围，上级权限下放，下级实现自我管理。在成果评定过程中，严格以这些目标作为评价和奖励标准，实行自我评定和上级评定相结合。以此最终组织形成一个全方位的、全过程的、多层次的目标管理体系，提高上级领导能力，激发下级积极性，保证目标实现。

二、目标管理的重要性

目标管理的重要性主要体现在其激励作用上。目标是期望的成果，这些成果可能是个人的、部门的或整个组织努力的结果。目标为所有的管理决策指明了方向，并且作为标准可用来衡量实际的绩效。其直接的作用主要体现在对管理过程的控制环节。但是，作为活动的预期目的和结果，目标对管理的重要作用又不局限于此，它可以对人产生巨大的激励作用，这种作用将贯穿于整个管理环节，使得管理活动获得最佳效益。目标的激励作用主要表现在三个方面：一是在目标确定后，由于它能使人明确方向看到前景，因而能起到鼓舞人心、振奋精神和激发斗志的作用；二是在目标执行过程中，由于目标的制定都具有一定的先进性和挑战性，在实际工作中必须通过一定的努力才能达到，因而有利于激发人们的积极性和创造性；三是在目标实现以后，由于人们的愿望和追求得到了实现，同时也看到了自己的预期结果和工作成绩，因而在心理上会产生一种满足感和自豪感，这样就会激励人们以更大的热情和信心去承担新的任务以达到新的目标。

目标管理之所以能发挥作用，还在于它大大增强了下属的责任感，而责任感又是一个巨大的激励因素。下属许多行为的动力来自于被强烈的责任感所驱使，要充分发挥下属实现目标过程中的积极性、主动性、创造性，增强其责任感是一条重要的途径。人是有责任感的，只要环境适当，人不仅会承担责任，还会追求责任。增强下属责任感的手段很多，最有效的是在实现目标过程中实行“自我控制”。实行“自我控制”式管理有利于下属责任感增强，进而促使下属积极性、主动性、创造性的充分发挥。

三、目标管理的类型

根据目标的实现过程、承担主体以及细分程度，目标管理可以分为三种类型。

（1）根据对目标的实现过程是否规范来区分，可以将目标管理分为业绩主导型目标管理和过程主导型目标管理。目标管理的最终目的在于业绩，所以从根本上来说，目标管理也称业绩管理。其实，任何管理其目的都是要提高业绩。

（2）根据目标最终的承担主体来区分，可以将目标管理分为组织目标管理和岗位目标管理。组织目标管理是一种在组织中自上而下系统设立和开展目标，从高层到低层逐渐具体化，并对组织活动进行调节和控制，谋求高效地实现目标的管理方法。

（3）根据目标的细分程度来区分，可以将目标管理分为成果目标管理和方针目标管理。成果目标管理是以组织追求的最终成果的量化指标为中心的目标管理方法。

四、目标管理基本程序

目标管理的具体做法分三个阶段：第一阶段为目标的设置；第二阶段为实现目标过程的管理；第三阶段为目标评估。

1. 目标的设置

这是目标管理最重要的阶段，第一阶段可以细分为四个步骤：

①高层管理预定目标，这是一个暂时的、可以改变的目标预案。既可以由上级提出再同下级讨论，也可以由下级提出上级批准。不论哪种方式，必须共同商量决定；领导必须根据企业的使命和长远战略，估计客观环境带来的机会和挑战，对本企业的优劣有清醒的认识。对组织应该和能够完成的目标心中有数。

②重新审议组织结构和职责分工。目标管理要求每一个分目标都有确定的责任主体。因此预定目标之后，需要重新审查现有组织结构，根据新的目标分解要求进行调整，明确目标责任者和协调关系。

③确立下级的目标。首先下级明确组织的规划和目标，然后商定下级的分目标。在讨论中上级要尊重下级，平等待人，耐心倾听下级意见，帮助下级发展一致性和支持性目标。分目标要具体量化，便于考核；分清轻重缓急，以免顾此失彼；既要有挑战性，又要有实现可能。每个员工和部门的分目标要和其他的分目标协调一致，支持本单位和组织目标的实现。

④上级和下级就实现各项目标所需的条件以及实现目标后的奖惩事宜达成协议。分目标制定后，要授予下级相应的资源配置权力，实现权责利的统一。由下级写成书面协议，编制目标记录卡片，整个组织汇总所有资料后，绘制出目标图。

2. 实现目标过程的管理

目标管理重视结果，强调自主、自治和自觉，但这并不等于领导可以放手不管，相反由于形成了目标体系，一环失误，就会牵动全局。因此，在目标实施过程中的管理是不可缺少的。首先进行定期检查，利用双方经常接触的机会和信息反馈渠道自然地进行；其次要向下级通报进度，便于互相协调；最后要帮助下级解决工作中出现的困难问题，当出现意外、不可预测事件严重影响组织目标实现时，也可以通过一定的手续，修改原定的目标。

3. 目标评估

达到预定的期限后，下级先进行自我评估，提交书面报告；然后上下级一起考核目标完成情况，决定奖惩；同时讨论下一阶段目标，开始新循环。如果目标没有完成，应分析原因总结教训，切忌相互指责，以保持相互信任的关系。

第二节　班组目标管理的内容

案例导入

在工段长的指点下，李伟对工作进行了认真的思考，他认识到班组长最重要的任务是创造一种机制，帮助员工养成自觉、自动、自发的工作习惯。在以往的班组管理中，班组长李伟对所有事情都是亲自处理，不仅受苦受累，有时还得不到班组成员的理解，班组成员对所有事情都是你说什么我做什么，毫无积极性。为了改变这种状况，李伟借鉴其他班组的做法，在班组内实行了“组内合作分工合作制”，实现班组事务的“全员参与”。

李伟首先将班组内的事务进行细分，确定分工的执行人，并根据各组员的日常表现和技能掌握状况确定各个项目的负责人。其次，在班组实施

"分工协作规范"，使每一个分工责任人都知道自己要做什么。最后，按照PDCA模式，对分工效果进行评估，对员工的工作进行检验和评定。

实施组内分工制度后，班组长李伟从单调的日常管理工作中"解放"出来，有更多的时间关注如何更好地管理班组。班组成员的积极性也极大地提高了，积极参加班组的各项建设。

在班组内有效推进目标管理，将大大提升班组的发展能力、激发员工的潜能，班组长要清楚地认识到班组目标管理的重要性，掌握班组目标管理的主要内容。

一、班组目标管理的常见问题

班组实行目标管理就是根据企业总目标制定班组目标管理及个人的子目标，层层分解的目标意味着班组成员朝着奋斗方向迎接挑战、战胜挑战。但在实际工作中，许多班组只是把公司的目标作为班组目标，在工作计划、工作任务的安排上缺乏班组全员参与，没有根据总目标共同制定切实可行的班组目标。

在目标管理上各项班组考核制度及责任制度未真正量化和标准化，使得班组在实施目标管理时随意性增大，往往等到具体问题出现了再亡羊补牢。比如：班组只顾完成生产任务目标，却疏忽了合理安排工作量，造成加班成本的直线上升，最终可能影响到企业经济效益的增加。

以上这种做法缺乏一个标准化的目标管理模式，导致班组在对文明生产、现场管理、班组素质、成员技能的提高等方面处于不能合理优化各个目标的制定及完成，从而不同程度地影响了班组目标管理的效果和质量。

二、班组目标管理的特点

班组的管理是企业管理的微观表现，采用目标管理的方法来加强生产班组管理具有以下几个方面的特点。

1. 目的性

就是把企业的总目标分解，建立生产班组目标，通过制定目标更好地统一班组成员的思想，从而调动他们的主观能动性，使他们目的明确，朝着一个目标前进。

2. 整体性

班组目标管理是对班组实行全过程综合管理，通过落实目标建立班组成员完成目标责任制，细化分配成员任务目标，把每个成员的努力集中在班组目标上，若干个班组目标的完成最终实现企业总目标。

3. 民主性

在班组目标确定时，应广泛征求班组成员的意见，在企业确定总目标的前提下，共同协商、共同探讨、共同决定班组目标及成员个人目标，这样在实施班组目标时班组成员才能自觉根据各自的工作目标进度有效地实行自我控制，发挥其主观能动性。所以，班组目标管理也是动员、依靠、相信班组成员的民主管理过程。

三、班组目标管理的主要内容

班组目标管理首先要准确理解企业的目标，在对企业和车间目标充分分析和评估的情况下，为保证大目标的完成设立班组目标。每项目标中还应包括一些子目标，如数量因素目标、质量因素目标、时限因素目标和成本因素目标这四个方面的内容，这四个方面的内容应该可以构成本项目标的基本框架。

其次可以将班组建设的目标分解成生产进度目标、质量目标、产量目标、安全管理目标、成本控制目标（包括原材料、能源、人力成本）、设备管理与维护目标、改革与创新目标、环境保护目标等。除上述“刚性”的管理目标之外，有些班组还提出团队建设目标、民主管理目标、员工培训目标等。

最后根据重要程度把这些目标分配出不同的权重，定期进行有效的考核。还有一些企业将班组建设分成了红旗（或标杆）班组、优秀班组、达标班组等几个等级，甚至以某些班组长的名字命名优秀班组，产生了相当大的激励作用。表 2-1-1 是班组目标责任制常用的经济指标和管理项目。

表 2-1-1　班组目标责任制经济指标及管理项目

效率	质量	消耗
（1）基础效率 产量、工业产值、新产品开发、销售收入 （2）派生效率 班组人均生产效率、班组人均加工值、班组人均销售收入、班组人均利润率、班组利润率、资产增值	（1）产品质量 产品技术标准、产品一次性合格率、产品返修（工）率、半成品合格率、产品最终合格率 （2）工作质量 TQC 水平、计量等级、安全卫生情况、制度执行与出勤率、综合工时利用率、设备完好率、设备利用率、政教工作考核、精神文明考核	（1）活化劳动 职工总数、人员工资、万元销售收入工资含量、月年度产量（或人均）的工资含量 （2）物化劳动 万元产值的原材料消耗、万元产值综合能源消耗、单位产品的材料消耗、单位产品的综合能源消耗、设备五金器材的消耗、流动资金占用量、产品成本、低值易耗品的消耗

第三节　班组目标管理的实施

案例导入

年初，李伟所在班组的日生产能力只有 1000 台，根据公司业务发展，需要将日生产能力提高到 1250 台。为此，生产部运用目标管理循序渐进的方法激励员工。首先以日产 1050 台为目标，每天生产 12 小时，当天做到 1050 台就可以提早下班；几天下来产能稳定在 1050 台后，就将目标提高到 1100 台，而且要求提速后第一天就达到；稳定一段时间后再提至更高的目标。就这样循序渐进，经过两个月的努力，达到了公司要求的生产能力。在这个过程中，生产部不是仅仅通过简单的加压来达到阶段性的目标，而是在班组长的带领下发动大家找影响生产速度的问题点，通过解决“瓶颈”问题来提高生产能力。

班组管理要落在实处，就要将目标指标细化到项目、个人、产品、设备，班组长应该掌握目标管理的实施要点以确保目标管理在班组的顺利实施。

一、班组目标管理的基本步骤

1. 制定班组目标

根据上级大目标，制定出班组目标和个人目标，同时要制定完成目标的标准，以及达到目标的方法和完成这些目标所需要的条件等多方面的内容。

2. 目标分解

建立班组的目标网络，形成目标体系，通过目标体系把每个员工的目标信息显示出来，就像看地图一样，任何人一看目标网络图就知道工作目标是什么，谁达到什么程度了。

3. 目标实施

要经常检查和控制目标的执行情况和完成情况，看看在实施过程中有没有出现偏差。

4. 检查实施结果及奖惩

按照制定的标准对目标进行考核，目标完成的质量可以与个人的奖励、晋升挂钩。但目标如果总完不成，或换谁都完不成，就应该重新评价目标的可行性。

5. 信息反馈及处理

在考核之前，还有一个很重要的问题，即在进行目标实施控制的过程中，会出现一些不可预测的问题。因此在实行考核时，要根据实际情况对目标进行调整和反馈。

具体而言，班组长在落实目标管理中要做到：①识别员工的核心工作，目的是责任到人；②给每个工作设立明确的挑战性的目标；③为每个目标设定最后期限；④允许员工参与，因为没有员工的参与什么目标也无法实现；⑤为目标排序以便于分阶段实施；⑥评估每个目标的难度和重要性；⑦建立一套反馈机制来评估目标的完成情况；⑧根据目标实现情况给予报酬。

总之，目标管理强调个人目标、班组目标和企业目标的统一，强调个人、班组的利益同企业利益的融合。它采用员工自我管理的方式，上级通过分权和授权来实施例外控制。它根据上下级结合制定的评价标准由员工自我评价工作成果并做出相应改进。

二、班组目标的制定

（一）班组目标的制定原则

1. 明确性原则

班组目标和个人目标必须明确目标的具体内容、意义、目的、具体实施时间、方法和标准以及评价的依据和标准等内容。目标管理的首要任务是合理设定切实可行的目标，确保目标的合理和可行是制定目标的关键所在。目标的确定要紧紧围绕实际工作需要，做好调查研究，反复商量目标的尺度和标准，确保目标的科学性、可行性和有效性。班组目标经过深思熟虑和周密计划而确定后，一般不可轻易更改，应维护目标的严肃性。

2. 考核性原则

班组目标的一个突出特征就是目标应具有可考核性，如果缺乏考核的标尺而无法考核，则难以形成目标的指导性和激励性，难以使组织和员工及时有效完成任务。要使目标具备可考核性的最简单的方法就是对目标进行量化。如产量目标用“多少”来衡量，质量目标用“多好”来要求，等等。针对这些具体量化了的目标，制定与之相适应的考核标准和办法，对员工实现目标的业绩进行合理公正的评价。

3. 灵活性原则

由于内外部环境的变化，在制定班组目标时，既要考虑目标的明确性、考核性，也要注意目标确定的灵活性和进步性。要注意量化目标最好有一定的波动幅度，与其他目标协调一致，兼顾其他班组、车间和部门甚至整个企业的总体目标的需要，避免班组目标确定上的孤立性和随意性。

（二）班组目标的制定方法

1. 业绩指标分解

按照“自上而下分解，自下而上支撑”的原则，将公司层面的关键业绩指标逐级分解为部门目标和班组目标，这是确定班组目标的重要方法。利用分解的方法确定班组关键业绩指标，同时还要选择支持关键业绩指标实现的相关业绩指标进行管理，有效支撑关键业绩指标的实现。

2. 标杆管理法

班组管理不但要以公司和部门的考核目标作为业绩衡量要求，还要善于从横向比较中选定最高水平者作为标杆，设定挑战目标。横向比较可以在公司内部兄弟班组间进行，甚至可以选择全国乃至全球同行业的最高水平进行比较。高标准、严要求还要善于进行自我激励。

3. 循序渐进法

为了使目标更容易实现，在过往业绩能力的基础上，可以分阶段设立目标，逐步提高指标值、增加目标的难度，这样既使目标容易实现，又能稳步提高。案例中，李伟的班组所采用的方法就是循序渐进法，这种方法既有助于总体目标的实现，又避免了班组成员由于突然间工作量倍增而产生抵触情绪。

根据班组所处的发展阶段，班组的目标可以是创建达标班组、免检班组、红旗班组、自主管理班组；创建企业优秀班组、行业优秀班组、省市优秀班组等。可以在产量、质量、安全环保、节能降耗、“五小”发明等方面提出班组目标；可以在劳动竞赛、技术比武、单项工作、班组培训方面提出班组目标；或者在改善班组技术等级结构、提高班组整体技能水平、完善班组管理制度和激励机制、维护班组团结、增强班组凝聚力等方面提出班组目标。

三、班组目标管理的推进

1. 运用细化的目标推动管理进程

目标管理要落在实处，就要将目标指标细化到具体的项目、小组、个人、产品型号、设备上。只有小组做好了班组才能做好，只有个人工作好集体业绩才能提高，而且要提高整体业绩就要抓重点产品型号和重点设备。在实际工作中，可以运用“生产进度报表”“生产日报”等日常工作报表及相关统计渠道，按照小组、个人、产品型号、设备等不同的角度对目标指标值进行动态把握和分析，以发现问题所在。

2. 建立对比机制

将目标指标细化管理的同时，要将整体和细化的业绩结果与目标进行对比，发现整体状况和目标的差距，分析影响整体目标实现的问题出在哪个项目、哪个小组、哪位员工、哪个产品型号、哪台设备上，找到症结所在。

建立对比机制时需要注意以下问题。①按时刻、时段进行对比，及时发现现场存在的问题；②每日进行数据统计和工作总结，找到差距和不足；③每周、每月进行汇总统计并制作趋势分析图。通过对比分析把握变化趋势，发现差距和不足，找到改善课题。

3. 及时发现问题

通过对比体制，及时发现问题，才能有针对性地进行业绩改善。一般来说，通过对比体制发现的问题有以下两种。

（1）个别问题。个别问题带有随机性、突发性，一般由特殊情况、个别情况引起，只要找到原因，解决起来比较快。例如，在生产现场的某个时段发现整体生产进度缓慢，经确认是由某道工序引起的，通过立即调查发现是由于外购材料质量不良引起的，员工需要边挑选边使用，影响了生产进度，可以就此问题进行针对性的处理。

（2）统计课题。统计课题是带有共性的、规律性的问题，需要用到科学的工具和方法，系统、深入地分析其深层次的原因，才能找到有效的措施。解决统计课题往往需要一定时间，经常需要跨部门协作才能彻底解决，避免问题再发。例如，经过一个月的统计分析，发现某个工段的生产进度缓慢，经常造成前工段待工、后工段待料，此时这个工段的问题就是目前这个阶段要解决的重点课题。

4. 分析和解决问题

运用对比体制发现问题以后，运用科学的方法和工具，对产生问题的原因进行分析，找到末端原因和有效对策，从源头消除原因，并做好标准化和巩固措施。

5. 检验评价

在目标管理一个周期结束后，每位员工都要对比评价标准，对达标的情况进行自我检验和评价，给出评价结论。然后，班组长与自己的组员一同逐个检查目标任务完成情况，并按照评价标准做出评价。对完成任务的员工给予充分的肯定和表扬；对未能完成任务的员工，帮助其分析原因。根据各个员工完成任务的情况给予相应的报酬和各种奖励。

企业的发展和班组的发展是循序渐进的，永无止境。班组实现一个目标之后，就会面临下一个更高的目标。班组应该在总结经验的基础上，站在新的起点上，向更高的目标冲击挑战。

实务训练

案例　KT内燃机厂的目标管理

为扭转管理不畅、效益连续下滑的局面，KT内燃机厂开始在内部推行目标管理。经过一段时间的试点后，逐步推广到各个分厂、车间和班组。多年的实践表明，目标管理改善了企业经营管理，挖掘了企业内部潜力，提高了企业素质，取得了较好的效益。

第一阶段：目标制定阶段

首先是总目标的制定。该厂通过对国内外内燃机零部件市场需求和竞争状况的调查，结合长远发展的要求，并根据企业的具体生产能力，首先提出了几条指导方针，他们叫作“三提高”“三突破”的总方针。“三提高”是指提高经济效益、提高管理水平和提高竞争力；“三突破”是指在全员劳动生产率、产品质量和市场占有率方面要有较大的突破。在此基础上，该厂把总方针具体化、数量化，初步制订出总目标方案，并发动全厂员工反复讨论、不断补充，送职代会研究通过，正式制定出全厂下一年度的总目标。

其次是部门目标的制定。这是对总目标的层层分解、层层落实。各部门的分目标由各部门和厂部共同商定，先确定项目，再制定各项目的指标标准。其制定的依据是总目标和有关部门负责拟定、经厂部批准下达的各项计划任务，原则是各部门的工作目标值只能高于总目标中的定量目标值。各部门的目标分为必考目标和参考目标（一般目标）两种。必考目标包括厂部明确下达目标和部门主要的经济技术指标；参考目标包括部门的日常工作目标或主要协作项目。其中必考目标一般控制在2—4项，参考目标项目可以多一些。目标完成标准由各部门以目标卡片的形式填报厂部，通过协调和讨论，由厂部批准。

最后是目标的进一步分解和落实。部门的目标确定了以后，接下来就是目标的进一步分解和层层落实。①部门内部小组（个人）的目标管理，形式和要求与部门目标制定相类似，拟定目标也采用目标卡片，由部门自行负责实施和考核。②部门目标的分解是采用流程图的方式进行的，具体方法是：先把部门目标分解落实到职能组，再分解落实到车间、班组，再下达给个人。

通过层层分解，全厂的总目标就落实到了每一个人身上。

第二阶段：目标实施阶段

在目标实施过程中，主要工作有三项：

1. 自我检查、自我控制和自我管理。目标卡片经厂部批准后，一份存厂部，一份由制定单位自存。由于每一个部门、每一个人都有了具体的、定量的明确目标，所以在目标实施过程中，人们会自觉地、努力地实现这些目标，并对照目标进行自我检查、自我控制和自我管理。这种“自我管理”，能充分调动各部门及每一个人的主观能动性和工作热情，充分挖掘自己的潜力，因此，完全改变了过去那种上级只管下达任务、下级只管汇报完成情况，并由上级不断检查、监督的传统管理办法。

2. 加强绩效考核。虽然该厂目标管理的循环周期为一年。但为了进一步落实经济责任制，及时纠正目标实施过程中与原目标之间的偏差，该厂实行的是每一季度考核一次和年终总评定。这种加强考核的做法，有力地促进了责任的落实。

3. 重视信息反馈。为了随时了解目标实施过程中的动态情况，以便采取措施、及时协调，使目标能顺利实现，企业十分重视目标实施过程中的信息反馈工作，并采用了两种信息反馈方法：

（1）建立“工作质量联系单”来及时反映工作质量和服务协作方面的情况。尤其当两个部门发生工作纠纷时，总厂管理部门就能从“工作质量联系单”中及时了解情况，经过深入调查，尽快加以解决，这样就大大提高了工作效率、减少了部门之间不协调现象。

（2）通过“修正目标方案”来调整目标，内容包括目标项目、原定目标、修正目标以及修正原因等，并规定在工作条件发生重大变化需修改目标时，责任部门必须填写“修正目标方案”提交厂部，由厂长批准后方能修正目标。该厂在实施过程中由于狠抓了以上三项工作，因此，不仅大大加强了对目标实施动态的了解，更重要的是加强了各部门的责任心和主动性，从而使全厂各部门从过去等待问题找上门的被动局面，转变为积极寻找和解决问题的主动局面。

第三阶段：目标成果评定阶段

目标管理是要根据成果来进行管理的，因此，成果评定阶段显得十分重要。该厂采用了"自我评价"和上级主管部门评价相结合的做法，在下一个季度第一个月的10日之前，每一部门必须把一份季度工作目标完成情况表报送厂部(在这份报表上，要求每一部门自己对上一阶段的工作做一恰如其分的评价)；厂部核实后，给予恰当的评分。比如，必考目标为30分，一般目标为15分。每一项目标超过指标3%加1分，以后每增加3%再加1分。一般目标有未完成项但不影响其他部门目标完成的，扣3分，影响其他部门目标完成的则扣分增加到5分。加1分相当于增加该部门基本奖金的1%，减1分则扣该部门奖金的1%。如果有一项必考目标未完成则扣至少10%的奖金。

1. 在目标管理过程中，应注意什么问题？

2. 增加和减少员工奖金的发放额是实行奖惩的最佳方法吗？除此之外，你认为还有什么激励和约束措施？

3. 你认为实行目标管理时，培养完整严肃的管理环境和形成自我管理的机制哪个更重要？

解题思路：

1. MBO中的目标应简明扼要，并尽可能量化，这样便于评价目标实现情况。目标的内容不宜太多，应突出重点。案例中的企业通过把部门目标分为必考目标（控制在2—4个）和参考目标，这样便于集中精力抓好主要问题和关键目标。目标要有挑战性，案例中的企业要求在制定部门目标时必须高于企业总目标正是贯彻这一原则。

在目标分解过程中，强调员工的参与，强调上下级之间的共同协商。这样既保证了目标的可行性，也有助于激发下级和员工的积极性。

在计划实施过程中强化员工的自我控制和自我管理，这样有助于充分调动各部门及每一位员工的主观能动性和工作热情，充分挖掘潜力。但在实施过程中加强监督与信息反馈也是十分重要的，尤其是当部门之间发生冲突时，必须及时了解情况并加以解决。该企业建立"工作质量联系单"和"修正目标方案"制度，就是为了达到这样的目的。

在绩效评价过程中，要坚持客观、公正、公平，同时还要注意及时反馈评价结果。

2. 计划期末必须进行目标成果评价，并根据实际绩效对不同执行者给予奖惩，以达到激励目的。该企业的做法是根据成果评定情况，增加或减少相关部门个人的奖金发放额。应该说，这种做法是相对有效的激励措施，因为它将员工收入与绩效很好地挂起钩来。但这种方法不一定是最佳方法，因为一方面，奖金基数的确定很可能出现不合理现象；另一方面，有些部门或个人收入大幅度减少也会严重挫伤其积极性，尤其是在因为一些客观原因导致目标没有完成的情况下。因此，除增加或减少奖金外，企业还可以配合采取一些其他奖惩或激励措施，如精神激励，即对于完成任务较好的部门或个人给予荣誉称号，或者给予晋级机会，或者给予培训机会，等等。

3. 完整严肃的管理环境（比如完善的制度、有效的沟通等）是提高企业经营管理水平的前提条件之一，但具备了这一点，并不代表企业管理水平或绩效水平一定就高。如果在此基础上，能够形成员工自我管理、自我控制的机制，那么对于提高员工积极性、创造性，挖掘企业潜力，将会产生巨大的促进作用，企业绩效也将会有较大幅度的提高。所以，二者都重要，只不过发挥的作用不同。或者，可以这样认为：在管理基础工作没有做好的情况下，加强管理基础工作就是比较重要的；如果管理基础工作做好了，寻求建立自我管理机制，充分发挥员工积极性和创造性就变得更重要了。

思考题

1. 目标管理的重要性体现在哪些方面？
2. 目标管理的基本程序有哪些？
3. 落实目标管理的方法有哪些？
4. 班组目标的制定方法有哪些？
5. 班组目标管理的实施过程有哪些步骤？

判断题

1. 目标管理的指导思想是以管理心理学中的“X 理论”为基础的，即认为在目标明确的条件下，人们能够对自己负责，其理论依据是心理学与组织行为学中的目标论，即任何一个组织系统层层地制定目标并强调目标成果的评定，都可以改进组织的工作效率和职工的满意程度。(　　)

2. 目标管理最终将组织形成一个全方位的、全过程的、多层次的目标管

理体系，提高上级领导能力，激发下级积极性，保证目标实现。(　)

3. 根据对目标的实现过程是否规范来区分，可以将目标管理分为业绩主导型目标管理和过程主导型目标管理。(　)

4. 根据目标的细分程度，可以将目标管理分为组织目标管理和岗位目标管理。(　)

5. 在实际工作中，班组只需要把公司的目标作为班组目标，在工作计划、工作任务的安排上不需要班组全员参与。(　)

6. 班组目标管理也是动员、依靠、相信班组成员的民主管理过程。(　)

7. 班组目标管理首先要准确理解企业的目标，在对企业和车间目标充分分析和评估的情况下，为保证大目标的完成设立班组目标。(　)

8. 目标管理强调个人目标、班组目标和企业目标的统一，强调个人、班组的利益同企业利益的融合。(　)

9. 按照“自上而下分解，自下而上支撑”的原则，将公司层面的关键业绩指标逐级分解为部门目标和班组目标，这是确定班组目标的重要方法。(　)

10. 目标管理要落在实处，就要将目标指标细化到具体的项目、小组、个人、产品型号、设备上。(　)

选择题

1. 以下关于目标管理的重要性描述不准确的是(　)。

A. 亲自参加目标制定的激励作用

B. 自我控制的激励作用

C. 目标本身的激励引导作用

D. 由上到下的强制性

2. 以下不属于班组目标管理内容的是(　)。

A. 动员全体员工参加制定目标并保证目标实现，即由组织中的上级与下级一起商定组织的共同目标，并把其具体化展开至组织各个部门，各个层次、各个成员与组织内每个单位、部门、层次和成员的责任和成果相互密切联系

B. 在目标执行过程中要根据目标决定上下级责任范围，上级权限下放，下级实现自我管理

C. 在成果评定过程中，严格以这些目标作为评价和奖励标准，实行自我评定和上级评定相结合

D. 将制度、措施固化下来，保持现有的目标不变

3. 以下不属于班组目标管理的特点的是（　）。

A. 目的性　　B. 整体性

C. 民主性　　D. 分散性

4. 以下哪项不属于班组目标责任制经济指标中“效率”指标？（　）

A. 半成品合格率　　B. 班组人均生产效率

C. 班组人均加工值　　D. 班组人均利润率

5.“建立班组的目标网络，形成目标体系，通过目标体系把每个员工的目标信息显示出来，就像看地图一样，任何人一看目标网络图就知道工作目标是什么，谁达到什么程度了。”这属于落实班组目标管理中的哪种方法？（　）

A. 制定班组目标　　B. 目标分解

C. 目标实施　　D. 信息反馈及处理

6. 以下哪项不属于班组目标制定的原则？（　）

A. 明确性原则　　B. 考核性原则

C. 灵活性原则　　D. 具体化原则

7.“为了使目标更容易实现，在过往业绩能力的基础上，可以分阶段设立目标，逐步提高指标值、增加目标的难度，这样既使目标容易实现，又能稳步提高。”这属于班组目标制定方法中的哪种方法？（　）

A. 业绩指标分解　　B. 标杆管理法

C. 循序渐进法　　D. 业绩考核法

参考答案：

×　√　√　×　×

√　√　√　√　√

D　D　D　A　B

D　C

第二章

班组长工作的基础知识

学习目标

1. 理解生产现场七大任务的主要内容和基本概念

2. 理解班组生产现场的常见问题及影响因素

3. 掌握生产现场的基本管理方法

4. 了解生产现场的改善方法

学习重点

生产现场七大任务的主要内容

学习难点

生产现场的基本管理方法

学习引导

生产现场管理是班组管理的重要组成部分，班组长现场管理水平的高低是其管理水平和精神面貌的综合反映。有效运用科学的管理方法，对人、机、料、法、环、安全等生产现场的各要素进行有效的组织、协调和控制是班组长的主要工作内容。本章将结合先进企业现场管理及改善经验，帮助班组长梳理生产现场的七大核心管理任务，并提供实用的管理工具，有效提升班组长的管理水平与现场绩效。

第一节　班组安全管理

案例导入

在月底班组例会上，工资表刚一发下来，全班员工就你一言我一语开始议论起来：“我们班工资为什么比其他两班人均要少200元？”核算员小张解释：“上月你们班出现两例违规事件，被公司扣除了安全结构工资！”班组员工顿时无声了。这时班组长李伟走过来说：“造成这个月工资低的原因既然已经知道了，我们班被评为安全管理最差班组，那么下个月的工作该怎样做大家心里应该有数了，安全管理需要咱们全体员工的共同参与。我们一定要吸取教训，争取在安全生产任务上弥补损失，再上新台阶。”全班员工听了都暗下决心，并在班组长的带领下开展了一系列活动：

（1）签订安全联保互保责任书——班组内任意三人自主结合成安全小组，如果一人违章，团队其他两人共同承担事故与处罚，这样使员工之间在安全生产上形成相互监督。

（2）全班员工共同修订了班组安全公约，并把安全公约张贴在工作现场，从环境制约角度做到安全警示。

（3）全班员工提出了班组安全口号：“齐抓共管反违规，苦练技能保安全，用心做事超目标”，并在每天的班前会上共同大声宣读。

在全班的共同努力下，在下半年度安全总结会上，李伟所在的班组以半年内班组大小事故率为零的好成绩赢得了“安全班组”的荣誉称号。

在班组管理中，运用科学的方法，消除作业现场的安全隐患、预防事故灾害，实现安全作业是每一位班组长需要思考的问题。

一、班组安全管理的主要内容

在生产现场肯定存在很多大小不一的安全隐患，可能触发一个，就会引起连锁反应，而这些连锁反应就有可能造成事故、形成灾害，班组长的工作职责之一就是确保生产现场的安全。安全是预防，而不是事故或是灾害后的马后炮，因此，班组长需要运用科学的方法，每时每刻消除作业现场的安全隐患，切断安全隐患与事故和灾害之间的连接，达到预防事故灾害，实现安全作业的目的，有效地避免人员的伤害、生产上的损失。

班组安全管理是为实现班组安全目标而进行的有关决策、计划、组织和控制等方面的活动。班组安全管理主要内容包括制度建设、安全教育、安全生产、安全检查、安全活动。

1. 班组安全制度建设

班组安全制度主要包括安全生产教育制度、安全生产检查制度、安全生产责任制度、安全生产考核制度、安全交班制度、安全操作确认挂牌制度、安全用火制度、指挥联系呼应制度。

班组长还可以根据班组生产内容和类型的不同，制定出更切合班组实际工作的各项安全管理规定。只要是对安全生产有利的、能够促进安全生产的制度，都可以制定。只有细致严谨的制度，才能有效地引导和教育班组员工去学习和遵守，保证班组的安全生产。

安全制度确实发挥效力重点是在执行，因此要严格班组安全生产日常管理，在生产中安全工作要做到勤检查、细检查，使每个操作环节、每一次交接班都要符合安全生产的规范要求；班组长要注意把事故分析出的原因、总结利弊得出的启示和经验，通过归纳、提炼为班组安全文化的理念；要落实安全生产责任制，还要做到责任明确，考核项目、考核标准和奖惩办法明确；班组长在安全生产中要发挥模范作用，用良好的安全生产行为影响和带动本班组成员搞好安全生产工作，同时要检查、督促一线员工严格遵守安全生产规章制度和操作规程，遵守劳动纪律，坚守岗位，认真负责，不违章作业。

2. 班组安全教育和安全技能训练

班组的安全教育主要包括安全责任教育、安全方针教育、安全法规教育、事故案例教育、安全知识教育。当然，安全意识和安全技能需要反复训练，安全技能训练的方式有很多，实际工作中可不拘泥于固定的形式，但一定要达到训练的效果和目的。安全技能训练常用的训练方式有模拟故障训练及危险预测训练。班组长应经常选派或让班组成员轮流参加上级组织的各种安全生产培训，也可以自己组织训练。

3. 班组安全生产和劳动保护

班组安全生产包括三个方面的内容，即人身安全、设备安全和环境安全。人身安全是要求员工在生产过程中严格贯彻安全生产方针，依法行使安全生产权利，履行安全生产义务；设备安全是在生产过程中保证设备、装置及工器具的安全与防护；环境安全是在生产过程中安全布局、安全标识、安全设施及通道、生产秩序和建筑物符合安全生产条件。

劳动保护的主要内容包括：遵守国家、行业、企业的各项劳动保护法律和规定，不断改善班组生产环境与劳动条件，防止班组伤亡事故和职业病，遵守所规定的劳动和休息时间，做好员工个体防护，用好管好劳保用品，做好工伤事故现场分析和处理，等等。

4. 班组安全检查与安全活动

班组安全检查的内容主要包括班前（作业前）安全检查、班中（作业中）安全检查、定期安全检查、季节性安全检查、节假日前后的安全检查、专项安全检查。

班组安全活动是提高班组成员安全思想意识的最佳途径之一，活动的质量与人身安全、设备安全和检修质量有着密切的关系。作为班组安全第一责任人，班组长应该带头组织好每次的安全活动，把好安全第一关。除采取传统的开会活动外，班组长还可以在班组内开展丰富多样的安全竞赛活动，如安全知识竞赛、百日无事故竞赛、安全操作技术表演赛等，以提高班组成员的安全意识。

5. 班组安全事故的应急处理

小事故因处理不及时或处理不当酿成大灾害的教训层出不穷，因此，在班组范围内需要制定应急预案和岗位安全应急卡。其中，应急预案是针对一些突发事故所制定的预案，主要包括事故性质、危险报警及通信联络的步骤和方法、危险现场人员的撤离步骤、应急处理的各种措施等内容。安全应急卡是通过风险评估、危险因素的排查，确定危险岗位，有针对性地制定各种可能发生事故的应急措施。当然，事故往往具有突发性，因此在事故发生后要保持头脑清醒，切勿惊慌失措，要按照生产事故紧急处理顺序进行处理，以免扩大生产损失和人员伤亡。

二、班组安全管理的常见问题

班组是企业生产的基层组织，是加强企业管理，搞好安全生产的基础。据大量的事故统计分析，90% 以上的生产安全事故发生在班组，80% 以上的生产安全事故是由于违章指挥、违章作业、违反劳动纪律和设备隐患没能及时发现与消除等人为因素造成的。目前班组安全管理主要存在的问题有以下几个方面。

1. 安全意识淡薄

有些班组和员工安全意识淡薄，对安全的重要性认识不深刻，存在侥幸心理和麻痹思想；不熟悉业务和安全管理规程，缺乏必要的安全技能，往往因为麻痹大意，在简单、常规性的工作中因违规操作而酿成事故。有些班组和员工认为抓安全基础工作费时、费力，时常将工作的重点和精力放在表面或形式上，而台账、记录、图表、数据、管理制度、现场运营规则却存在明显的漏洞，安全例行工作形式化。

2. 安全风险应对能力差

有些班组在管理上长期沿用老一套的经验和做法来应对不断变化的安全生产新形势，部分班组对开展安全风险评估和工作方法的重要性认识不足，安全风险辨识和防范工作推进迟缓，体现在工作中就是安全风险应对能力差。

3. 班组安全管理工作松散

班组长是班组安全生产的“领头羊”，不仅要抓安全，还要抓技术，更要抓生产，面临班组点多线广的特点，难免会出现顾此失彼的现象，因此在实际工作中需要班组安全员的配合和协助。然而很多班组安全员的工作仅仅是在班组长的领导下，念一念上级部门下发的文件，做一做安全活动记录，清理清理安全工器具，并未真正履行好管理职责，导致班组成员对安全工作马虎了事。因此，往往形成班长想管管不过来，安全员想管无权管，其他人自由散漫，导致班组的安全管理松散。

4. 习惯性违章时有显现

习惯性违章频现也是班组安全管理中的常见问题，追其原因有班组长方面的也有班组管理方面的。有些班组长没有树立正确的安全管理理念，在工作中盲目追求速度、效益，甚至诱发员工冒险违章行为；有些班组长对现场存在的不规范、不安全现象视而不见、一放了之；有些班组长在工作中带头违规违纪，造成班组工作作风涣散、人员遵规守纪意识差等。由于缺乏必要的培训和引导，有些员工对工作中应该遵守的规章制度一知半解，工作中凭本能、习惯，对工作中的不安全因素和各种违章行为的危险性认识不足，从而容易出现违规现象频发，甚至造成大事故。

三、班组安全管理的基本方法

（一）班组安全检查

班组长是班组生产的直接管理者，是安全生产的第一责任人，因此，为了更好地履行自身的安全管理职责，班组长首先要学会识别现场的不安全状态及行为，同时明确安全控制的四个要点，即经常出事故的点、不愿做的点、第一次做的点以及出现变化的点。表 2-2-1 列出了生产现场常见的不安全状态和行为。

表 2-2-1　生产现场常见的不安全状态和行为

现场不安全的状态	现场不安全的行为
1. 设备、设计、结构不符合安全要求 2. 设备在非正常状态下运行，如带故障超负荷运转 3. 维修、调整不当，如设备失灵不修、设备保养不当 4. 防护用具存在缺陷：防护用具使用不当或不符合安全要求 5. 防护、信号等装置的设计存在缺陷，如无防护、防护不当 6. 交通线路配置不安全，如地面有易滑物、通道拥堵 7. 现场环境不良，如照明、光线、通风等不良，现场混乱	1. 安全意识差，如为工作方便拆除安全装置，进入工作场所不佩戴防护措施 2. 操作错误、忽视警告，如在严禁吸烟区吸烟，随意进入配电室等区域 3. 技术不熟练，如设备操作、叉车操作等不熟练 4. 工作态度不端正，如作业中嬉笑打闹 5. 知识不足，如对不明危险物按常规处理

在明确安全检查要点的基础上，班组长需要制订班组安全检查计划，明

确安全检查的职责范围。表 2-2-2 班组长安全检查计划中列出了班组长进行安全检查的内容、时间或频率、检查的方法或要求。

表 2-2-2　班组长安全检查计划

检查项目	序号	检查内容	时间及频率	检查方法或要求
作业前	1	召开班前安全生产会	每日	查安排、看记录、了解没有参加人员的不参加原因
	2	开展安全改善活动	每周	查安排、看记录，并有安全技术交底卡
	3	安全活动开展的效果	每周	有安排、有分工、有内容、有记录、有小结
	4	岗位安全生产责任制的落实	每月	知道责任制的主要内容，明确员工之间的配合关系，没有失职现象
	5	各工种安全技术操作规程的掌握情况	随时	通过工作指导确保人人熟悉本工种的安全技术操作规程，理解内容实质
	6	作业环境和作业地点符合安全要求	随时	确保人人知道作业环境和作业地点，知道安全注意事项，环境和地点整洁，符合作业要求
	7	机具、设备的准备	随时	机具、设备安全可靠、摆放合理、使用方便，安全装置符合要求
	8	个人防护用品的准备	随时	齐全、可靠、符合要求
	9	安全设施	随时	进行自检，无任何隐患，或个别隐患已处理
	10	其他特殊问题	随时	作业人员身体、情绪正常，着装、佩戴合适
作业中	1	遵守安全纪律	随时	工作中相互配合，不隐瞒问题及隐患，不强行作业、有问题及时汇报
	2	无违章作业	随时	不乱触碰机具、设备和电器开关、乱拿消防器材；不在易燃易爆品附近吸烟；不乱丢抛料具和物件；不任意脱去人人防护用品；不私自拆除防护设施

续表

检查项目	序号	检查内容	时间及频率	检查方法或要求
	3	无违章指挥现象	随时	违章指挥出自何处何人，是执行了还是抵制了，抵制后又是如何解决的
	4	无不懂、不会操作的现象	随时	查清作业人员和作业内容
	5	无故意违反技术操作规程的现象	随时	查清作业人员和作业内容
	6	支持班组安全员工作	随时	坚持事故原因分析不清不放过，事故责任者和群众没有受到教育不放过，没有采取切实可行的防范措施不放过的“三不放过”原则
作业后	1	作业人员有无特殊反应	随时	对作业内容无不适应的现象，作业人员身体、精神状况正常
	2	材料、物资的整理	随时	清理有用品，清除无用品，堆放整齐
	3	集聚和设备的整顿	随时	归位还原，保持整洁，如放置在现场，要加强保护
	4	清扫工作	随时	作业现场清扫干净，秩序井然，无零散物件，道路畅通，照明良好，库上锁，门关好
	5	其他问题	每日	下班后清点人数，了解事故处理情况，本班作业的主要问题向上级报告和反映
	6	加强班组安全管理的基础工作	随时	及时记录、更新安全管理的相关文档

结合所在班组的实际情况，根据班组安全检查内容，班组长可设计安全管理点检表，定期（每日、每周、每月）对班组进行安全检查。表 2–2–3 是安全管理点检表的基本格式。

表 2-2-3　安全管理点检表

车间 / 班组：		检查人：			检查时间：
检查点	检查标准	检查结果		不符合项描述（具体位置、严重程度）	备注
		符合	不符合		

（二）班组安全技法

班组安全工作的好坏取决于班组长对安全生产的认识程度及所具备的安全技术知识水平和实际的组织协调能力，以下是班组长进行安全管理需要掌握的基本技法。

1. 彻底实施 5S 活动

大部分的灾害和事故都是由生产现场的脏乱所造成的，因此，班组长进行安全管理首先要做好现场 5S 管理，详见表 2-2-4。

表 2-2-4　现场 5S 活动实施要点

内容	实施要点
整理是安全生产的前提	在生产及检修场地必须坚决清理不必要物品，消除潜在的安全隐患

续表

内容	实施要点
整顿是安全生产的要求	首先要考虑通道的畅通及合理；尽可能将物品集中放置，减少物品的放置区域；采用各种隔离方式隔离放置区域，合理利用空间；尽可能将物品隐蔽式放置；大量使用“目视管理”，标识要清楚明了，能够让任何人都能简单查找，必要时还应将使用说明放在适当位置
清扫是安全生产的保证	使工作现场干净整洁，将设备保养得锃亮完好，尤其注意沟槽内的清洁及电线、电缆附近的清洁
清洁是安全生产长治久安的保证	将整理、整顿、清扫进行到底，并且标准化、制度化，制定完善安全管理制度、落实安全责任
素养是消除习惯性违章的武器	养成具有高效率和安全意识的习惯，消除不良的作业习惯和违反安全工作规程的行为

2. 掌握设置安全管理标识

生产现场的安全管理标识对于不安全行为能够起到警示作用，班组长需要识别并掌握在合理的位置设置这些标识。生产现场的安全管理标识主要包括安全标识，如安全通道标识、有电安全标识、消防安全标识、易燃易爆带腐蚀性及有毒物品标识、安全隐患标识（坑、池、凸、易倒塌等）；设备标识，如设备三定标识（定人、定机、定职责）、设备状态标识、特殊过程设备标识；生产标识，如物料标识、物流标识、工模具标识。

3. 安全着装管理

服装不整洁标志着精神涣散，而敞开的袖口或衣襟有可能被机器卷夹从而造成安全事故。因此，班组长在班前或作业前要对员工的着装进行检查。检查的要点包括：①是否正确使用了规定的安全防护用品？②是否装了可能被机器卷夹的服装？③袖口、裤脚是否系紧，有无开线？④衣扣是否扣好？⑤是否披头散发？⑥禁戴手套的操作是否戴了手套？⑦工作服是否合身？⑧工作服是否沾有或被打湿有着火或触电的危险？⑨绝对禁止赤身工作？⑩穿的鞋是否影响工作？（不得穿拖鞋或容易打滑的鞋）

4. 设置安全装置

安全装置是确保安全的助手，维护其功能是确保其发挥作用的关键。安全装置不得拆除，必须经常检查。在使用安全装置过程中，班组长必须带领班组成员做到以下事项：①绝不能因为影响工作效率而拆除安全装置使其失效。②发生故障时，应立即报告上司，迅速请人修理。③即使安全装置正常，也不得触摸危险部位，需使用辅助工具。④因修理机器而需拆下安全装置时，须切断电源并加强信号联络。

5. 正确使用保护用品

保护用品在生产现场能够起到防护作用，减少或降低灾害事故对于人身造成的伤害和影响。使用保护用品时应注意以下几点，以便更好地发挥保护用品的作用。①安全帽。帽衬顶端与帽壳内顶必须保持25—50mm的空间，必须系好下颌带，必须戴正戴稳，需定期检查更换。②防护眼罩和面罩。选用合格产品，型号适合使用者脸型，定期更换，专人使用，防重摔重压、防硬物磨损，焊接护目镜的滤光片要按规定作业需要选用和更换。③防护手套。定期检验绝缘性能，橡胶、堵料手套用后冲洗干净晾干避免高温，操作旋转机床禁止戴手套作业。④防护鞋。使用时查验是否有绝缘永久标识，穿用绝缘靴时应将裤管套入靴筒内，非耐酸碱油的橡胶底不可与酸碱油等物质接触。

6. 杜绝危害性伤害

杜绝危害性伤害主要包括以下几个方面：①为防止工作中的坠落，在易发生坠落的场所放置明确标识，工作人员佩戴防护措施；②为防止搬运中的碰撞及物品坠落，搬运物品时使用防脱钩的捆绑措施，工作人员佩戴防护措施；③为避免作业过程中出现腰部伤害，有效使用搬运工具、优化作业方法；④为避免有害气体侵蚀，安装必要的排风装置，工人佩戴防护工具；⑤为避免粉尘的伤害，做好工作场所的通风及与其他工作区域的隔离，工人佩戴防护工具。

（三）制定安全防范措施

表2-2-5中列出生产现场常用的安全防范措施，班组长可根据所在的作业环境选择使用。

表 2-2-5　班组安全防范措施

防范措施	说明
防卷夹措施	1. 对物的危险部分加以消除或隔离，如使用机器人、安装护栏、防护罩等 2. 严格遵守规定的操作程序 3. 穿戴整齐（注意头部、领口、袖口） 4. 使用适合操作的护具和工具（有些操作不得戴手套） 5. 检修或清扫机器时，必须停机并挂上“检修中”等标牌 6. 严格实行工前检查，并确保检查及开机时的安全 7. 加强共同作业时的配合和联络 8. 自动化机器运转时，不得进入机器活动范围，进入时必须停机，并随身携带电键开关 2 和安全塞，等等
防止手工具的伤害	1. 选择适合操作的手工具，经常检查铁锤是否松动，锉刀有无磨损，随时进行修理和更换，保持良好状态 2. 经常擦拭工具或加工件上的油污，以防止打滑造成事故 3. 正确使用工具，防止倒拿或乱用而导致事故 4. 对周围和脚下等处检查之后再操作
防止高空作业伤害	1. 使用前检查强度，特别要注意有无裂缝、腐朽和防滑垫 2. 梯子支靠的角度为 75 度左右，支靠时，梯子顶端伸出的长度应为 60 厘米以上 3. 梯子上下部分用绳索固定，不能固定时应有人扶住 4. 地面应为水平面，不得凹凸不平 5. 上下梯子时应面朝内，不得以不稳定的姿势作业 6. 在两个梯凳中间搭脚手架时，梯凳间距离不得超过 1.8 米，高度不得超过 2 米 7. 梯凳的铁扣必须扣上 8. 在不稳处使用梯凳时，须用绳索、支柱等固定，或让人扶住 9. 不得在高于 1.2 米的梯凳顶面作业
防止冲压机械伤害	1. 使用安全压力机，或装上安全装置后使用 2. 加工小件或复杂工件时，使用手工具 3. 装卸、调试模具时，须使用保险块 4. 装卸、调试模具须受过法定特殊教育者负责
防止带式输送伤害	1. 带式输送机须安装紧急停机装置，并事先确认其位置 2. 在滚筒、皮带轮等旋转部位安装护罩或围栏 3. 在货物有可能掉落处安装护罩或围栏 4. 不得登上运转中的传送带 5. 发生故障检修时，应切断电源

（四）安全目视化管理

安全目视化管理是生产现场安全管理的一种安全管理办法，通过安全色、标签、标牌等方式，明确人员的资质和身份、工器具和设备设施的使用状态，以及生产作业区域的危险状态。班组长在安全管理过程中需要充分理解并运用这种方法。安全目视化管理包括人员目视化管理、工器具目视化管理、设备设施目视化管理、生产作业区域目视化管理四个方面，详见表 2-2-6。

表 2-2-6　班组安全目视化管理

主要内容	控制要点	控制方式
人员目视化管理	劳保着装	1. 企业内部人员应统一着装，外来人员着装应符合安全要求，并与内部员工有所区别 2. 鞋不符合要求的情况，增加静电电阻测试、静电释放劳保、限定工作区域 3. 穿着不规范者检查并予以纠正
	安全帽	1. 符合安全要求 2. 规范、统一安全帽标志色 3. 对佩戴不规范者（下颌带不系、高度不对）检查纠正
	证件	1. 进入易燃易爆、有毒有害生产区域的人员应佩戴入场证件。入场许可证可分为进入许可证、工作许可证、外来人员许可证 2. 内部员工和外来人员的证件应区别明显，易于辨认
	资质	特种作业人员作业时应佩戴特种作业合格目视标签，或在安全帽上目视。特种作业人员主要包括锅炉作业、压力容器作业、金属焊接切割作业、厂内机动车作业、起重机械作业、登高架设作业、危险品作业、制冷作业等
工器具目视化管理	工用具（如梯子、脚手架、电动工具等）	1. 将标签粘贴于工用具的开关、插座或其他明显位置，以确认该工用具合格 2. 未粘贴标签，表明该工用具检查不合格或未检查 3. 不合格、标签超期及未贴标签的工用具不得使用 4. 所有工用具的使用者必须在使用工具之前再次进行目视检查
	检测仪	1. 粘贴有检测合格标识 2. 注意有效期 3. 超量程检测后需重新标定

续表

主要内容	控制要点	控制方式
	压缩气瓶	外表面涂色及警示标签应符合国家和行业标准的要求，同时应以不同的标签来识别其状态（空瓶、使用中、满瓶）
	砂轮机	定期进行检查，张贴检查标签，检查标签依次张贴，在检查位置留存
	工具箱	机房、钻台、泵房等涂漆防腐、画线定位、用清单标识
	材料房	配有材料铭牌、整洁干净、账物相符
	消防室	整洁干净、有检查标识、乙炔瓶、氧气瓶挂有标识
设备设施目视化管理	设备标识牌	1. 应在设备明显位置设置标识牌，标识牌可包括设备基本信息、责任人以及使用状态等内容 2. 误操作可能带来严重危害的设备设施，应设置安全操作注意事项标牌 3. 投用设备后应制作设备状态指示牌，分为“在用”“备用”“待修”“在修”，根据不同设备状态挂不同指示牌 4. 仪表控制及指示装置应标注控制按钮、开关、显示仪的名称 5. 明确设备名称、工位号及操作规程 6. 设备控制盘按钮及指示装置应标注指示及说明，原有英文说明的，应翻译成中文后标注，或在明显位置标明中英文对照表 7. 设备厂房或控制室开关应有标签标注控制对象 8. 设备应挂有运行状态、巡检、检维修状态、周期提示
	润滑器具	设备润滑器具、加油桶、加油壶应分类定置摆放，并设置包括油品名称、牌号等基本信息的标识
	管线、阀门	应在管线上标明介质名称、流向，在控制阀门上悬挂或粘贴显示工位号或编号、相关参数的耐用标签。着色严格执行国家或行业相关规定
	其他	1. 用于照明、通风、报警的电气按钮、开关应标注控制对象 2. 现场指示仪表上标识参数控制范围，粘贴合格标签，远程仪表现场应显示工位号的标签 3. 危险化学品器具分类摆放，设置标牌，注明名称、危害及注意事项等

续表

主要内容	控制要点	控制方式
生产作业区域目视化管理	作业现场	1. 生产作业区域的安全标识应执行国家和行业的有关标准 2. 划分、固定生产区域的不同危险状况。如红色警示线警示有危险，未经许可禁止入内；黄色警示线提示有危险，进入时需注意 3. 生产作业区域内的消防通道、逃生通道、紧急集合点应有明确的指示标识 4. 根据情况对施工作业现场的危险状况进行安全隔离。警告性隔离适用于临时性施工、维修区域、临时物品存放区域等，未经许可不得入内，可采用专用隔离带；保护性隔离用于易造成人员坠落、有毒有害物质喷溅、路面施工等防止人员随意进入的区域，可采用围栏隔离 5. 专用隔离带和围栏应在夜间容易辨识，隔离区域应减少对外界的影响，危险消除后应及时拆除隔离设施 5. 长期使用的机具、车辆、消防器材、逃生和急救设施应放置在指定位置，并做出标识

在安全目视化管理中经常使用到的一个小工具是绿十字安全日历。绿十字安全日历将每月 31 天排列在十字中，根据当日安全生产情况标示以不同颜色，如果无事故由专人贴上绿色卡片，一个月下来形成绿十字，以起到安全生产预警作用，详见图 2-2-1。

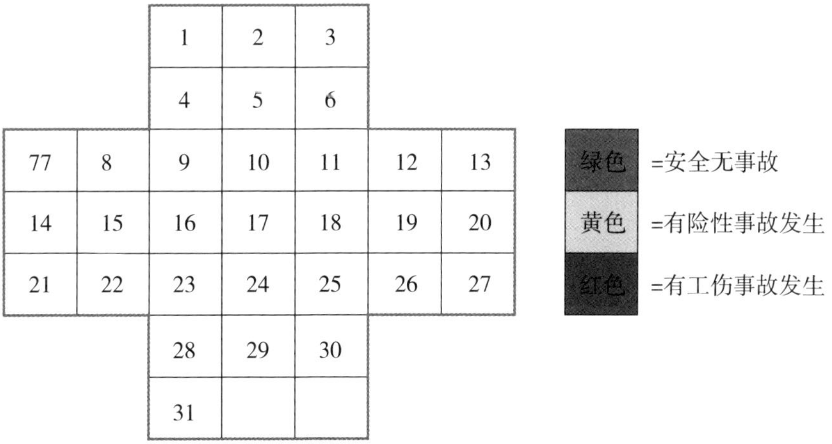

图 2-2-1　绿十字安全日历

（五）指导员工进行安全训练

安全生产的真正落实依靠每个员工，在日常工作中班组长除了要时时检查员工的安全作业情况，还要定期对员工进行安全训练，提高员工的风险意识和持续改善的能力。详见表 2-2-7。

表 2-2-7　班组安全训练活动

训练内容	说明
四步危险预知训练活动	每月至少一次结合工作岗位开展此活动，新进员工也需要开展此培训。把车间或作业状况照在或画在图解上，班组成员按照寻找潜在危险因素、确定主要危险因素、寻找备选对策、确定执行对策四个步骤展开对话和讨论，活动结束后，全体组员手工签名，班组长对此次活动进行讲评，提出改进意见，并确定下一次活动内容
一分钟要领训练	对新进员工、新设备的操作人员在作业前进行简单的交流，提前预知关键要领
安全改善提案活动	以班组为单位每月回收个人及班组的提案书，交由公司评审小组进行评审，评审小组及时反馈意见并给予奖励，鼓励安全提案的自主实施，并同班组的持续改善结合起来

四、班组安全管理的改善方法

（一）安全事故分析制度

为了预防事故、灾害的发生，必须事前对可能形成事故、灾害的原因进行调查，进而分析事故、灾害产生的原因，以此作为出发点寻求解决对策。班组成员们来自于生产一线，对作业过程及其环境状况最熟悉，安全生产经验最丰富，班组长要在班组成员中定期开展安全事故分析活动，对可能发生的各类大小意外事故、紧急情况进行分析、制定预案。详见表 2-2-8。

表 2-2-8　安全分析表

<table>
<tr><td colspan="2">车间 / 班组：</td><td colspan="2">分析人：</td><td>日期：</td></tr>
<tr><td>事实</td><td>间接原因</td><td>直接原因
不安全行为 / 状况</td><td>事故</td><td>灾害（数字表示）</td></tr>
<tr><td rowspan="6"></td><td></td><td></td><td></td><td>人的：

物的：</td></tr>
<tr><td rowspan="5">对策</td><td colspan="2" rowspan="5"></td><td>经费预算
元</td></tr>
<tr><td>时间</td></tr>
<tr><td>物质</td></tr>
<tr><td>其他</td></tr>
</table>

（二）安全事故提案制度

为减少员工意外事故的发生，创造无危险的作业场所，改善班组安全生产的作业环境，全员都应参与到安全工作中，提高安全意识，消除、降低或控制危害隐患的发生。班组长需要定期结合实际工作对全员进行安全教育，讲解预防意外事故的重要性，对已发生过的事故或灾害进行汇总并用于员工的安全教育，使员工掌握事故或灾害预防、分析的基本方法。详见表 2-2-9。

表 2-2-9　意外事故提案管理表

<table>
<tr><td colspan="3">车间 / 班组：</td><td colspan="4">作业：</td><td colspan="2">编号：</td></tr>
<tr><td rowspan="2">序号</td><td rowspan="2">工作步骤描述</td><td rowspan="2">事故</td><td rowspan="2">灾害（对人 / 对物）</td><td colspan="3">风险评价</td><td rowspan="2">消除 / 控制 / 补救措施</td><td rowspan="2">措施控制人（具体到岗位、个人）</td></tr>
<tr><td>严重性</td><td>可能性</td><td>等级</td></tr>
<tr><td></td><td></td><td></td><td></td><td></td><td></td><td></td><td></td><td></td></tr>
<tr><td></td><td></td><td></td><td></td><td></td><td></td><td></td><td></td><td></td></tr>
<tr><td></td><td></td><td></td><td></td><td></td><td></td><td></td><td></td><td></td></tr>
</table>

续表

车间 / 班组：			作业：				编号：	
序号	工作步骤描述	事故	灾害（对人 / 对物）	风险评价			消除 / 控制 / 补救措施	措施控制人（具体到岗位、个人）
				严重性	可能性	等级		

第二节　班组质量管理

案例导入

企业最近三个月不断接到客户关于产品质量的投诉。投诉中反映问题比较集中的是其中某个部件质量太差，导致整个产品不能正常使用，而生产这个部件的正是李伟所在的班组。作为此次质量问题的直接责任者，李伟对自己班组的管理进行了反思。

两个月前的一天，正当大家忙得不可开交的时候，突然质检部打来电话，说是正在使用的原材料有问题，必须换料，否则生产出来的产品将会不合格。在短短一分钟内，质检部就将一批新的原材料送过来了，大家便开始紧张地工作了。突然，有个员工说："班长，我怎么觉得刚送来的料和之前的一样呢？"由于交货期紧张，加上换料又耽误了一些时间，李伟当时并没有多考虑，而是让大家不用考虑料的问题，直接加工就行了。但现在回想起来，由于当时没有对物料进行检验，极有可能是不合格的原材料和合格的原材料混在一起了。

由于订单激增，全体员工加班加点也无法准时完成交货任务，因此，李伟建议人力资源部又招聘了 3 名操作工。由于是新的型号，原有员工中只有两个人较为熟悉新型号的加工要求。李伟请这两位熟练工对这 3 名新员工只进行了半天的简单培训后，就让他们直接上岗了。

由于该型号的部件最初是根据某个客户的特殊要求进行研发设计的，未曾想会突然获得大量的订单，同时由于研发部门正忙于几个国外订单产品的研发，只是对技术要求和工艺进行了简单说明，让该班组试制了两个样品，未曾考虑批量生产后可能会出现的质量问题。

为了赶订单，连续几个月都忽略了对设备的维护和保养，可谓是大错没有、小错频发——侥幸没有发生大的设备故障，但是小的停机不断出现。由于停机耽误了生产进度，而为了赶进度又不敢浪费时间进行设备的维护和保养，于是陷入恶性循环，生产现场的5S也不复存在。

……

因此，在班组管理中，如何在确保质量的前提下准时完成生产任务，是每一位班组长需要思考的问题。

一、班组质量管理的主要内容

班组是企业产品的直接生产单位，是产品质量的直接形成者和直接监督者，班组产品质量或工作质量的好坏，直接影响着最终产品质量的优劣。对于大部分企业来说，生产或服务的连续性决定了某一个班组不可能独立完成产品或服务的全部过程，而只能完成其中一部分质量指标或是为了达到某一个质量指标而进行指标控制，这种对部分或是某个质量技术指标控制的好坏，将直接影响下道工序或是整个产品质量的优劣。

班组质量管理以“客户满意”和“零缺陷”为基本理念。确保“客户满意”是班组质量管理的宗旨。无论是下道工序还是外部用户，都可以看作客户，为客户提供优质的产品和优质的服务，是班组内每个成员应尽的义务。班组质量管理的目标之一就是要识别客户的需求、满足客户的需求并通过持续改进过程不断地超越客户的期望。“零缺陷”同样是班组质量管理追求的目标，就是根据客户需求，将组成产品质量的每一个工作环节、工作步骤都做正确，不接受不良（缺陷）品、不生产不良（缺陷）品、不传递不良（缺陷）品。

根据班组质量管理的特点及目标，班组质量管理可以定义为：以满足客户（包括内部客户，也即下道工序）对于适用性的要求为宗旨，以“零缺陷”为最终目标，在班组内有效开展质量维持管理、质量持续改善以及人才培养的活动过程。

其中，班组质量维持管理是指将班组质量波动维持在客户所要求的合理范围之内。维持管理包含日常管理和质量变化点管理两个方面。班组质量日常管理是指为使班组质量波动维持在合理范围之内所开展的标准贯彻和各种检查活动。在班组日常质量管理中，要严格贯彻执行标准作业，确保整个工作过程符合质量标准的要求。此外，还要通过各种日常质量管理工作对质量的产生过程进行实时的监控和分析。班组质量变化点管理是指为确保质量波动维持在合理范围之内，在变化发生前或者发生时，采取有效措施进行管控。在班组质量变化点管理中，要明确变化点，识别变化点上的异常波动，及时消除异常波动，使一些不可控、随机性因素逐渐成为可控的、系统性因素，进而稳定质量管理水平。

质量持续改善是指在班组质量管理活动中不断设立更高的质量目标，在注重最终质量的同时更注重过程管理、环节控制，及时有效发现问题与解决问题并提出新方案。为确保质量持续改善活动的有效进行，可以在班组中开展标准作业改善活动、质量工程诊断活动、预防不良发生活动及不良流出活动。

质量人才培养是指在班组质量管理工作中培养保证质量的班组成员，提高质量培训指导人员的水平。在人才培养中，首先要掌握班组成员的技能掌握水平，建立相关档案，根据其技能水平制订培训、培养计划。

二、班组质量管理的常见问题

班组质量管理的重要内容就是对生产或服务过程中质量波动的管理。之所以会发生质量波动，是由于在生产或服务过程中一些通常的状态在一些因素的影响下变成了其他状态，从而导致波动出现，进而出现质量问题。班组在应对质量异常情况时，比较重要的也是首要解决的是识别影响质量的关键因素，进而采用一定的技术和方法消除或减少这些因素的影响，使生产或服务保持正常状态进而保证质量。导致质量问题出现的原因，既有日常性的，也有突发性的。详见表 2-2-10。

表 2-2-10 班组质量问题影响因素

区分	人	设备、工具	工程	物
日常变动项目	生产节拍变更 工程变更 工作更替 接受帮助 责任者变更 年休、离职 一时性离职 短期性离职者复员 间休、午休 各班始业时、终业时	新设 / 更新工事 改造 修理 设备移设 增能新设 模具变更 模具更新 工具 / 夹具 / 刀具的变更、交换 保全定期点检 安全联锁装置的变更移设	工程变更 条件变更 加工法变更 循环时间变更 生产节拍变更 生产线变更 季节变动	设计变更 原料变更 材料变更 辅助材料的变更 储备物品、先行物品发生流动的场合 异常处置
突发项目	突发年休 作业中断时追踪确认 生产线停止与再启动	设备故障、设备异常 工具 / 夹具 / 刀具的劣化、破损 工具 / 夹具 / 刀具的故障	条件设定失误后的追踪 准备事物追踪	追踪式点检 / 追根源点检 因误品不得不流动时

三、班组质量管理的基本方法

班组质量管理的主要目的就是将生产中的质量波动维持在合理的范围之内，实现这一目标的重要方法就是彻底贯彻作业标准，同时为了检查和确认贯彻的结果，还要进行一系列的质量确认和质量分析活动。

（一）贯彻标准作业

随着业务规模不断扩大，产品和服务日益复杂，分工越来越细，产品的质量成本急剧增高，为了有效地控制生产作业中的产品质量，需要统一各工序的操作步骤和操作方法。标准作业，就是将某一作业的标准操作步骤和要求以统一的格式描述出来，用以指导和规范日常的工作。标准作业是经过不断实践总结出来的在当前条件下可以实现的最优化的操作程序设计，是对关键质量控制点或相关操作步骤进行细化、量化、优化，让每个员工都能够理解和接受。

关键质量控制点，简称控制点，又称管理点，是指对生产现场质量管理中需要重点控制的质量特性进行控制，体现了生产现场质量管理的“重点管理”原则。班组可以将质量控制点明细表作为质量自检的基础。详见表2-2-11。

表 2-2-11　质量控制点明细表

零部件名称：				零部件型号：			
序号	控制项目	级别	范围 / 公差	检验频次	检验手段	责任人	备注
1	零部件口径	A	0.35—0.37	全检	卡尺	×××	1
2	焊缝	A	平滑	全检	目测	×××	2
3	装配卡口	A	无间隙	全检	目测	×××	3
	……						

（二）班组质量状况的确认与检查

班组质量维持管理除了要彻底贯彻标准作业之外，还离不开每天对质量状况的检查和确认，这是贯彻标准作业的重要保证。班组质量状况检查与确认经常采用的方法和活动主要有10分钟5S活动、质量三检制和质量的可视化管理。

1. 10分钟5S活动

5S是班组生产管理与质量管理中最重要也是最基础的一环。5S不仅仅是指在现场分区、清理物品、打扫灰尘等，而且应该是卓越的现场管理，是做好产品品质的基础。每日班前的10分钟5S活动能够巩固“整理”“整顿”“清扫”的成果，实现“清扫”“素养”的目标，是提升班组产品质量、工作质量、人的质量的重要方法，也是班组质量状况检查与确认的重要内容。详见表2-2-12。

表 2-2-12　10 分钟 5S 活动内容表示例

班组：　　　　岗位：
1. 检查岗位上是否有非必需品，如果有，按照规定进行清理 2. 检查是否有物料掉在地上 3. 检查岗位上所有的质量控制点，查看是否存在质量隐患 4. 质量标志是否清晰，如果不清晰…… 5. 利用操作闲暇时间，做好设备表面灰尘的清理 ……

2. 质量三检制

在班组日常质量管理工作中，质量检验始终发挥着重要的保障作用。质量三检制是班组质量管理中经常采用的检验制度，是对产品进行有效质量控制的三个环节，并为每一环节提供操作方法的质量控制制度。质量三检制包括三大质量控制过程：一是首件三检制；二是生产过程自检、互检、周期巡检三检制；三是作业末期三检制。表 2-2-13 是产品质量自检记录表，可以用作员工每日工作自检记录，也可以作为班组长和质量检查人员质量检查确认的重要依据。

表 2-2-13　产品质量自检记录表示例

<table>
<tr><td colspan="3">记录编号：</td><td rowspan="2">●项目注意</td><td colspan="5">①A、B、C、D 用“√”“△”“×”判定分别代表良好、合格、不合格。②不合格时标出具体数据和外观现象。●每两个小时必须对自检结果做记录</td><td rowspan="4">不合格数</td><td rowspan="4">操作员</td></tr>
<tr><td rowspan="3">日期</td><td rowspan="3">名称</td><td rowspan="3">规格</td><td colspan="5">③产品外观包括：◆产品毛刺、缺料、变形、拉毛、碰伤、平整；◆表面光滑、无油污等。④对产品进行首末检验，首件产品放入首件盒，不合格品放入产线不良品盒，情况严重的立即停机报告主管。⑤每月度对自检记录进行汇总分析，通过不断整改，提高产品合格率</td></tr>
<tr><td colspan="2">●检验项目</td><td>A</td><td>B</td><td>C</td><td>D</td></tr>
<tr><td>◆尺寸公差（作业指导文件）</td><td>◆产品外观</td><td>8:00—10:00</td><td>10:00—12:00</td><td>13:00—15:00</td><td>15:00—17:00</td></tr>
<tr><td></td><td></td><td></td><td></td><td></td><td></td><td></td><td></td><td></td><td></td><td></td></tr>
<tr><td></td><td></td><td></td><td></td><td></td><td></td><td></td><td></td><td></td><td></td><td></td></tr>
<tr><td></td><td></td><td></td><td></td><td></td><td></td><td></td><td></td><td></td><td></td><td></td></tr>
<tr><td></td><td></td><td></td><td></td><td></td><td></td><td></td><td></td><td></td><td></td><td></td></tr>
</table>

3. 质量的可视化管理

班组生产现场不仅要做好各类物品的放置及其当前状态的可视化管理，同时也要对生产现场的进度状况，物料或半成品的库存状况、质量状况，设备情况，停机原因等，以可视化的工具进行预防管理。这样，任何人都能了解生产运行状况的好坏，即使是新员工也能很快缩小作业上的质量差异。在班组质量可视化管理中，常用到的方法和工具有看板管理、照片管理、加强光照管理、颜色应用质量管理、红牌作战管理、标准管理。

（三）班组质量状况的评价与分析

班组质量状况的评价与分析就是通过收集工作现场的数据并进行分析，从各种混乱、相互关联的因素当中，抓住影响质量的关键，寻找解决方案，制定切实可行的措施和方法。在实际工作中，常用于班组质量分析的工具有七种，也称为QC七大手法。

1. 调查表

调查表是将简单的数据，用容易理解的方式，制成图形或表格，必要时标上检查符号，并加以统计整理，作为核对检查或进一步分析之用。其主要作用就是记录某种事件发生的状况和频率。由于每个班组在工艺、流程等方面各有不同，需要根据本班组、本岗位的特点设计出相应的表格。详见表2-2-14。

表2-2-14 不良/不合格原因调查表

序号	项目	频数	累计	累计%
A	材料品质低	356	356	40.92
B	操作人员技能不高	288	644	74.02
C	操作流程不当	143	787	90.46
D	机器出故障	65	852	97.93
E	工作环境欠佳	11	863	99.20
F	其他	7	870	100.00

2. 控制图法

控制图是对生产过程质量的一种记录图形，利用现场收集到的质量特征值，绘制成控制图，通过观察图形来判断产品的生产或服务过程的质量状况，使生产或服务过程达到统计控制的状态。图 2–2–2 是班组长李伟组织班组成员根据检验情况完成的质量控制图。

日期	1	2	3	4	5	8	9	10	11	12	15	16	17	18	19	22	23	24	25	26	29	30
检查数	100	100	100	100	100	100	100	100	100	100	100	100	100	100	100	100	100	100	100	100	100	100
Pn	32	21	40	32	23	21	33	31	33	34	32	24	35	28	40	32	29	33	32	34	23	35
P	32.0	21.0	40.0	32.0	23.0	21.0	33.0	31.0	33.0	34.0	32.0	24.0	35.0	28.0	40.0	32.0	29.0	33.0	32.0	34.0	23.0	35.0
UCL	44.6	44.6	44.6	44.6	44.6	44.6	44.6	44.6	44.6	44.6	44.6	44.6	44.6	44.6	44.6	44.6	44.6	44.6	44.6	44.6	44.6	44.6
LCL	16.9	16.9	16.9	16.9	16.9	16.9	16.9	16.9	16.9	16.9	16.9	16.9	16.9	16.9	16.9	16.9	16.9	16.9	16.9	16.9	16.9	16.9
CL	30.8	30.8	30.8	30.8	30.8	30.8	30.8	30.8	30.8	30.8	30.8	30.8	30.8	30.8	30.8	30.8	30.8	30.8	30.8	30.8	30.8	30.8

Pn—不合格品数　P—不合格品率　UCL—上管制线　LCL—下管制线　CL—中心界限

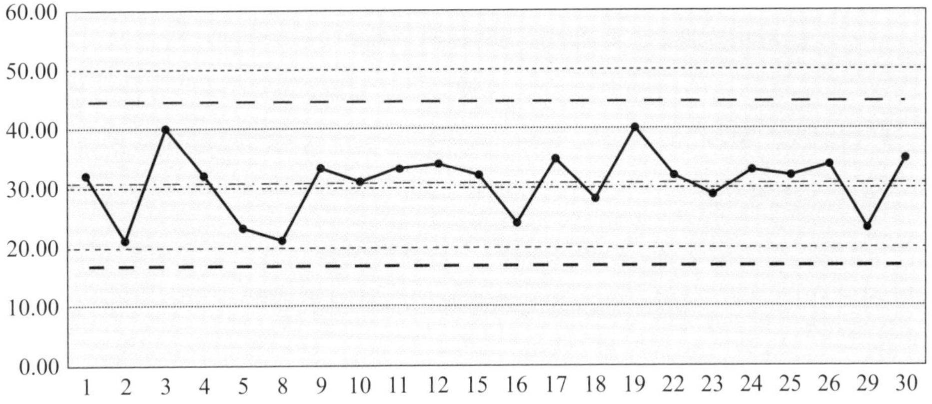

图 2–2–2　质量控制图示例

控制图有计量值和计数值两大类，分别用于不同的过程（见表 2–2–15）。

表 2–2–15　控制图分类

名称	优点	缺点	类别	适用场合
计量值控制图	可及时发现问题，易于调查原因，保持质量稳定	数据需专人测量、计算，抽样频度高	平均值与全距控制图	适用于产品批量生产且正常、稳定的工序
			平均值与标准差控制图	适用于加工时间比检验时间长的场合
			中位值与全距控制图	适用于产品批量生产且正常、稳定的工序
			个别值与移动全距控制图	适用于无须抽取多个样本进行检验的工序

续表

名称	优点	缺点	类别	适用场合
计数值控制图	数据获取简单，可了解整体质量水平	不易寻找问题的真实原因，缺乏及时性	不良率控制图	适用于样本数量可以不等的场合
			不良数控制图	适用于样本数量相等的场合
			缺点数控制图	适用于样本数量相等的场合
			单位缺点数控制图	适用于样本数量不相等的场合

3. 分层法

分层法又叫层别法、分类法，是按照类别来进行数据收集，然后按照一定的目的和要求加以分类和整理，以便于进行比较分析的一种方法。通过分层法得出的数据反映的事实更明显、更突出，便于找出问题，对症下药。

4. 因果分析图法

因果图又叫鱼骨图、特性要因图，是寻找质量问题产生原因的一种有效的工具。因果图可以用来分析的问题类型有：产品质量特性（如尺寸、强度、寿命、不合格率、废品件数、纯度、透光度等）、成本特性（如价格、收率、公式数、管理费用等）、数量特性（如产量、交货时间、计划时间等）。详见图 2-2-3。

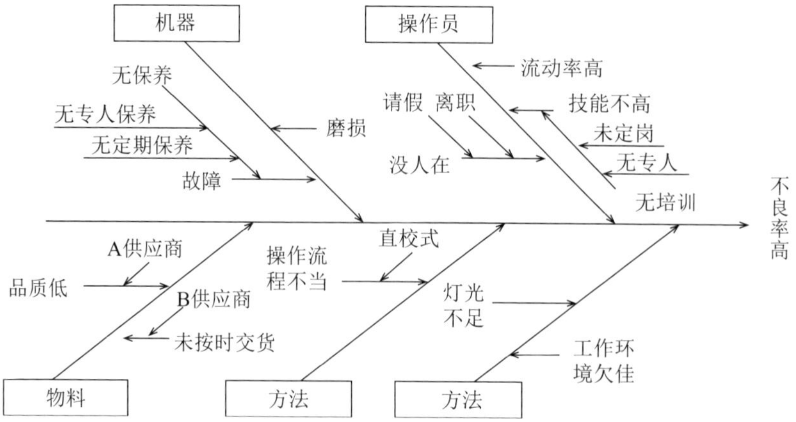

图 2-2-3　因果分析图

5. 排列图法

排列图法又称主次因素分析图法，是将收集的数据以不良原因、不良状况、不良发生的位置等因素进行分类，计算各项目所占的比例并按大小顺序排列，再加上累计值的一种图形。根据图中质量特征值的大小和因素的多少可以确定出关键因素。班组长李伟用统计班组不良率高的产品缺陷原因调查情况汇总表的数据做出对应的排列图，从中可以更加直观地看出不良率的影响因素，而且可以清晰地识别影响不良率的最主要的因素是材料品质低以及操作人员技能不高。详见图 2-2-4。

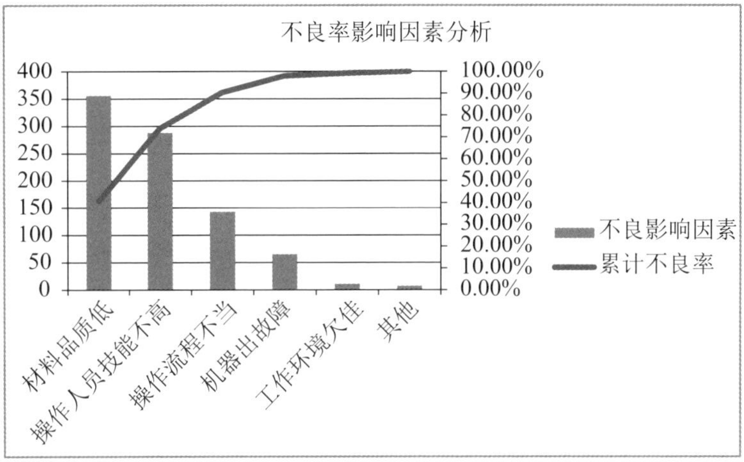

图 2-2-4 排列图

6. 直方图法

直方图又叫柱状图，是将所收集的测定值或数据（如长度、重量、时间、硬度等）的全距分为几个相等的区间作为横轴，并将各区间内的测定值所出现的次数累积而成的面积用柱子排起来的图形。制作直方图的目的就是对收集到的貌似无序的数据进行处理，通过观察图的形状，反映产品质量的分布情况，判断生产过程是否稳定，判断和预测产品质量和不合格率，验证工序的稳定性，为计算工序能力搜集有关的数据。班组长李伟在现场收集了 A、B 两个器件连续生产过程中的性能指标数据各 50 个，可以看出其中最大值为 194、最小值为 119。

表 2-2-16　直方图绘制数据（1）

A 器件					B 器件				
	179	168	165	183	156	148	165	152	161
168	188	184	170	172	167	150	150	136	123
169	182	177	186	150	161	162	170	139	162
179	160	185	180	163	132	119	157	157	163
187	169	194	178	176	157	158	165	164	173
173	177	167	166	17g	150	166	144	157	162
176	183	163	175	161	172	170	137	169	153
167	174	172	184	188	177	155	160	152	156
154	173	171	162	167	160	151	163	158	146
165	169	176	155	170	153	142	169	148	155

将数据分为 10 组，设定数组范围，计算出中间值，并测算出 A、B 两个器件出现的次数。

表 2-2-17　直方图绘制数据（2）

组名	数组范围		中间值	出现的次数	A 出现的次数	B 出现的次数
A	118.5	126.5	122.5	2	0	2
B	126.5	134.5	130.5	1	0	1
C	134.5	142.5	138.5	4	0	4
D	142.5	150.5	146.5	8	1	7
E	150.5	158.5	154.5	17	2	15
F	158.5	166.5	162.5	21	8	13
G	166.5	174.5	170.5	23	16	7
H	174.5	182.5	178.5	13	12	1
I	182.5	190.5	186.5	9	9	0
J	190.5	198.5	194.5	1	1	0

接下来，以表中的数据画出直方图来反映质量的波动情况。

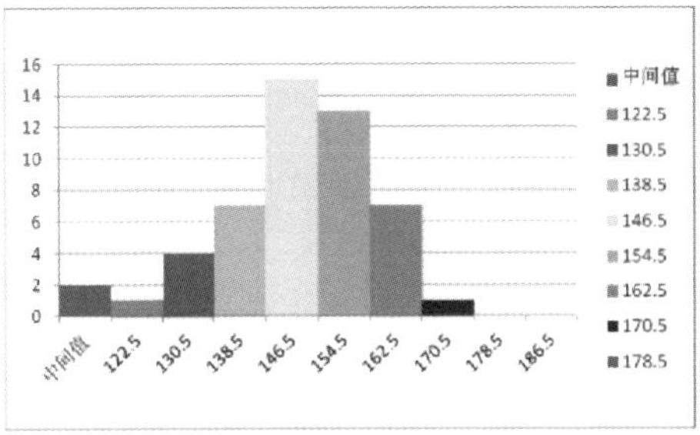

①总的变化情况

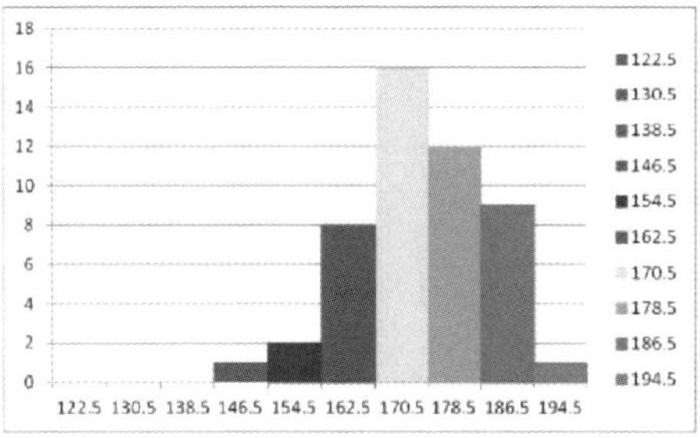

② A 器件的变化情况

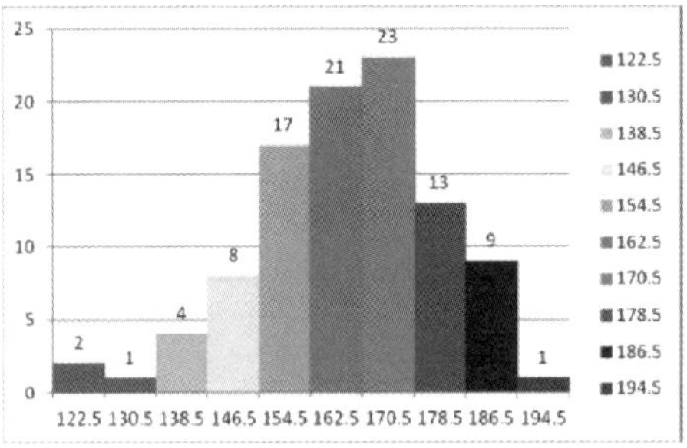

③ B 器件的变化情况

图 2-2-5　直方图

7. 散布图法

散布图是为研究两个变量间的相关性而搜集成对数据，并用一系列点标在直角坐标系上来表示一组成对的数据之间是否有相关性的一种图形。通过散布图能够了解当一个变量发生变化时，另一个变量相应出现的变化情况，自觉地利用它来控制影响产品质量的相关因素，以观察判断两个质量特征变量之间的关系，对产品或工序进行有效的控制。

随着管理方法的不断发展和改进，质量分析检验的工具也在不断地更新。新 QC 七大手法逐渐在企业当中得以应用，包括关联图法、系统图法、亲和图法、矩阵数据分析法、矩阵图法、PDPC 法、箭线图法。

四、班组质量管理的改善方法

作为质量管理的一部分，质量控制的目的在于维持某一特定的质量水平，控制系统的偶发性缺陷，是致力于满足质量要求所进行的日常工作。但如果想要质量水平实现突破性的变革，使企业在更高的目标水平下处于相对稳定的状态，还需要质量的持续改善，即不断追求质量完美。以下是班组质量改善的常用方法。

（一）PDCA 循环

班组质量改善中的一个重要方法就是 PDCA 循环工作法。PDCA 是计划（Plan）、实施（Do）、检查（Check）、处理（Action）的简称，PDCA 循环的过程就是班组在认识问题和解决问题中使质量和质量管理水平不断呈阶梯状上升的过程。图 2-2-6 为 PDCA 循环的四个阶段、八个步骤。

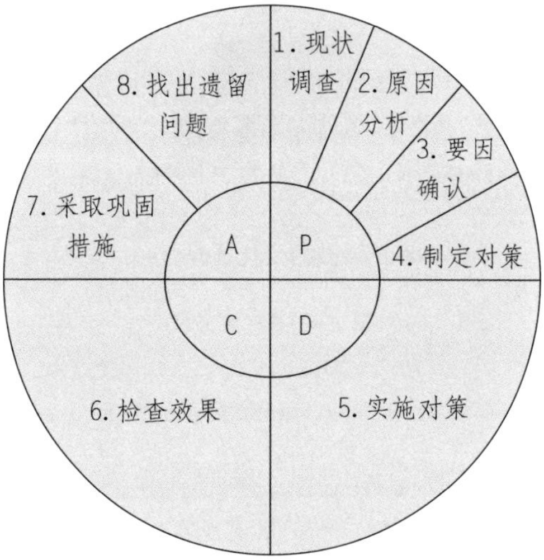

图 2-2-6　PDCA 图

（二）QC 小组

质量改善需要班组成员的共同努力来完成，在实践中，为了更好地推进质量改善活动，可以在班组内成立 QC 小组。QC 小组即质量控制小组，又称品管圈，是由相同、相近或互补工作场所的数人自动自发组成的小圈团体，以改进质量、降低消耗、提高经济效益和人的素质为目的，运用质量管理的理论和方法开展活动，是班组开展质量管理活动的一种有效形式。根据工作性质和内容的不同，QC 小组大致可以分为现场型、攻关型、管理型、服务型。其中，在班组质量管理中，现场型 QC 小组应用得最为广泛，主要以班组、工序、服务现场职工为主要组成，以稳定工序、改进产品质量、减低物料消耗、提高产品质量为目的。

（三）质量改善的途径

在班组质量改善过程中，除了要按照 PDCA 循环的工作方法，组建以 QC 小组为基础的改善团队，还可以通过一定的途径来实现质量完美的目标。

1. 改善标准作业

标准作业程序是产品和服务质量的重要保障，但是完美无缺的标准作业是没有的，标准作业只是在目前情况下最有效的作业方法。实现质量的持续改善，需要不断地完善标准作业。标准作业改善是对先前建立的标准作业进行的改善，可以说是对原有生产方式的一种变革。

2. 预防质量问题发生

质量问题一旦出现，不论如何处理，都会造成损失，因此关键在于预防、杜绝质量问题的产生。质量问题的预防需要企业各部门的配合，设计研发部门应将产品设计得安装容易、组装容易、缺陷易暴露、工艺易实现、易拆卸、部件可互换，充分应用设计 FMEA；采购部门要做好供应商的选择和评估工作；生产部门应注意生产前工艺流程的编排，可采用作业指导书、工艺卡等手段，预防生产中可能会产生的质量问题，特别是应结合样品制作和试投产，把问题解决并工艺标准化后再开始正式生产；仓储部门应做好产品的搬运规范，物料摆放应规定高度和重量，库存品做到先进先出，防止产品变质；品管部门应与生产部门做好产品的首件、自检和巡检，应用 GRR、CPK、PFMEA 等管制手法，层层把关，杜绝不良品流入下一道工序。

3. 防止不良品流出

班组在质量管理中要认识到后工序也是我们的“客户”，要把符合“客户满意”“零缺陷”的零部件提供给后道工序。班组质量管理的“零缺陷”目标，除了不接受不良、不生产不良，还要不流出不良。“不流出不良”是指班组成员一旦发现不良品，必须及时停机，将不良品在本工序截下，并且在本工序内完成处置和防止再发生的对策。班组质量管理中经常采用的防止流出的措施有实现“自动化系统”、实现操作者的100%自检、充分使用防错装置。

4. 质量工程诊断

质量工程诊断是一种专题诊断，包括产品质量及质量管理两个方面的诊断。产品质量诊断即对“硬件”的质量诊断，就是定期进行产品的抽查，检查产品质量能否满足后工序的需要，掌握产品的质量信息，以便采取对策加以改进。质量管理诊断也称QC诊断，包括工序质量诊断和质量保证体系诊断。工序质量诊断就是通过对工序质量进行定期检查，掌握工序质量是否稳定、工序能力是否充分，以及所存在的问题和产生问题的原因。质量保证体系诊断即对“软件”的质量诊断，就是对PDCA循环的诊断。在一些企业中，质量工程诊断工作一般由QA（质量保证）人员完成，班组也可以根据质量工程诊断的内容进行自检和改进。

第三节　班组生产管理

案例导入

李伟所在班组负责A系列产品的生产。此系列产品型号多达150种，基本型号产品占比不到40%，其余均为个性化产品，每天生产订单均会超过80种以上，其中有3种基本型号，其他不同型号的产品都是在此基础上进行变型。而且从销售获得的订单波动非常巨大，交货期要求也非常短，交货期在1天以内的占50%以上，有时单笔订单数量是平常的5—10倍，要求2—3天内交货。在这样的条件下，给班组生产的组织带来了无穷的挑战。为了应对此种情况，生产科经常在无急订单的情况下，根据自己的经验，组织大量生产3种基本型号产品。成品完成后，包装入库，等急单来了之后，再根据订单的情况，从成品库出库，运到生产现场，组织产品拆掉包装，针对实际订单做产品的改制。改制作业的实施，带来人员安排的困难；改制费用的额外产生，增加了产品成本，在保持市场竞争力的条件下，企业的获利能力大幅下降。另外，部分产品难以通过简单的改制来消化，久而久之，造成成品库存积压越来越多。

在生产过程中，班组长接到生产计划后，会根据经验和员工现有任务完成情况，口头告知各位员工。员工生产组织形式由员工自行决定，有的是3个人合伙一起装配，有的是单人装配。每个人操作手法不同，装配时间有所差异，但都是大批量的生产装配。由于批量大，生产现场经常可以看到这样的情况——待装配的在制品一排排地摆放在工作台上，员工长距离地走动来装配开关。备货生产没有明确的交货时间要求，每次生产周期差异较大。而急单子来了，所有员工都要停下手里工作，超越正常速度急忙赶活，有时无法完成任务，就要加班生产。而且，此班组班长的管理较为“人性化”，只要组员提出休假，不管是带薪休假还是事假、病假或是临时性请假，都一一批准。于是，常常出现多人同时请假，造成生产线需要临时调配岗位人员。调配过来的人员，有的是第一次负责此岗位，由于作业不熟练，常常影响整条生产线的生产，产品质量也得不到有效的控制，造成后续出现大量的报废、返工，不仅整体上影响了产品的准时交付，同时造成制造成本的上升。

……

在班组管理中，如何有效地组织生产是每一位班组长需要思考的问题。

一、班组生产管理的主要内容

产品品种增多、临时插订单、原料没有及时到货、员工请假、熟练员工离职、新员工上岗，所有的问题都会在班组生产中集中体现。而不论发生什么情况，作为最基层的班组都要想尽一切办法保证订单按时交货。如果在班组生产过程中，仅仅只是计划来了就按计划临时组织生产，那么现场忙成一锅粥、人人加班，但生产任务仍然无法完成的情况就会成为一种常态。如何在多种小批量生产的大背景下，在不提前生产的情况下，保证按时交货，是班组生产管理所要解决的关键问题。班组生产管理的目的就是根据客户需求，高效、准时地为客户提供低成本、高质量的合格产品。

班组生产管理主要包括维持管理和持续改善两方面内容。其中，班组生产维持管理是指将班组生产维持在一个适应客户需求的状态。维持管理包含日常管理和生产变化点管理两个方面。班组生产日常管理是指为使班组生产能够保持某种状态并持续反复地运行，在日常生产工作中开展标准制定和标准执行的活动。班组生产管理中经常会出现突然缺少原料、人员请假、临时插单、生产任务未按计划完成等情况，这种突然的变化常常让人措手不及，所以需要管理这种变化以使班组生产维持在稳定的状态。班组生产变化点管理是指为确保生产维持在稳定状态，在变化发生前或者发生时，采取有效措施进行管控。在班组生产变化点管理中，需要建立变化点的判定标准，考虑如何发现变化点，如何处理变化点，如何挽回不必要的损失。班组生产持续改善是指在现有的班组生产管理活动中不断设立更高的目标，通过找到更好的方法，实现更高的目标。

二、班组生产管理的常见问题

在班组日常管理中，贯彻人、机、料、法、环方面的标准，即完成了班组生产管理95%的工作量；处理计划中的变化或者应对突发的异常，通过研究异常的根本原因来形成标准，则占班组生产管理5%的工作量。但是如果面对异常，总是临时采取措施应对，没找到根本原因，则异常会经常出现，5%的工作量就可能变成80%以上的工作量，生产现场就会经常处于忙乱之中，出现人人在救火的现象。班组生产管理中的变化分为两种类型，一种属于计划性的变化，另一种是突发性的变化，这些变化都会影响班组生产管理的正常进行。

1. 人员变化导致的问题

当新员工入职、员工病假、员工调岗、员工突发年休等情况出现时，由于对员工指导不清晰使员工不知该怎么做，以及任务不清、责任不明、奖罚不清等影响员工发挥积极性，从而影响班组的生产进度、生产质量。

2. 作业方法变化导致的问题

发生工艺与作业方法变更时，没有及时修改作业指导书并进行培训，或是加工条件变更时，没有注意确认加工条件、变更对应措施等，从而导致工序丢漏、条件设定不合理、精度不够等质量问题出现，无法按期交付产品。

3. 物料变化导致的问题

物料变更时，没有添加标识并进行作业指导书的修订及培训，导致物料混用、批次不可追溯、现场余料无法处理等问题，从而影响产品质量的稳定性及生产进度。

4. 设备变化导致的问题

当设备出现异常、变更设备条件或购入新设备等情况出现时，没有进行相应的设备检查与维修、情况记录与上报、更新设备台账等，从而影响生产进度及生产质量。

5. 生产计划变更导致的问题

当急插单等影响生产计划正常进行的情况出现时，由于零部件不齐、没有制定应对措施等问题，导致正常生产秩序受到影响，无法按时完成生产任务。

三、班组生产管理的基本方法

为了确保班组日常生产管理的顺利进行，班组需要制订合理的生产计划、制定并执行标准作业，同时还要对生产进度进行有效的管控。

（一）生产作业计划编制方法

班组是企业最基本的生产单位，班组生产作业计划要依据企业总的生产计划进行编制，但这并不意味着班组只是根据计划部门下达的产量随意安排生产，而是需要根据设备能力、人员能力、原料到货情况进行排产，充分发挥设备能力、人员能力。

1. 均衡排产及排产的基本方法

在进行排产时，需要根据订单情况均衡排产。所谓均衡排产，就是各种产品的生产节拍与销售保持一致。生产节拍是指生产一个单位产品所需要的时间，即根据发货的情况组织生产，发货的速度与生产的速度保持一致。但是这种排产并不是完全按订单排产，而是在必要的库存情况下，发货量大的产品，连续稳定生产；临时少量订单，按订单生产；量不多也不少的订单，周期性生产。在均衡生产方式下，可以缩短交货周期，满足客户的多样化需要。

如案例中的李伟所在的企业需要生产 A、B、C 三类产品，A 类产品每周需要 150 台，B 类产品每周需要 100 台，C 类产品每周需要 50 台，而客户需要每天发货 A 类 30 台、B 类 20 台、C 类 10 台。在均衡排产方式下，将 A、B、C 三种产品按客户需求情况每天依次生产，则每天都可以交付 A 类产品 30 台、B 类产品 20 台、C 类产品 10 台，所有产品都是按照客户需求及时生产，没有过量生产，没有库存积压，每天都可以交付订单。详见表 2-2-18。

表 2-2-18　均衡生产方式下的排产

产品	周一	周二	周三	周四	周五	合计
A	30	30	30	30	30	150
B	20	20	20	20	20	100
C	10	10	10	10	10	50
合计	60	60	60	60	60	300

2. 班组日作业计划编制方法

班组日作业计划是将周作业计划分配至具体的工序、机台、人员，并需要明确开始时间和完成时间。因为日作业计划具体到开始时间和结束时间，所以制定日作业计划时必须对现场了如指掌，以便使作业计划具体、详细，符合现场实际。日作业计划需要细分到工序，并且有明确的时间要求和人员配备要求。具体的日作业计划如表 2-2-19 所示。

表 2-2-19　日作业计划表

工序（机台）	产品名称	生产数量	计划开始时间	实际完成时间

（二）班组生产标准作业

班组日常生产管理的核心内容就是标准建立和标准执行。在进行标准化研究前，需要考虑三个前提条件：①工作有一定的重复性。工作有一定的重复性才能有效地研究标准，标准也会更容易执行。②设备比较稳定。如果生产设备经常出现故障，那么操作步骤、加工顺序、加工时间都会发生变化，标准化工作难度会加大。③质量问题减少到最低。如果具备上述三个条件，标准化推进会比较顺利，但经验表明，并非要等三个条件都成熟了，才能推进标准化。

在现实工作中，可以通过推进标准化，建立粗基准，使问题暴露出来，不断推进改善。班组制定标准作业需要通过确定生产节拍、单位产品完成时间、标准作业顺序、在制品的标准持有量和编制标准作业票五个步骤完成。

步骤一：确定生产节拍

生产节拍是指生产一个单位产品所需要的时间，是安排作业顺序的关键依据。

节拍时间 = 一天实际劳动时间 / 一天必要的生产数量

一天实际劳动时间指的是投入生产的时间，除去计划停止生产的时间，如计划停机、培训、休息的时间，但是不除去设备故障、不合格品、待料的时间。一天必要的生产数量是指产品平均到每天客户的需求量。这里的需求量指的是实际的需求量，不考虑不合格品，其目的也是为了暴露问题。

在案例企业中，正常上班时间是上午 8:50—12:00，下午 12:40—14:50，共计 440 分钟。其中休息 15 分钟，则有效工作时间为 440-15=425（分钟）。假设其平均每天生产 60 台，生产节拍 =425/60 ≈ 7（分钟）。

步骤二：确定单位产品的完成时间

确认单位产品的完成时间需要进行时间测定。测定时间时，要连续多次测定，取平均值。测定时应选择能代表该技能水平的人来进行测定，以使时间具有代表性。另外，应考虑给出宽放比率。从表 2-2-20 中可以看出，脱扣器工位加工的平均时间是 4 分 14 秒。

表 2-2-20　工位加工时间测定示例

产品名称：　　　　车间名称：　　　　测定日期：

工序	工位	人员配置	时间测定					平均时间
			1	2	3	4	5	
1	安装支架	1	3'30"	3'15"	3'05"	3'40"	3'	3'18"

续表

工序	工位	人员配置	时间测定					平均时间
			1	2	3	4	5	
2	安装机构	1	58"	40"	56"	55"	50"	52"
3	安装脱扣器	1	4'30"	4'10"	4'05"	4'25"	4'	4'14"
4	静触头上基座	1	3'	3'10"	3'05"	3'40"	3'08"	3'13"
5	总装	1	3'05"	3'10"	3'	3'15"	3'06"	3'7"

时间测定后可以绘制到工位能力表中（表 2–2–21）。工位能力是指加工零件的各工位的生产能力。从工位能力表中可以看到生产一个产品在各工位的手工作业时间、设备作业时间、切换时间及每个工位的生产能力。其中，每个工位生产能力的测算方法如下：

每班的工位生产能力 = 一天的实际劳动时间 /(一个零部件完成时间 + 切换时间)

切换时间是指每个零件生产过程中因换模具、上物料、更换道具等原因导致的停顿时间。

在案例企业中，脱扣器工位的切换时间为零，单个零件加工时间为 4 分 14 秒，则单班脱扣器的生产能力 =425 × 60/354=100（个）。

表 2–2–21　工位能力表示例

品名		每日需要量	
工作顺序	工序名称	基本时间（手动）	加工能力
1	安装支架	3'18"	128
2	安装机构	52"	490
3	安装脱扣器	4'14"	100
4	静触头上基座	3'13"	132
5	总装	3'7"	136

步骤三：确定标准作业顺序

标准作业顺序是指每名作业人员在规定的节拍时间内必须执行的活动顺序。标准作业组合表可以有效地根据节拍安排作业顺序、分配作业任务，使每个人都能够了解作业内容及如何与他人配合、与设备配合。班组可以根据工位能力表上的时间来安排每名作业人员的合理作业顺序，同时可以根据节拍时间决定一个人是完成单个步骤还是完成多个步骤以及如何去完成。与节拍比对后，如果在节拍时间内完成，并且没有过多的剩余时间，则说明分配比较合理，否则就还有改善空间。

假设生产节拍是 14 分钟，则一个人完成任务即可。标准作业组合票如图 2–2–7 所示。

生产线名		标准作业组合票			
分解编号					
品号					
品名					
作业顺序	作业内容	时间（秒） 手作业	自动传送	步行	组合线图（1格 100 秒）
1	安装支架	198			
				5	
2	安装机构	52			
				5	
3	静触头上基座	193			
				5	
4	安装脱扣器	254			
				5	
5	总装	187			
	合计	884	等待	20	

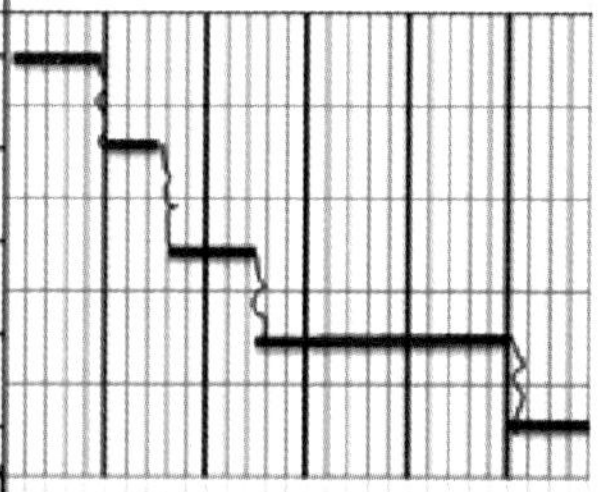

图 2–2–7　标准作业组合票示例

步骤四：标准在制品持有量

标准在制品持有量指的是生产线上正在进行的作业所必需的最低程度的在制品，包括正在加工的数量。在制品的持有量取决于工序间的距离、产品质量稳定性、设备稳定性，以及特殊的加工工艺。

在制品停留的时间 = 生产节拍 ⋆ 库存数量

案例企业在热试验后，需要留有时间冷却开关。一般冬天需要冷却 3—4 个小时，夏天需要冷却 6 个小时。假设正处于冬天，需要冷却 4 个小时，生产节拍为 7 分钟，则需要设立的标准在制品数量为：

在制品数量 = 待冷却时间 / 生产节拍 =4 × 60/7=34.2（个），为保证工艺取值为 35 个。

步骤五：编制标准作业票

标准作业表就是为了描述所有工位操作人员作业状态的表格。在标准作业表上应记入以下五要素：节拍时间、标准作业顺序、标准在制品和质量安全确认。

（三）班组作业进度管控方法

班组在生产过程中需要及时跟进生产进度，以便及时发现未按时完成生产的情况，及时采取措施。生产进度跟踪即及时掌握生产进行情况，发现与计划之间的偏差，以采取措施确保生产计划完成。在班组中，班组长需要定期在现场巡视，掌握生产进度完成情况。在巡视过程中，可以通过计划达成率和生产进度管理板发现生产进度异常情况。

生产计划达成率是实际完成产量和计划产量的比值。生产计划达成率能有效衡量班组是否正常组织生产，如班组生产组织过程中出现缺料、人员不足、任务分配不合理、设备故障、质量问题，都会影响生产计划达成率的完成。不论生产计划达成率是高于还是低于目标值，都需要分析异常，改善管理，保证生产计划达成率。生产计划达成率超过目标值，则属于过量生产，同样需要避免。图 2-2-8 是生产计划达成率趋势图。

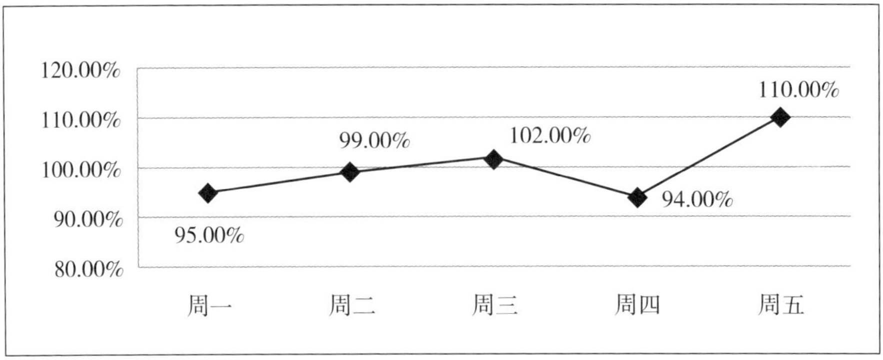

图 2-2-8　生产计划达成率趋势图

生产管理板可以对流程逐小时进行详细研究，将每小时的期望生产率和实际生产率相比较，就可以找到影响生产进度的关键原因。从表 2-2-22 中可以清楚地看到因为物料、测试、拥堵、不良对生产的影响情况。可以通过进一步统计，发现拥堵、物料是生产计划达成过程中的关键影响因素。

表 2-2-22　生产管理板示例

时间轴	计划	实际	累计	差异原因
8:00—9：00	26	21	-5	物料到生产线延迟 5 分钟 一名员工迟到
9:00—10：00	31	27	-4	测试延迟，错误 5 次 工具损坏
10：10—11：10	24	22	-2	工位 3 溜槽上部件拥堵 工位 5 出现不良品
11：10—11：45	31	27	-4	物料到生产线延迟 5 分钟
11：45—12：15	21	21	0	无延误
12：15—14：00	31	25	-6	工位 3 溜槽上部件拥堵
14：00—15：00	26	27	+1	无延误
15：10—16：10	26	15	-9	测试延迟错误 - 对检验设备 维护
合计	216	185	-31	

四、班组生产管理的改善方法

在班组生产过程中，通过不断改善来减少班组生产组织过程中的浪费，提高整个过程的效率，以满足客户需求并降低成本。围绕这一目标，可以从少人化、可动率提升、在库降低、缩短切换时间、标准化生产几方面持续改善。

（一）少人化

用最少的人来完成生产订单，可以降低生产成本，提高劳动效率。如何用最少的人员来完成生产任务呢？一种方法是通过加班，加大劳动强度，或者通过改善，减少浪费，比如，一件需要 10 个人完成的任务，结果 8 个人就完成了，这样的概念称为省人化。而另一种方法少人化是指根据订单变化情况灵活调配人员，当销量降低时，需要投入的人员也减少。

采用少人化方法时，需要根据生产节拍来合理安排人数，另外在日常生产过程中，可以让员工多岗位轮换，掌握多种技能，扩大工作范围，这样就可以根据任务情况，充分发挥员工能力，减少人员使用。强化人员之间的配合也是少人化的一项措施，比如有些地方工作量不大，可是从任务分工上来说需要投入一个人员，如果强化分工配合，其他工序人员也能和此工序人员配合作业，则可以减少人员投入。通过改善、优化操作方法，减少每项工作的人员投入，亦可帮助少人化。

（二）可动率提升

可动率是指让设备或者生产线能保证正常生产的时间比率。可动率 =（工作时间 – 停止时间）/ 工作时间。这里的停止时间包括缺料、换模、设备故障等非正常因素导致的停机时间。这里的工作时间是指计划生产时间，即把一天正常上班时间中除去培训、休息、计划维修、计划停机或者停产等计划停止时间。计划停机或停产是指当没有订单时，根据计划不开工或者设备停止运转的时间。提升可动率的前提是记录每日的时间分配，找到关键影响因素，针对关键影响因素进行改善。

（三）在库降低

在制品数量多，造成投入资金量大、占据空间大，带来不必要的搬运和移动，容易形成破损、造成安全隐患。班组长在日常生产中，需要每天巡视在制品库存数量，如果在制品库存数量超过标准或者低于标准，都属于存在异常情况。当存在异常时，需要现场查明问题，追溯原因，进行改善。

减少在制品库存量时，可以考虑的方法有减少生产批量。生产批量就是一批产品生产的数量，如果减少生产批量，则过程中流转的在制品数量会降低。另外可以考虑改变工作台布局，使工作紧凑。工作台布局紧凑可以减少搬运距离，防止产生由于距离远导致的大批量生产；当生产过程中出现过量在制品，往往是前后序不同步，如果前后序生产时间相同，则产品能够正常流转。所以，通过进一步研究操作过程，推进标准作业，使前后工序保持同步，也能有效降低在制品数量。

（四）缩短切换时间

切换时间是指从前一种产品加工结束转换到能生产出后一种合格产品的时间。这种切换包括换模，比如换模具、刀具、工装等；更换标准作业，比如调整加工参数、工作温度、测试程序等；换线作业，比如更换产品时需要更换零部件；准备作业，比如所有的事前准备工作。缩短换模时间就是要通过作业研究，缩短切换的时间，即快速换模。缩短切换时间，将切换时间由数十分钟减少到10分钟内进而减少到单分钟换模。

第四节　班组成本管理

案例导入

班组长李伟所在的企业按产品的生产工序划分为四个车间，目前实行两级成本核算，公司一级和车间一级。各车间材料员负责根据车间要求开具领料单，各车间只计算本车间发生的制造成本份额和生产费用，月终各车间向财务部结转完工的最终产品成本，财务部负责汇总计算单台产品的制造成本。车间的费用预算只按费用项目大致估算，由于缺乏基础数据支撑，各年度费用发生情况又不均衡的原因，费用预算基本是由财务部门按公司全面预算分解，与实际发生情况出入较大。

由于缺乏较为准确的预算数据作为评价基础，实际成本核算时又以生产车间为单位进行材料、费用的归集与分配，并不单独计算车间内各工序材料消耗量，产品实际材料耗用量按照产品定额成本进行分配进行成本归集，对材料浪费或节约使用没有明确的界定，成本分析也是以各车间成本数据为依据，受当月费用发生及报账情况影响较大，并不能全面反映产品应负担的实际费用金额。

由于基础数据不够全面，成本考核项目也只是按车间进行，对当月整体的主要材料、辅助材料耗用、费用发生及预算目标成本的完成情况进行评价，由于考核标准不够细化，不但成本考核有些流于形式，而且引起班组成员的不满。李伟认为，企业一直要求节约成本从每个人做起，但是核算和考核根本体现不出来，这样不利于大家成本控制意识的提高。李伟决定跟上级领导谈一下，班组作为成本发生的主要场所，应该是企业成本管理工作的基础，成本管理目标最终要细化为班组生产指标。

作为管理企业每一分钱的大管家，熟悉班组成本管理的主要内容，运用成本管理的方法对班组成本进行管理和控制，是每一位班组长都需要掌握的问题。

一、班组成本管理的主要内容

在这样一个充满竞争的年代，几乎所有的企业都即将或已经面临着微利时代。在经济全球化的今天，谁拥有了成本的优势，谁就能从竞争中胜出，就能获得最大的利润。班组作为企业最基层的生产单位，班组成本是企业的成本总额的基本组成部分，各班组成本的高低决定了企业最终的盈亏。班组成本是很重要的一个环节，班组成本管理则是现场管理的重中之重。

班组成本管理的目的在于集合全体班组成员，在保证产品质量的前提下，最大限度地挖掘降低成本的潜力，并予以实施改善，从而达到以最少的成本投入（生产耗费）实现最大的效益化（效率）以降低成本。

班组成本管理的内容可以总结为两大方向、四项工作。第一个方向是控制浪费，包括掌握基础、掌握能力、掌握方法三项工作。掌握基础是指班组长要了解成本的概念，了解公司产品的成本构成，同时要掌握班组成本的构成重点；掌握能力是指班组长要有发现浪费的能力，掌握班组常见浪费现象，了解浪费与公司、班组及个人的关系；掌握方法是指班组长要指导班组进行直接材料的收发存及异常处理，指导班组常用制造费用的业务处理，掌握日常表格表单的填写，掌握班组各项基础成本的工作方法。第二个方向是降本改善，主要工作是管理改善。班组长要了解班组改善的内容和方法，掌握改善的途径，同时掌握一定的改善方法，并带领和指导班组成员实施改善。详见表 2-2-23。

表 2-2-23　班组成本管理的内容

两大方向	四个工作	班组长职责
浪费控制	掌握基础	1. 了解成本的概念 2. 了解公司产品的成本构成 3. 掌握班组的成本构成重点
	监督行为	1. 有发现浪费的能力，掌握班组常见浪费现象 2. 了解浪费与公司、班组及个人的关系
	指导方法	1. 指导直接材料的收发存及异常处理 2. 指导班组常用制造费用的业务处理 3. 掌握日常表格表单的填写 4. 掌握班组各项基础成本的工作方法
降本改善	管理改善	1. 掌握改善的途径 2. 了解改善的内容和方向
		同时掌握一定的改善方法，并带领和指导班组成员实施改善

加强班组成本管理对于企业发展意义重大。

1. 有助于提高企业市场竞争力

在激烈的市场竞争环境下，不断提高企业竞争力，是企业做大做强的首要问题。对内加强成本管理，可以较大幅度地提升企业利润水平，在同行中能够走得更远。加强班组成本管理，可以夯实企业成本管理的基础，保证产品的质量，提高企业的市场竞争力。

2. 有助于强化企业整体管理水平

企业管理是一个广阔的命题，上至企业高级管理人员，下至班组的组成人员，都应该参与到企业管理当中，将岗位职责发挥到极致。班组长和班组成员是企业机器的螺丝钉，提高班组管理水平，强化班组成本管理意识，能够使企业整体的管理水平得到提升，企业人员的平均素质得到提高，使从上到下的信息传递更加高效、流畅。

3. 有助于增强基层员工的向心力

加强班组成本管理，将考核指标分解到班组内的每个成员，通过细致公平的奖惩机制，对班组成员的工作业绩予以奖励，能够增强基层员工对组织的认同感和参与感，从而增强基层员工的凝聚力和向心力，提升企业士气。

二、班组成本管理的常见问题

当然，在实际工作中，班组成本管理问题也是普遍存在，主要表现为以下几个方面。

1. 班组成本管理观念落后，核算工作比较粗糙

在实际工作中，许多企业领导和员工对成本管理的认识不清，重视程度不够，班组成本核算等工作只停留在表面，不够深入细致，没有应用到实践的主动性和积极性。

同时，由于每个班组的工作量都比较大，承担的主要是生产性的工作，许多员工甚至班组长认为进行成本控制是财务部门的职责，从而忽视了对成本管理中信息与数据的收集与保存，而财务部门对班组部门的了解也非常有限，不能经常地进行现场调查，对数据的收集受到各方面条件的约束与限制。另外，许多班组长认为多一事不如少一事，对核算工作也只是大致的寥寥几笔一概而过。因此，这些方式严重影响了班组成本管理活动进程和不能有效地找出成本发生点。

2. 班组成本管理基础较为薄弱

许多班组的基础成本数据不完善，成本分析不细致，物料损耗计算不清楚，对于成本管理的薄弱环节没有彻底弄清楚；由于质量标准不够明确，工作态度不够严谨，实际生产中存在不必要的质量损失无法统计；由于沟通反馈不够及时充分，对当天的生产成果考核、结算不及时，班组长和班组成员对当天的材料消耗中存在的问题不能实时沟通，不能立即加以反馈并在后续的工作中予以改进，成本管理工作存在一定的滞后性。

3. 上级领导不够重视，缺少必要的制度和机制

许多企业的管理者能够认识到成本管理对于企业的重要性，同时认识到成本管理是企业领导者的工作职能之一，但是认为班组作为最基层的部门，只是对上级布置的任务进行贯彻、执行，对于成本的核算、控制发挥不了什么作用，这种控制上的漏洞使得班组长对企业生产材料的浪费和损失不以为然。

班组员工是成本管理的直接接触者，他们最有发言权。但是在很多企业中却缺乏相应的制度和机制，使得员工的意见和想法得不到有效的反映，长此以往，员工主动发现问题和改善问题的积极性受到影响。

三、班组成本管理的基本方法

（一）班组成本核算方法

班组成本核算应当遵循“谁发生谁承担”的管理原则，保持成本发生主体和成本核算主体的一致性，确保班组成本核算内容均为班组实际发生的成本且为可控成本。

根据企业生产经营活动的特点和班组的职责范围，班组成本的核算范围和具体内容原则上只包括其实际发生的可控成本。班组可控成本一般应满足以下条件：①班组有权使用和支配的成本；②班组能够以自己的行为，影响其数额增减的成本；③班组在发现该项成本发生偏差时，有权纠正的成本。

班组为生产产品或提供劳务而发生的直接材料成本、直接燃料动力费用、直接职工薪酬、直接制造费用、内部损失成本和其他重要成本中的可控成本（根据企业实际情况自行确定可控成本的分类和范围）均应当计入班组核算成本。

1. 直接材料成本

直接材料成本主要包括班组在生产产品或提供劳务过程中所消耗的，直接用于产品生产、构成产品实体的原料、主要材料和外购半成品成本（不包括从上一工序或车间结转的自制半成品成本），以及有助于产品形成的辅助材料和其他直接材料成本。直接材料成本原则上应按照定额成本的原则进行归集，对因材料耗费数量和单价导致的成本差异应按照成本动因确定班组成本的核算范围。

2. 直接燃料动力费用

直接燃料动力费用包括班组消耗的直接用于生产产品或提供劳务的各种外购或自制的燃料动力费用。直接燃料动力费用可以根据计量仪表记录实际耗用的数量和内外部实际结算价格进行成本归集，也可采取定额耗用数量和计划单价的方式归集。

3. 直接职工薪酬

直接职工薪酬包括班组因直接生产产品或提供劳务而获得的各种形式的报酬。班组发生的直接职工薪酬可以按照工资定额确定（按照工资定额进行归集时应制定合理的人工工时和工资费率标准），也可采取计件工资、岗位绩效工资等实际工资方式归集。

4. 直接制造费用

直接制造费用包括班组在产品生产或提供劳务过程中，直接发生的零星修理费、低值易耗品、办公费、差旅费、运输费、保险费、劳动保护费等制造费用。班组发生的直接制造费用一般按照实际成本进行核算。

5. 内部损失成本

内部损失成本包括班组生产的产品或提供的劳务由于不符合质量技术要求所导致的废品损失、返工返修损失、停工损失、质量事故损失及处理费等相关费用。根据内部损失责任判定结果，应将由班组承担的内部损失成本纳入核算范围。

6. 其他重要成本

可以利用管理会计的原理，设置由班组发生且可控的非传统成本核算项目（如存货资金占用成本、设备资金占用成本等），纳入班组成本核算范围。

班组成本应按照项目进行成本归集，建立班组成本归集账目，编制班组成本核算表和车间班组成本汇总表。

在班组成本管理过程中坚持操作简便的原则，采取简明、易懂的管理模式，在成本核算等方面尽量采用规范、清晰、实用的表单式管理形式。班组成本的核算期间应当与企业成本核算期保持一致，不宜提前或延长。应遵循“科学合理、便于操作”的原则，对成本归集项目在当期完工产品和期末在制品之间进行分配（如可以选择按产品品种在完工产品与在制品之间进行分配），原则上除直接材料外，其他成本项目由当期班组成本负担，分配后的当期总成本为当期班组成本，期末占用成本为当期班组占用成本。

（二）班组成本预算方法

班组预算成本是按照预算期的生产和经营情况所编制的预定成本，是一种预计或未来成本。预算成本以企业预算期内的销售和生产预算为基础，编制产品生产和经营的直接材料预算、直接人工预算和制造费用预算。预算成本可以用来预测成本的发生额和作为考核成本工作成绩的标准。

班组成本预算应注重会计指标和统计指标相结合，选取一定数量与成本核算结合紧密的统计指标（如班组产能、产出率、成品率、合格率、占用设备、工具的数量等）作为班组成本预算指标。

可以运用绝对额、相对值等方式编制班组成本预算。运用绝对额指标编制班组成本预算时，可将直接材料成本、直接燃动费用、直接制造费用等直接成本直接编入班组成本预算，内部质量损失成本和其他重要成本等间接费用按一定标准分开计入。运用相对值编制班组成本预算主要通过设置比率指标（例如班组存货周转次数）、班组成本项目内部结构等相对值预算指标进行预算编制。

班组在进行成本预算的同时还应建立班组成本预算执行监控工作体系，实行班组成本预算分析制度，定期组织对班组成本预算指标执行情况进行分析监控，并根据其结果制定下期成本预算。企业应定期编制成本预算执行情况报告，作为班组成本预算分析的基础依据。

从企业层面，应建立标准统一、简明易行的考核制度，以班组成本预算执行情况报告和班组成本目标完成情况作为主要考核依据，按照责任归属的原则对班组成本进行考核，实行奖优罚劣。

（三）班组成本控制方法

班组成本控制主要包括：组织系统成本控制、计量验收、成本核算基础等。

1. 组织系统成本控制

组织系统成本控制是通过发挥能够影响班组成本的成员单位组织功能进行的成本控制。主要包括以下几个方面的内容：

（1）制造技术部门、生产管理部门和人力资源部门向车间和班组下达零部件目标成本及其材料、燃料动力、工时定额、生产均衡率、设备利用率、工时利用率、良品率等指标。

（2）资产管理部门和车间合理配置班组使用的资产（含工具、模具等），盘活存量资产，同时避免资产过度使用和无效占用。

（3）人力资源部门和车间应按照劳动和分配制度的要求，不断调整班组组织结构，压缩富余人员，有效控制职工薪酬支出。

（4）财务部门、生产管理部门、物资管理部门和车间应通过落实班组资产管理责任制，努力盘活存货占用资金，提高资金使用效率。

2. 计量验收

班组应建立高效、规范的计量验收制度和工作流程，对班组所有物资的收、发、领、退，在制品、半成品的内部转移，产成品的交库，动力能源的消耗等进行严格的计量验收，完善内部物资的交接转移登记。

班组计量验收的日常管理主要包括：

（1）领退料管理。班组应当按照生产作业计划和产品材料用量办理定额领料手续，超出领料计划补料的，应当履行相关的审批程序，在当期结账前已领用但未投入生产的材料可办理退库。

（2）计量器具管理。班组应对计量器具进行妥善管理，配合计量部门对计量器具定期进行校验和检修，确保计量器具工作正常、计量准确。

（3）原始记录管理。班组对于生产管理过程中的产量、质量、工时、设备利用、材料和能源消耗、零部件、在制品、半成品的转移、产成品的入库与发出、财产物资的报废和毁损、设备运行、组产能、生产计划完成等进行详细记录，并能及时提供完整的原始记录。

（4）资产盘存。班组按照企业的总体要求定期或不定期对所有资产进行清查盘点，做到账账相符、账卡相符、账实相符。

3. 成本核算基础

（1）定额管理。班组要严格按照企业制定的成本定额（含材料用量和单价定额、燃料动力费用消耗定额、工时定额、设备和存货资金占用定额等）进行管理。

（2）人员配备。班组要配备合适的人员进行班组成本核算，同时应加强对班组成本核算人员的教育培训，提高班组成本核算的标准化和规范化水平。

（3）技术支撑。班组应充分运用信息化手段推行班组成本核算，构建班组成本核算模块，规范班组成本操作流程，可以利用 ERP 等管理系统强化班组成本信息归集、传递、运用等功能。

（四）班组成本分析方法

班组成本分析的目标，主要是通过正确计算成本执行结果，计算与成本计划的差异，寻找产生成本差异的原因，对成本计划的执行情况做出评价，对改进成本计划和生产经营决策提供重要参考依据。班组成本分析可以采取对比分析法和因素分析法。

1. 对比分析法

对比分析法是通过将实际成本指标与其他时期的指标对比，揭示成本差异，进行差异产生的原因分析。进行对比分析时，可以将实际指标与计划指标对比，本期与上期（或上年同期）实际指标对比，本期实际与国内外同行业指标进行对比，等等。通过对比分析，可以掌握企业成本的变化情况和发展趋势，提出差距并能提供改进思路。在进行对比分析时，应当关注指标的可比性，保证比较结果能够反映问题，差异分析符合实际情况。如果分析指标不具有可比性，可能导致分析结果不准确，甚至得出有悖于实际情况的结论。应用对比分析法时，可以选择绝对数对比，差额对比或者比率对比等形式。

2. 因素分析法

因素分析法是把单个综合性指标分解成为多个彼此关联的因素，通过计算这些因素对综合性指标的影响程度，从而进行差异分析的一种方法。运用因素分析法进行成本分析，就是将成本构成的各因素分解，测定各因素的变化对成本变动的影响程度，进而对企业成本计划的完成情况做出评价，提出改进措施。

（五）班组成本考核方法

班组成本考核是定期考查审核成本目标实现情况和成本计划指标的完成

结果，全面评价成本管理工作的成绩。实际成本完成情况与成本计划、成本定额或成本预算对比，对成本计划的完成情况进行考核，评价成本管理的实际绩效。

1. 班组成本考核的内容

（1）编制和修订班组的成本预算指标，根据预计产量、材料消耗定额等，制定班组的责任成本，作为成本控制和考核的依据。

（2）确定成本考核标准，例如成本节约额（即目标成本 – 实际成本），成本节约率（即成本节约额 / 目标成本）。

（3）计算班组的成本考核结果，综合各方面影响因素，对班组的成本管理工作进行正确评价。

2. 班组成本考核的指标

（1）实物指标和价值指标。实物指标是基础，价值指标是一种综合性指标。

（2）数量指标和质量指标。 数量指标和质量指标应两条腿走路，缺一不可。

（3）单项指标和综合指标。单项指标是反映成本变化中一个侧面的指标，如单位成本。综合指标是总括反映成本的指标，如总成本等。

3. 班组成本考核和评价的方法

班组成本考核方法的内容主要是围绕责任成本设立成本考核指标。成本考核的评价除包括成本考核指标外还应包括成本岗位工作考核，包括对成本核算和成本管理人员工作内容、工作状况、工作方式、工作态度及其工作业绩的综合评价。引入成本否决制的基本思想，与奖惩密切结合起来，以充分体现成本考核的时代性和先进性。

四、班组成本管理的改善方法

班组应关注的成本除生产成本、直接成本、间接成本等传统成本项目之外，还有一些不易为人注意但对于班组成本的控制和改善具有极大影响的成本项目，即不会带来任何价值增值的“浪费”。生产现场的浪费有七种，即生产过剩的浪费、制造不良的浪费、加工过度的浪费、搬运的浪费、等待的浪费、动作的浪费、库存的浪费。表 2-2-24 是七种浪费的表现、产生原因及解决对策。

表 2-2-24　班组成本管理改善点及改善措施

浪费	表现	原因	对策
生产过剩浪费	·生产过多 ·生产过早 ·妨碍生产流程 ·成品库存、半成品库存增加 ·资金周转率低下	·与顾客交流不充分 ·依赖个人经验和思想方式制订的生产计划 ·人员过剩 ·设备过程 ·大批量生产 ·生产负荷变动 ·生产过程中产生问题（如产生不合格品、发生机械故障等） ·生产速度提高	·与顾客充分沟通 ·生产计划标准化 ·均衡化生产 ·一个流程 ·小批量生产 ·灵活运用看板管理技术组织生产 ·快速更换作业程序 ·引进生产节拍
制造不良浪费	·原材料的浪费 ·开动率低下 ·检查的浪费 ·用户索赔而引起的企业信誉低下 ·库存增加 ·再生产的浪费	·对于可能产生不合格产品的意识薄弱 ·在生产过程中不注重产品质量 ·检验中心的检查标准管理不完善 ·教育培训体制不健全，顾客对于产品质量要求过高，缺乏标准作业管理	·产品质量是在工序中创造的 ·坚持贯彻自动化，现场、现货、现实的原则 ·制定培养相关意识的对策 ·通过不断问为什么的对策，防止问题再次发生 ·引进预防错误的措施
加工过度浪费	·为不必要的工序和不需要的作业增加人员和工时数 ·生产性低下 ·次数增加 ·按照过去的习惯操作，不加以改善	·生产工序设计不合理 ·作业内容分析不足 ·对人和机器功能的分析不完全 ·处理异常停止的对策不完善 ·作业指导书不完善 ·夹具工具不完善 ·标准化体制不完善 ·员工技术不熟练 ·缺乏原材料	·改进以往习惯操作方式 ·解决现场主义问题 ·研究检查方法 ·使生产工序设计合理化 ·运用夹具工具 ·人工智能化 ·生产自动化 ·贯彻标准作业 ·研讨原材料对策 ·完善设备故障处理方案 ·培养技术熟练的作业人员

续表

浪费	表现	原因	对策
搬运浪费	·在不同的仓库间移动和转运 ·空车搬运 ·空间的浪费使用 ·搬运距离过远、搬运次数过多 ·增加搬运设备	·欠缺“搬运和寻找不是工作”这一观念 ·生产布局不合理 ·活性指数低 ·与生产顺序组合时，研究商讨不够	·培养不要搬运的概念 ·确定最佳搬运次数 ·U字形设备配置 ·小容量化 ·活用各种搬运方式 ·成套搬运零件 ·提高活性指数
等待浪费	·在反复作业的过程中，标准作业管理不完善 ·停工等活 ·监视 ·表面作业 ·机器设备、人员等有富余	·生产工序流程不合理 ·前道工序和后道工序衔接出现问题 ·停工等活、等料待工 ·表面作业 ·设备配置不合理 ·在生产过程中作业能力不平衡 ·大批量生产	·引进均衡化生产、生产节拍的概念 ·努力使生产工序流程合理，发现浪费 ·U字形设备配置 ·快速更换作业程序 ·再分配作业 ·禁止停工等活时的补偿作业 ·生产线平衡分析 ·认清表面作业 ·安装能够自动监测异常状况并且自动通知异常状况的装置
动作浪费	·不产生附加价值的动作 ·不遵守经济动作原则的动作	·机器与人的作业不明确 ·毫无意识地实施了不产生附加价值的动作 ·生产布局不合理 ·教育训练不充分	·生产工序流程化 ·U字形设备配置 ·教育和训练经济动作原则，并且坚持贯彻这一原则 ·善于发现和消除表面作业 ·活用标准作业组合表 ·根据是否会产生附加价值研究相应对策

续表

浪费	表现	原因	对策
库存浪费	·成品、半成品库存积压 ·库存管理费用（仓库和搬运设备的折旧费、维修费、搬运费、税金、保险费、投资利息、损耗费、老化费等） ·产生库存是掩盖过多问题的结果	·均衡化生产体制不健全 ·多准备些库存是交货期管理所必需的错误意识 ·设备配置不合理 ·大批量生产 ·提前生产 ·在等活时产生的富余生产人员	·与顾客充分沟通 ·培养针对库存的意识（准时制生产） ·生产工序流程化 ·贯彻看板体制 ·将物品和信息一并运送 ·减少使生产工序中的问题

第五节　班组设备管理

案例导入

在工作中，班组长李伟发现设备点检维护总有不到位的地方：设备点检、维护、检修不够主动，设备巡检不到位……通常是等出了故障以后，才能引起重视。而且他认为自己要负主要责任，由于刚刚担任班组长，工作压力大，要完成的生产任务多，一般都是公司、分部及车间要来检查时，才安排对所管辖作业区的设备进行检查，对于深层次隐患和低标准的问题根本不可能检查出来和跟踪，以至于设备问题时有发生，不但影响了生产进度和产品质量，有几次险些造成事故。

为了改变以上状况，李伟结合班组成员的岗位技能水平进行设备专区的划分，量化到每一位班组成员，实行问责制，再根据车间制定的量化考核标准进行绩效考核。这样，班组每个人的积极性都被调动起来了，每个人充分发挥长处和潜能，变被动为主动，认真检查岗位专区设备，发现问题隐患，及时处理，解决不了反馈给他，如果他解决不了就汇报给车间，形成闭环跟踪。平时在班组闲坐的人没有了，都能主动对自己岗位专区的设备进行隐患排查，精心维护，这样从点到面的管理，使班组在设备的日常维护上达到很好的效果，减少了排查不及时和隐患引发的设备故障，确保所管辖的生产设备灵、稳、准运行。

在班组管理中，如何确保设备正常运转以保证生产的连续性和均衡性，是每一位班组长需要思考的问题。

一、班组设备管理的主要内容

随着机器设备的技术含量与技术水平日益提高，现代设备既是技术密集型的生产工具，也是资金密集型的社会财富，是企业赖以生产经营的主要资产。班组是直接使用设备的场所，对设备管理要做大量工作。班组设备管理主要包括设备的使用管理、设备的维护保养、设备的日常维护管理以及设备的故障管理。

班组设备使用管理包括制定操作规程保证正常操作，做好精度校正、交接班要清楚等多项内容。在设备使用管理过程中应遵循以下原则：①适当安排设备任务：班组长同设备技术人员分析设备的特点，恰当安排生产任务，才能保证机器设备的正常运转，保证生产安全，延长使用年限，减少维修次数及费用。②合理配备操作人员：要求操作者熟悉并掌握设备的结构、性能、加工范围和维护保养技术。③创造良好运转环境：依据设备、工装零部件的周期性劣化规律采取周期性的维保活动，保证设备运行一直处于稳定状态。④严格执行作业制度：规章制度是指导操作人员按正常程序操作维护和检修设备的技术法规。

班组设备维护保养是指合理使用设备，精心保养设备，及时维护设备，做好原始记录，使设备经常处于良好的技术状态，发挥设备的工作效率，延长设备使用寿命。班组设备维护保养必须做好下面几个环节：①经常对操作人员进行爱护设备的教育；②合理地安排设备的生产任务；③配备好合格的操作人员；④制定一套合理的、切实可行的规章制度；⑤为设备提供良好的工作环境。

班组设备日常维护管理包括设备的日常保养、设备的日常点检以及设备的润滑管理。设备的日常保养，也称例行保养。日常保养，可归纳为“清洁、润滑、调整、紧固、防腐”十个字，即通常所说的“十字作业”法。设备的日常点检，是按照规定的检查点和检查标准，对设备有无异常状态、对设备外观进行检查，早期发现故障。点检由设备的操作者负责，维修人员巡回检查中发现的问题应及时解决。日常点检要使用点检卡，点检卡由设备动力部门统一制定。检查项目一般是针对设备影响产品产量、质量和关系到设备正常运行的主要部位。设备润滑是设备维修保养极其重要的内容之一，机器零件相对运动的摩擦面必须进行润滑处理，以保证设备正常运行，减少摩擦，延长设备使用寿命。

班组设备故障管理主要是加强对设备故障的诊断与预防对策工作，使全体员工重视并参与其中，以减少直至防止生产设备发生故障。设备故障管理主要包括：①正确认识设备的故障管理；②设备故障发生的原因；③故障的诊断，诊断技术是为观察设备的异常、缺陷及寿命等，从而采取正确行动的技术，运用诊断技术可得知设备的异常原因及程度、设备使用期限的预测和修复改良的方法；④设备故障的预防要领，主要包括设备使用前、实际运作和点检时的预防。

二、班组设备管理的常见问题

班组设备管理中常见问题主要集中在设备操作使用方面人员存在的问题、设备本身的问题及管理制度方面的问题。

（一）操作人员方面的问题

据统计 50% 以上的设备事故是因为管理不善，违章作业造成的，即人的因素产生的。在实际工作中，因为生产或者资金投入问题，班组内对员工的系统培训不到位，往往采用老带新策略，虽然能够进行生产作业，但若对安全操作及管理培训不到位的话会给企业生产埋下一定的安全隐患。在资格证书方面，往往未经再次培训，学习及考核而流于形式，如对于安全管理方面的新增知识不能及时掌握或了解、设备故障模拟演练不充分等，往往基于理论方面的学习，缺乏实际演练操作，等等。

（二）设备本身的问题

设备的管理应从源头抓起，保证设备的本质安全应从设计开始，从根本消除隐患。但有些时候企业在设备选型时，由于缺乏对设备进行系统评价，选用的设备在技术上和安全性能上不能满足要求，从而出现先天不足。此外，设备正常运行中出现故障是设备管理中的重点工作。维修是针对故障进行的，故障类型与维修方式间存在一定关系，不同的故障程度决定了检修和维护的方式有所不同，但在实际工作中，很多班组缺少从故障处理角度进行分析，从而导致设备问题频发。

（三）管理制度方面的问题

管理制度方面存在的主要问题是设备管理制度不完善，不具备可操作性，尤其是在特种设备管理方面，导致各项管理活动无据可依，管理体系运行不畅、管理不深入，设备管理制度形同虚设。部分企业将设备管理的统一性进行分化，实行分段管理，由不同部门担任不同的过程管理，存在较大的安全隐患。企业应推行全员管理，在班组内形成完善的设备管理制度。

三、班组设备管理的基本方法

（一）设备 4S 管理

设备管理准备阶段的 4S 管理是指对生产现场凌乱的设备进行管理、整顿、清扫和清洁，以确保生产现场的干净、整洁。4S 管理是设备管理准备阶段最基本的工作。班组长是班组设备 4S 管理的基层管理人员，班组长必须先定期组织班组成员对管辖范围内的设备进行整理、整顿、清扫和清洁工作。

1. 对零乱设备进行整理

设备整理是指对生产现场凌乱的设备工具进行整理，区分需要与不需要的设备，处理不需要的设备。设备整理的主要内容包括对不良的设备进行及时分类；对不需要的工具、设备、刀具等进行及时处理；及时更换超过使用有效期限的设备；及时修缮设备有损坏的地方等。

2. 对设备进行定期清扫

清扫是指干净地擦去设备上的灰尘与污渍，并清除污染源、故障源，消除不安全因素等，以保持设备清洁，提高设备品质，延长设备的使用寿命，确保设备使用安全。班组长需掌握设备清扫的内容、流程和方法，以便正确实施设备清扫工作。

3. 对设备进行整顿标识

设备整顿标识是指对需要的设备、工具进行定位、定量，将需要的设备、工具放置好，并予以标识，以便即用即取，减少寻找和拿取的时间。

4. 对设备整体进行清洁

设备清洁是指将设备的整理、整顿、清扫工作制度化和规范化，并贯彻实施及维持成果，使设备保持干净整洁。班组长需配合设备管理员制定相关的制度和规范，并组织作业人员贯彻执行。

（二）备品备件管理

备品备件的准备可以缩短设备维修、维护时间，提高设备的投入率，确保生产的进度。备品备件管理包括事故备件的准备、常规备件的准备、标准备件的准备、易损备件的准备、特殊备件的准备。

1. 事故备件的准备

事故备件的准备主要是指事故备件的储备和采购，可以保证事故发生后的抢修进度，缩短停运时间，提高设备的可用率。

2. 常规备件的准备

常规备件是指在维修中经常使用的、设备停工损失较大、单价较低的，需经常保持一定储备量的零件，具有使用量大、使用频繁、需求稳定等特点。

3. 标准备件的准备

标准件是指结构、尺寸、画法、标记等各个方面已经完全标准化，并由专业工厂按照统一标准生产的常用零部件，包括标准化的紧固件、连接件、传动件、密封件、液压元件、轴承等机械零件。标准备件是已经装机于企业生产设备，但仍购买储存以备更换的标准件。标准备件因具有较强的通用性，具体的采购储备也有别于生产物料、原材料、非标机械备件等。

4. 易损备件的准备

易损备件的准备主要是为了保障设备的良好运行，确保设备得到及时维护。为了及时准备易损备件，班组长需掌握易损备件的范围和储备策略。

5. 特殊备件的准备

对于特殊备件，由于其特殊性，备件管理员可采取自行制造和外包的方式来准备。班组长可根据设备的实际情况，提出特殊备件的需求，报设备部审核，然后由设备部根据班组的生产能力和技术水平确定是自制还是外包。

（三）工器具的准备

在生产过程中，班组长除需要准备主要的生产设备外，还需要准备一些必要的工器具，以保证生产的顺利进行，生产所需的工器具包括常规工器具、专用工器具和大型工器具等。

1. 常规工器具的准备

常规工器具是指能够方便完成工作的器具，包括手动、电动和气动类型的器具，主要包括测量、调试、紧固、装配、打磨等工器具。在进行工器具使用前，班组员工需进行相关的准备工作，主要包括工器具操作培训、个人安全的防护、工器具的确认等。

2. 专用工器具的准备

专用工器具是指专门用于某个设备的安装、调试、检修、检测的特种工器具，例如设备安装时的随机工器具。其包括电动、液压、风动、研磨、测量、实验、运输工器具等专用工具。具体要做好专用工器具的采购和验收工作。

3. 大型工器具的准备

大型工器具是指价值较大的工器具，是企业的固定资产。班组长需根据工作实际需要向设备部门提出采购、领用大型工器具的申请。其主要包括大型的电焊机、割具、气泵、电锤、冲击钻等。主要做好大型工器具的领用、统一管理等工作，并组织对设备操作人员进行培训，培训合格后方可操作使用。

4. 特殊工器具的准备

特殊工器具是指作业人员在特殊作业环境下使用的工器具，包括电钻、砂轮机、起重设备、实验仪器仪表等。班组长主要要做好特殊工器具的安全使用工作，确保工具及作业人员的人身安全。

（四）班组设备规范化维护管理

1. 日常维护制度化

班组设备的日常维护应形成一定的制度和程序，建立设备操作规程、设备维护规程、操作人员岗位责任制、交接班制及巡回检查制等，严格执行这些规章制度，是对设备合理维护的重要措施。日常维护制度化主要包括定人制、定机制、定点制、交接班制、定时定路线制、定修制。

2. 保养程序化

（1）一级保养（定期维护）程序。设备的定期维护（一级保养）是以定期检查为主、辅助以维护性检修的一种间接预防性维修形式，主要内容有拆卸、检查、清洗、调整、紧固等。

（2）二级保养程序。二级保养是以维持设备的技术状况为主的检修形式。包括：除完成一级保养所需进行的工作外，要求润滑部位全部清洗，并按油质状况更换或添加；检查、测定设备的主要精度和相关参数；修复、清洗、预检关键件等。

3. 关键 / 重点设备的维护

对不同级别的设备维护水平是不同的（表 2-2-25），对企业的精密、大型、稀有、关键设备以及企业自己划分的重点设备除执行上述各项要求外，还应严格执行下述特殊要求。

表 2-2-25 设备分类管理标准

		A类	B类	C类
日常管理	日常管理	进行	不进行	不进行
	定期点检	按特别标准	按一般标准	不进行
	精密点检	进行	部分进行	不进行
	日常保养	抽查30%，合格率100%	抽查30%，合格率90%	抽查30%，合格率90%
	一级保养	抽查30%，合格率90%	抽查30%，合格率85%	抽查30%，合格率80%

续表

		A类	B类	C类
	故障分析	按程序进行详细分析	一般分析	不分析
	凭证操作	严格定人定机检查，合格率100%	定人定机检查，合格率90%	定人定机检查，合格率91%
	操作规程	专用	通用	通用
	标志	设立	设立	设立
维修	方针	重点预防维修	预防维修	事后维修
	大修	安排	安排	不安排
	二级保养	安排	安排	不安排
	精调	全部	分部	不进行
	改善性修理	重点实施	一般分析	不进行
	维修力量	占维修力量40%	占维修力量55%	占维修力量5%
润滑	润滑图表	95%	90%	90%
	计划换油	完成率95%	完成率90%	完成率85%
	治漏率	95%	90%	85%

（五）班组设备全方位监控管理

1. 设备点检管理

设备点检是按照一定的标准、一定的周期对设备规定的部位进行检查，以便早期发现设备故障隐患，及时加以修理调整，使设备保持其规定功能的设备管理方法。设备点检制不仅仅是一种检查方式，更是一种制度和管理方法。

2. 区域巡回检查

企业按照生产区域设备拥有量或设备类型划分成若干区域，维修工人有明确分工，但需要与操作工人密切配合，负责督促、指导所辖区域内的设备操作者正确操作、合理使用、精心维护设备；进行巡回检查，掌握设备运行情况。

3. 设备运行状态监测

状态监测的目的是随时监视设备运行状况，防止发生突发性故障，确保设备的正常运行。在不同企业的不同设备上，是否需要进行状态监测，采用什么方法和仪器进行这项工作，必须要综合考虑生产的需要、效果、投资及技术力量的配备等。

4. 设备剩余寿命周期预测

设备的剩余寿命就是设备的当前状态还能正常运行的情况下，距离大修或报废的大概时间，也是一种设备状态测评手段，能为设备维护提供较好的参考。只有不断监测设备的工作状态变化，进行故障状态的预报才能及时采取防护措施。

四、班组设备管理的改善方法

提高班组的设备管理水平，可从管理制度、设备信息管理及标准化、流程化等角度进行改善。

（一）TPM 管理

TPM 是工厂全面改善活动（Total Productive Maintenance）的英文缩写，TPM 的目的是达到设备的最高效益，它以小组活动为基础，涉及设备全系统。TPM 拥有众多的活动机制，这些活动机制归根结底都是建立在预防哲学、“零”目标、全员参与和小集团活动这三大管理思想基础之上的。TPM 活动的展开有八个重点，也被称为 TPM 八大支柱，如表 2-2-26 所示。其中，自主保全是 TPM 中最为核心的内容之一。在实际管理过程中，企业内各部门的分割必然带来管理效率的整体下降，而八大支柱通常需要跨部门的机制来实现。这样，通过开创跨部门的改善活动，以重叠式的小组活动来达到意识和行为的变更，能够使整个管理环节连贯起来，进而达到最佳的设备综合效率和经营效率。

表 2-2-26 TPM 的八大活动支柱

八大支柱	具体内容和要求
自主保全	提倡员工培养主人翁的敬业精神，谁使用，谁负责保养
专业保全	培养一批专业人士，专门解决企业面临的设备管理问题
个别改善	焦点改善，将关注焦点变为改善与革新项目，实现管理的提升
品质改善	创造一些良好的机制，使产品做到零缺陷
初期改善	将现场问题直接反馈到设计部门，在产品、设备的设计初期做出改善
事务改善	办公室事务的改善，包括办公效率的提高、办公设备的管理等
环境改善	创造良好的工作和运行环境，为环保事业做出贡献
人才培养	营造人才学习和培养的氛围，创造人才辈出的局面

（二）设备“五化”管理改善策略

1. 管理标准化

标准化管理有利于技术的积累和创新效率的提高，通过维修全过程相关标准的制定、发布、实施，实现维修业务统一、有序、高效地开展。管理标准化主要包括设备编码标准化，维修业务流程标准化，操作、维修工艺和质量标准化。

2. 流程固定化

通过业务流程化管理，可将各种业务流程固化，实现各部门之间的协同运作；也能辅助企业由传统的面向职能管理转变为面向流程管理；将审核与决策点定位于业务流程中的各个执行部门之中，缩短信息沟通的渠道与时间，最终达到整个维修业务的高效完成并实现物流、资金流、信息流的统一。

3. 物流精细化

操作现场对设备可靠性和连续运转能力要求较高，设备一旦发生故障需迅速选择合适的维修方式，以使损失减小到最低。备品备件的合理储备是保证连续生产和开展维修的基础条件。

4. 过程可控化

在设备出现故障时，合理安排维修时间、严格控制维修进度至关重要。

可以通过计算机维修管理系统，简化审批手续，建立及时通信工具，解决审批程序烦琐的问题。另外，可采用甘特图和双代号网络图的方法监控维修进度，根据任务实际完成情况对进度加以调整。

5. 现场明晰化

设备管理现场要采取定置方法、可视管理和5S管理。通过画线定位，将检修区域、人行通道、车辆通道、零部件摆放区域等以色带标出，使现场更为明朗。通过实施5S管理和现场定置管理，改变班组现场的面貌，确保空间的有效利用，减少各种“寻找”时间，提高设备利用率，维修效率，创造明朗、有序的工作环境。加强安全管理和质量管理；对现场人、物结合状态分析；提高全体员工的职业素养，这些都是优化现场管理的有效措施。

第六节　班组环境管理

案例导入

随着工作的深入，班组长李伟发现了一些问题：生产现场物料、工具的摆放不够整齐，地面不够清洁，设备上油污多得“无法忍受”，员工的工作服也“令人不满”……但大家对这样的现象已习以为常。经常会发生想要的东西总是找不着；不想要的东西好像随时都在“碍手碍脚”；作业台上、文件柜里、办公桌上到处都是一些“不知道”……李伟跟班组的员工提起了这些事情，很多员工都认为这些事太“小儿科”，“不就是做做卫生，把环境搞得好一些嘛”。李伟说：“如果你是客户，你肯定不会对一个到处是垃圾、灰尘的生产现场生产的东西感兴趣；如果每天我们都在这样一个环境不佳、浪费随处可见的工作环境中，会产生巨大的责任心并确保生产质量和劳动效率吗？”

在李伟的带动下，班组成员开展了“3S活动”，即整理、整顿、清洁。随着活动的深入，作业现场和办公室的窗户擦干净了，卫生死角也清理出来，物料、工具分门别类地摆放整齐，整个班组有了全新的面貌。尽管活动本身没有什么特别之处，但是大家还是感觉到一些微妙的变化：大家的心情似乎比过去好多了，一些“不拘小节”的人的散漫习惯也多少有了收敛，工具、文件“伸手可及”“随用随取”，作业台和工作环境的确整洁多了。

作为生产现场的直接负责人，掌握班组环境管理的方法，为员工创造一个安全、整洁的工作环境，是每一位班组长需要思考的问题。

一、班组环境管理的主要内容

班组是企业的最基本的生产单位，班组所在的作业现场是企业生产的直接现场，其环境状况与安全生产、职业健康关系十分密切。班组环境中通道、采光、消防、设备管理等因素直接影响到事故的发生和事故损失的大小。作为企业环境管理的基础，班组环境管理成为确保产品质量、安全生产及班组正常运作的重要保障。良好、安全的作业环境，能够保证班组员工迅速、正确地完成任务，能够减少其在连续工作中的疲劳感，并且在长期工作中减少作业环境对员工身体造成的不良影响。

班组环境管理是对班组作业场所的安全卫生等状况进行的管理活动，主要管理的内容包括生产工艺、设备、材料、工位器具、操作空间、操作体位、操作程序、工作条件等。其具体包括以下三大方面：

1. 班组内生产运行要求

班组内生产运行要求主要包括对于通道、地面的要求；对于通风、采光照明的要求；对于电力及其布局和电线布置的要求；对于消防通道的要求；更衣室、更衣柜的设置；产品制造过程中使用的工器具、推车、原辅材料、半成品的取放要求；班后整理、清扫的要求；定期的清理要求；每日的清洁、清理要求以及对垃圾的处理要求；对新员工进行班组级安全环境教育和培训，对员工进行经常性的安全环境意识、知识和技能教育，开展安全环境活动，定期召开安全环境会议。

2. 生产环境控制参数

生产环境控制参数主要包括空气洁净度要求；温度与湿度环境要求；出入车间要求；作业前后的环境要求。

3. 环境检查

环境检查主要包括安全员和环境检查员的设定；环境检查的内容和频率；环境检查考评。班组长作为班组环境管理第一责任人，主要职责包括以下几个方面，详见表 2-2-27。

表 2-2-27　班组长环境管理职责

项目	主要职责
环境管理制度的编制落实	·编制班内环境管理制度
	·落实公司环境管理制度
环境影响设备的检查	·编制点检计划
	·定期点检实绩的把握，点检发现问题的跟进
	·定期点检问题的再发防止对策推进 ·设备跑冒滴漏的确认、处置
危险化学品管理	·制定危品清单及标准
	·危品管理场所条件的检查
垃圾分类	·指导员工垃圾分类，并巡检执行情况
	·有价废弃物、危险废弃物的处理统计确认
日常管理 / 改善	·开展减少废弃物，控制能源使用量，降低能源消耗活动
	·能源点检，切断开关、漏水、漏气等
其他	·参加环境会议
	·环境认证参与

二、班组环境管理的常见问题

在实际工作中，很多班组只是关注生产任务的完成而忽略了对于作业环境的管理，殊不知班组环境的好坏对于生产质量、生产安全及员工健康等都有着重要影响。

1. 现场环境“脏、乱、差”

目前很多班组的作业现场存在着设备布局、作业路线不合理；物料、半成品乱堆乱放，工具箱、更衣箱参差不齐；门上有尘土，地面有油污，杂物堆积，通道堵塞，作业面积狭窄，环境条件达不到规定标准的要求。这些都严重影响着人员、原材料和设备协调到最佳期状态。

2. 现场存在浪费现象

有些班组下列现象也屡见不鲜：用人过多，有人没活干，有活没人干，停工等待，无效劳动；生产过剩，库存积压，资金周转慢；物料消耗高，产品档次低，不必要的装卸搬运，出现大量的废品和不良品；长明灯、到处“跑、冒、滴、漏”。

3. 现场生产秩序混乱

员工干活无计划，操作无标准；职责分工不明，遇事推诿扯皮，规章制度不能严格执行；供应不及时，生产不均衡，工时利用率低，安全、质量事故频发。

4. 现场人员素质亟待提高

许多员工旧观念、旧习惯根深蒂固，工作中存在“惰性”，作风散漫、纪律松弛，不符合大生产和文明生产的要求。

三、班组环境管理的基本方法

（一）5S 活动

5S 活动是指整理（Seiri）、整顿（Seiton）、清扫（Seiso）、清洁（Seikeetsu）和素养（Shit-suke）五个项目，因为上述 5 个日语的罗马拼音第一个字母都是“S”，因此称之为“5S”。5S 活动以塑造清爽、明朗、洁净的工作场所为目的，使现场作业人员能够更加安全、轻松、愉快、有效地完成任务，5S 活动对于班组的安全、卫生、效率、质量、成本等方面有极强的改善力，是班组管理的基础。

1. 整理

整理是指区分要与不要的物品，现场只保留必需的物品。其主要内容是把要与不要的人、事、物分开，再将不需要的人、事、物加以处理，对生产现场的现实摆放和停滞的各种物品进行分类，区分什么是现场需要的，什么是现场不需要的；对于现场里各个工位或设备的前后、通道左右、厂房上下、工具箱内外，以及车间的各个死角，都要彻底搜寻和清理，达到现场无不用之物。

整理的主要意义在于：① 改善和增加作业面积；② 现场无杂物，行道通畅，提高工作效率；③ 减少磕碰的机会，保障安全，提高质量；④ 消除管理上的混放、混料等差错事故；⑤ 有利于减少库存量，节约资金；⑥ 改变作风，提高工作情绪。详见表 2-2-28、表 2-2-29。

表 2-2-28“要与不要”的基准

类别	基准分类	
要	1. 用的机器设备、电气装置；2. 工作台、材料架、板凳；3. 使用的工装、模具、夹具等；4. 原材料、半成品、成品等；5. 栈板、周转箱、防尘用具；6. 办公用品、文具等；7. 使用中的看板、海报等；8. 各种清洁工具、用品等；9. 文件和资料、图纸、表单、记录、档案等；10. 作业指导书、作业标准书、检验用的样品等	
不要	地板上	1. 杂物、灰尘、纸屑、油污等；2. 不再使用的工装、模具、夹具等；3. 不再使用的办公用品；4. 破烂的垃圾桶、周转箱、纸箱等；5. 呆滞物料等
	工作台	1. 过时的报表、资料；2. 损坏的工具、样品等；3. 老旧的海报标语
	墙上	1. 蜘蛛网；2. 老旧无用的标准书；3. 老旧的海报标语
	空中	1. 不再使用的各种挂具；2. 无用的各种管线；3. 无效的标牌、指示牌等

表 2-2-29 整理的检查内容

项目	检查内容
作业台、椅子	现场不用的作业台、椅子；杂物、私人品藏在抽屉里或台垫下；放在台面上当天不用的材料、设备、夹具；用完后放在台面上材料的包装袋、盒
货架	现场到处都是货架，几乎变成了临时仓库；货架与摆放场所大小不相适应，或与所摆放之物不相适应；不用的货物、设备、材料都堆放在上面
通道	弯道过多，机械搬运车通行不便；行人和货物的通道混用；作业区与通道混杂在一起
设备	现场有不使用的设备；残旧、破损的设备有人使用却没有进行维护；过时老化的设备仍在走走停停地勉强运作

续表

项目	检查内容
办公台	办公台多于作业台，几乎所有的管理人员都配有独立的办公台；每张台都有一套相同的办公文具，未能做到共用；办公台面干净，抽屉里面却杂乱无章；不能用的文具摆在台上；私人物品随意放置；茶杯、烟灰缸放在上面；堆放了许多文件、报表
文件资料	各种新旧版本并存，分不清；过期的人在使用；需要的人员没有，无关人员反倒很多；保密文件无人管理，任人随意阅读；个人随意复印留底
公共场所	空间用来堆放杂物；洗涤物品与食品混放；消防通道堵塞；排水、换气、调温、照明等设施不全；洗手间男女不分

2. 整顿

整顿是指必需品依规定定位、定方法摆放整齐有序，明确标识。其主要内容是把需要的人、事、物加以定量、定位；通过前一步整理后，对生产现场需要留下的物品进行科学合理的布置和摆放，以便用最快的速度取得所需之物，在最有效的规章、制度和最简洁的流程下完成作业。整顿的目的在于不浪费时间寻找物品，提高工作效率和产品质量，保障生产安全。详见表2-2-30、表2-2-31。

表 2-2-30　整顿的检查内容

项目	检查内容
作业台、椅子	凌乱地搁置台面上的物料；台面上下的各种电源、信号线、压缩空气管道等各种物品乱拉乱接、盘根错节；作业台、椅子尺寸形状大小不一、高低不平、五颜六色；作业台、椅子都无标识
货架	摆放的物品没有识别标识，除当事人外，其他人一时难以找到；货架或物品堆积得太高，不易拿取；不同的物品层层叠放，难于取放；没有按“重低轻高”的原则来摆放
通道	未将通道位置画出；被占为他用；被占物品摆放超出通道；坑坑洼洼，凹凸不平，人行、车辆全都不易通行
设备	使用暴力、野蛮操作设备；设备放置不合理，使用不便；没有定期地保养和校正，精度有偏差；运作的能力不能满足生产要求；缺乏必要的人身安全保护装置

续表

项目	检查内容
办公台	现场办公台的设置位置主次不分；办公台用作其他用途；台面办公文具、电话等没有进行定位；公共物品也放在个人抽屉里；抽屉上锁，其他人拿不到物品
文件资料	未能分门别类，也没有用文件柜、文件夹来存放；没有定点摆放，四处都有，真正要用时又不能及时找出；文件种类繁多，难以管理；接收、发送都未记录或未留底稿；即使遗失不见了，也没有人知道
公共场所	区域、场所无标识；无整体规划图；物品无定位、定置；逃生路线不明确；布局不合理，工作效率低

表 2-2-31　整顿的方法

项目	方法
工具类	1. 工装夹具等频繁使用的物品 1.1 充分考虑能够尽量减少作业工具的种类和数量，利用油压、磁性、卡标等代替螺钉，使用标准件，将螺钉共同化，以便可以使用同一工具 1.2 考虑能够将工具放置在作业场所最接近的地方，避免取用和归位时过多的步行和弯腰 1.3 在“取用”和“归位”之间，需特别重视“归位” 1.4 要使工具准确归还原位，最好以复印图、颜色、特别记号、嵌入式凹模等方法进行定位 2. 切削类工具 2.1 经常使用的，应由个人保存；不常用的，尽量减少数量，以通用化为佳。先确定必需的最少数量，将多余的收起来集中管理 2.2 刀具的刀锋在存放时要方向一致，以前后方向直放为宜，最好能采用分隔保管或波浪板保管，避免堆压 2.3 对于一支支或一把把的刀具可利用插孔式的方法存放，即将每支刀具分别插入与其大小相适应的孔内，这样可以对刀锋加以防护，并且节省存放空间，且不会放错位 2.4 对于一片片的锯片等道具可分类型、大小、用途等叠挂起来，并勾画行迹，易于归位 2.5 注意防锈，抽屉或容器底层铺上易吸油类的绒布
设备	1. 设备旁必须挂有一些“设备操作规程”“设备操作注意事项”等，设备的维修保养也应做好相应记录 2. 设备之间的摆放距离不宜太近，以便清扫和检修，同时纺织设备间相互影响 3. 把一些容易相互影响操作的设备与一些不易相互影响操作的设备做合理的位置调整，为方便清扫和检修可在设备下装滚轮

续表

项目	方法
机台、台车类	1. 削减作业台、棚架的数量，以“必需的台、架留下，其他的丢弃或加以整理”为原则 2. 台或架的高度不齐时，可在下方垫至高处齐平；还可加装车轮使之移动方便，并制作能搭载作业必要物品的台车，在换模换线或零件替换时，可以将台车做整组更换 3. 台或架等，不可直接放在地面上，应置于架高的地板上，以便清扫
配线、配管	1. 可以考虑将地板上的配线、配管架高或加束套并防止擦伤、防止震动的改善 2. 在配线配管方面必须采取直线、直角的安装，以防松脱 3. 将地下的配线全部架设在地面上，并垫高脚架，每一条标上名称、编号及利用颜色进行管理，防止错误发生
材料	1. 材料 1.1 定量定位存放。先确定材料的存放位置，在决定工序交接点、生产线和生产线之间的中继点所能允许的标准存量和最高存量，设定标准存量的放置界限，如长、宽、高的限定或占用台车数及面积的限定，并明确标识 1.2 确保先进先出。现场摆放材料的各类周转箱、台车等，要求边线相互平行或垂直于区域线，保持堆放整齐，便于清点及先进先出 1.3 搬运、储存要合理。要防止加工中搬运或装箱时的刮伤、撞击、异品混入等 1.4 不良品要有标示。不良品及返修品要设定放置场所，用不同的箱或托盘装好，一般用红色或黄色箱，以便于区别 2. 备品、备件 平常保管时就得保持正确的使用状态，如污秽、伤痕、锈蚀等列入管制的重点，应明确设定清楚 3. 润滑油、制动油 3.1 油的种类要统一，尽量将种类减少 3.2 以颜色管理，配合油的名称及加油周期，利用颜色或形状区分，以便于容易分辨 3.3 油类集中保管，在生产线附近设置加油站，设定放置场所、数量、加油站的补充规定、容器大小、架子等 3.4 依油或加油口的形状装备道具 3.5 油类必须考虑到防火、公害、安全等问题，所以要彻底防止漏油以及灰尘、异物的混入 3.6 做好加油方法的改善及加油周期的延长 4. 清扫用具 4.1 放置场所。扫把、拖把等感觉较脏的用具不要放置在明显处；清扫用具绝对不可能放置在配电房或主要出入口处

续表

项目	方法
	4.2 放置方法。长柄的如扫把、拖把灯，用悬挂方式放置；簸箕、垃圾桶等在地上定位 5 . 消耗品类 5.1 为防止掉落，可用较小的盒子装，且不要装满，画上界限线 5.2 收存时一定要加封盖，不要混入其他类似件 5.3 如捡起掉落的零件，不可再丢入原盒内，应丢入落下物集中盒内，以免发生误品使用 5.4 弹簧类容易纠缠在一起的物品、垫圈类不易抓取的物品以及金属轴承类等小型物品，以模组成套方式，以便拿取 5.5 对电气胶带、电线等，要摆放成容易拿取的方式 6 . 危险品 6.1 存放。一定要按照危险品的存放要求和标准进行 6.2 张贴、说明等，化学品的存放处应标明“使用规定”“使用方法”及“注意事项”等，附近应具备一定的救护措施并张贴警示标语 6.3 化学品的标志。化学品的标志应注明化学品的类型、名称、危险情况及安全措施 6.4 穿戴防护用具。对使用一些有毒、有害、有腐蚀性及刺激性的化学用品，必须穿戴好防护衣、手套，以保安全。万一不慎沾及身体，应立即清洗，如感不适，应马上到医院就诊
在制品	1. 严格规定在制品的存放数量和存放位置。确定工序交接点、生产线和生产线之间的中继点所能允许的在制品标准存放量和极限存放量，制定这些标准存放量的放置边界、限高，占据的台车数、面积等，并用清晰的标志以便周知 2. 在制品堆放整齐，先进先出。在现场堆放的在制品，包括各类载具、搬运车、栈板等，要求始终保持叠放整齐，边线相互平行或垂直于主通道，既能使现场整齐美观，又便于随时清点，确保在制品“先进先出” 3. 合理的搬运。放置垫板或容器时，应考虑到搬运的方便，利用传送带或有轮子的容器来搬运 4. 在制品存放和移动中，要慎防碰坏刮损，应有缓冲材料间隔以防碰撞，堆放时间稍长的要加盖防尘罩，不可将制品直接放在地板上 5. 不良品应放置在指定场所，放置场所应用红色标示
公告物	1. 墙壁上的海报、公布栏 1.1 不要随意张贴，要设定张贴区域 1.2 未标示及超过期限的公告不可张贴 1.3 胶带遗留的痕迹不可留下，一定要擦拭掉 1.4 公告物上端要统一高度平齐张贴

续表

项目	方法
	2. 标示看板 2.1 垂吊式看板，高度设定要统一 2.2 确定固定住，不发生风吹摇晃或掉落 3. 查检表等 标准书、查检表、图画类等，必须要从通道或稍远距离也可看到，重要的地方用有色纸加以醒目标示，以确认条件数值是否正确记录
仓库	1. 定位 1.1 材料及成品以分区、分架、分层来区分 1.2 设置仓库总看板，使相关人员对现状能一目了然 1.3 搬运工具的定位，以便减少寻找时间 1.4 严守仓库的门禁和发放时间 2. 定量 2.1 相同的物品，在包装方式和数量上应尽量一致 2.2 设定标准的量具来取量 2.3 设定最高限量基准 3. 定容 各种材料、成品的规格不一，要有不同的容器来装载，容器的规格选择也需考虑搬动的方便
进行合理标示	1. 标志的材料。要针对场所、位置、物品等选用不同的材料，使之保持时间长并容易维护 2. 标志的规格。根据物品的种类、性质等确定标志的大小及规格，同类物品标志的大小及规格要保持一致 3. 标志的字体。标志的文字最好打印，要字迹清晰 4. 标志的颜色。要使用恰当，颜色必须要统一，做到不需要看文字便知道大概意思 5. 标志的粘贴。要粘贴好，特别是一些危险、警告、不良的标志，并且要经常检查是否有脱落现象 6. 标志用词规定。标志的用词应予以规定，对于一些加“临时摆放”的标志，必须规定该标志的使用时间

3. 清扫

清扫是指清除现场内的脏污，清除作业区域的物料垃圾。其目的在于将工作场所的污垢去除，使异常发生源很容易被发现。详见表 2-2-32。

表 2-2-32 清扫的检查内容

项目	检查内容
作业台、椅子	设备和工具破损、掉漆、缺胳膊少腿；表面灰尘、脏污；材料余渣、碎屑残留；墙上、门上乱写乱画；垫布发黑、许久未清洗；表面干净、实际上却脏污不堪
货架	物品连同外包装在内，一起放在货架上，清扫困难；只清扫货物却不清扫货架；布满灰尘、脏污；物品已放很久也没有再确认，很有可能变质
通道	灰尘多，行走过后有痕迹；有积水、油污、纸屑等；有灰尘、脏污之处；很久未打蜡或刷漆，表面锈迹斑斑
设备	有灰尘、脏污之处；有生锈、褪色之处；渗油、滴水、漏气；导线、导管全都破损、老化；虑脏、滤气、虑水等装置未及时更换；标识掉落，无法清晰地分辨
办公台	台面脏污，物品摆放杂乱无章，并且积有灰尘；办公文具、电话等物品污迹明显；台上办公垃圾堆积并多日未倾倒
文件资料	复印不清晰，难以辨认；随意涂改，没有负责人；文件破损、脏污；文件柜、文件夹等污迹明显；没有防潮、防虫、防火等措施
公共场所	玻璃破损，不能挡风遮雨；门、窗、墙被乱涂乱画；墙发黑，地面污水横流；采光不好，视线不佳；外层污迹明显，无人擦洗；无人定期进行必要的清洁、消毒

4. 清洁

清洁是指将整理、整顿、清扫实施的做法制度化、规范化，维持其成果。其内容是通过对整理、整顿、清扫活动的坚持与深入，从而消除发生安全事故的根源。创造一个良好的工作环境，使职工能愉快地工作。清洁的目的在于认真维护并坚持整理、整顿、清扫的效果，使工作环境保持最佳状态。详见表 2-2-33。

表 2-2-33 清洁检查表

检查内容	表现	得分
通道作业区	①没有划分 ②有划分 ③地面有划线 ④划线清楚，地面经过清扫 ⑤通道及作业区感觉很舒畅	

续表

检查内容	表现	得分
地面情况	①有油或水 ②有油迹或水迹 ③地面不是很平 ④经常清理，没有脏物 ⑤地面干净亮丽	
办公桌、作业台、椅子、架子、会议室情况	①很脏乱 ②偶尔清理 ③虽有清理，但还是显得脏乱 ④自己感觉很好 ⑤任何人都会觉得很舒服	
洗手台、厕所等	①容器或设备脏乱 ②破损未修补 ③有清理，但有异味 ④经常清理，无异味 ⑤干净亮丽，并进行过装修	
储物室	①阴暗潮湿 ②虽阴湿，但可通风 ③照明不足 ④照明适度，通风好，感觉清爽 ⑤干净、整齐，感觉很舒服	
合计		
注：评分标准——选①为 0 分，选②为 1 分，选③为 2 分，选④为 3 分，选⑤为 4 分，统计分数，计算总和 说明——15—20 分为较好，12—15 分表现一般，12 分以下黄牌警告		

5. 素养

素养是指人人按章操作、依规行事，养成良好的习惯，使每个人都成为有教养的人。其内容是努力提高员工的自身修养，使员工养成良好的工作、生活的习惯和作风，让员工能通过实践 5S 获得人生境界的提升，与企业共同进步，这也是 5S 活动的核心。素养的目的在于提升“人的品质”，培养对任何工作都讲究认真的人。详见表 2-2-34。

表 2-2-34　5S 规范表

序号	项目	规范内容
1	整理	把永远不用及不能用的物品清理掉；把一个月以上不用物品放置指定位置；把一周内要用的物品放置到工作区，摆好；把三日内要用的物品放在容易取到的位置
2	整顿	工作区、物品放置区、通道位置进行规划和明显标识；物品放置有合理规划；物品应分门别类整齐摆放并进行标识；通道顺畅，无物品堆放在通道；生产线、工序号、设备、工模夹治具等进行标识；仪器设备、工模夹治具摆放整齐、工作台面摆放整齐
3	清扫	地面、墙上、天花板、门窗清扫干净，无灰尘杂乱物；工作台面清扫干净、无灰尘；仪器设备、工模夹治具清理干净；一些污染源、噪音设备要进行防护
4	清洁	每天上下班花 3 分钟做“5S”工作；随时自我检查、定期或不定期检查；对不符合的情况及时纠正；整理、整顿、清扫保持非常好
5	素养	员工带厂牌、穿厂服整洁得体，整齐大方；员工言谈举止文明，对人热情；员工工作精神饱满；员工有团队意识，积极参加“5S”活动；员工时间观念强

（二）目视化管理

目视化管理是班组环境管理一种重要的管理方法，是以视觉信号为基本手段，以公开化为基本原则，尽可能地将管理者的要求和意图让大家都看得见，借以推动看得见的管理、自主管理及自我控制。在班组环境管理中目视化管理需要同班组 5S 活动结合使用。以下是目视化管理在生产现场使用的主要领域。

（1）工艺流程图指引说明。主要用于明确标识、区域画线、设备或配件标识、参观路线指引、物品指定放置。

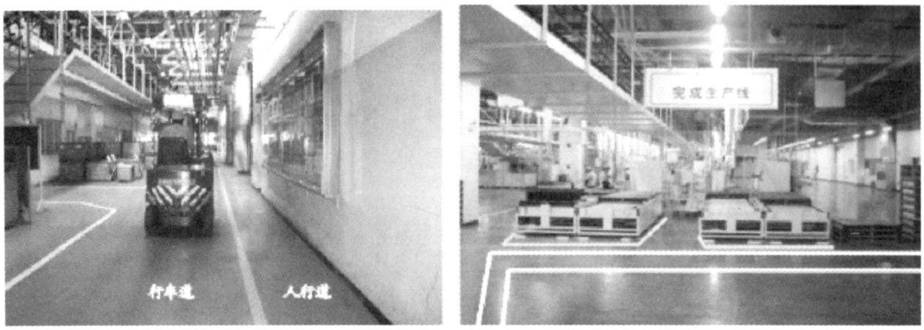

图 2-2-9　工艺流程图指引说明

（2）产品结构原理图展示。主要用于工艺指引、关键重点岗位或流程简图、产品展示等。

图 2-2-10　产品结构原理展示

（3）工艺流程图。主要用于车间工艺流程图，工艺管理要点。

（4）管理者 / 员工目标管理。主要用于设置活动专栏，将管理者、员工目标管理实绩揭示，公开表彰当月优秀员工，介绍先进事迹；将当月每位员工出勤工时展示，充分体现公平、公开、公正的班组管理。

（5）作业标准书。主要用于指导岗位人员正确操作，防止人为操作失误产生缺陷。

（6）物品放置管理。主要是对生产现场的物品进行明确区分，防止混淆。

表 2-2-11　物品放置管理

（7）区分、提示作业。主要用于定位管理、状态管理、点检基准管理及异常管理。

（8）设备管理。主要用于更换基准、点检要求，日检、周检、月检、季度检和年度检标识，设备零部件更换标识。

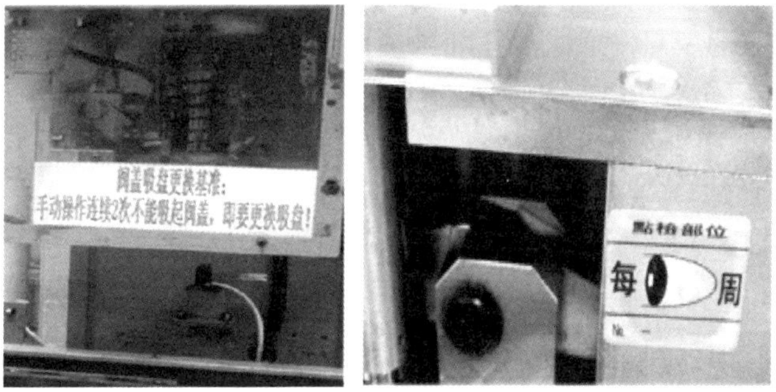

表 2-2-12　设备管理

（9）安全管理。主要用于安全活动计划，安全改善案例题，安全点检，安全警示和安全教育等。

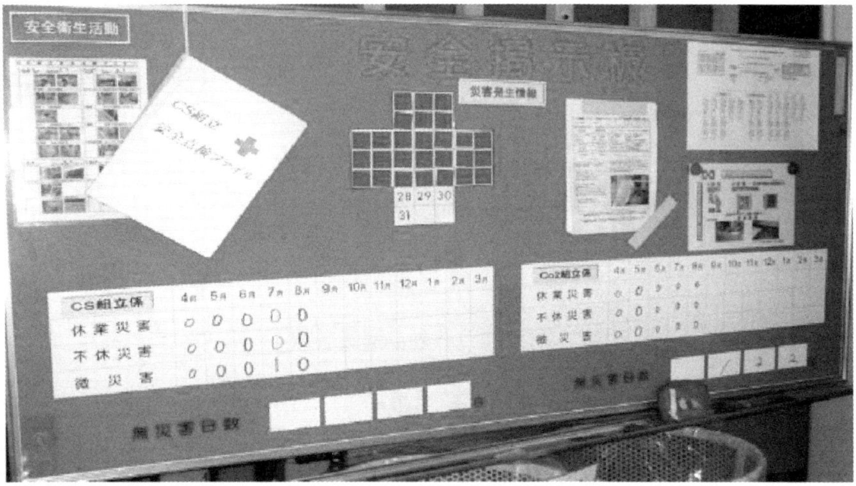

表 2-2-13　安全管理

（10）废弃物管理。主要用于环境美化，如宣传板、个人物品管理、现场绿化、规范揭示；节能降耗，如水、电、气节能标识，开关标识，责任人标识。

四、班组环境管理的改善方法

（一）降低废弃物的方法

班组作业环境的破坏很大一部分原因在于废弃物处理不当，因此，班组改善环境的方法之一就是降低废弃物的产生。通过控制生产过程及相关过程中废弃物和危险废弃物的产生，防止其污染环境，并对其进行合理回收利用，降低生产成本。降低废弃物产生的主要方法有以下几种。

（1）消除因原材料及能源问题而产生的废弃物，如原辅料不纯净或未净化；原辅料储存、发放、运输的流失；原辅料的投入量或配比不合理；原辅料及能源超定额消耗；使用有毒、有害原辅料；未利用清洁能源和二次资源。

（2）消除因技术问题而产生的废弃物，如技术工艺落后，原料转化率低；设备布置不合理，无效传输路线过长；反应及转化步骤过长；连续生产能力差；工艺条件要求过严；生产稳定性差，需使用对环境有害的物料。

（3）消除因设备问题而产生的废弃物，如设备破旧、漏损；设备自动化控制水平低；有关设备之间配置不合理；主体设备和公用设施不匹配；设备缺乏有效维护和保养；设备的功能不能满足工艺要求。

（4）消除因过程问题而产生的废弃物，如计量检测、分析仪表不齐或检测精度达不到要求；某些工艺参数未能得到有效控制；过程控制水平不能满足技术工艺要求。

（5）消除因产品问题而产生的废弃物，如产品储存和搬运中的破损、漏失；产品的转化率低于国内外先进水平；产品规格和包装不利于环境。

（6）消除因废弃物本身具有的特性而未加利用而产生的废弃物，如对可利用废弃物未进行再用和循环使用；废弃物的物理化学性状不利于后续的处理和处置；单位产品废弃物产量高于国内外先进水平。

（7）消除因管理问题而产生的废弃物，如有利于清洁生产的管理条例、岗位操作规程等未能得到有效执行；现行的管理制度不能满足清洁生产的需要（岗位操作规程不够严格，生产记录不完整，信息交换不畅，缺乏有效的奖惩办法）。

（8）消除因员工问题而产生的废弃物，如员工的素质不能满足生产需求（缺乏优秀管理人员，缺乏专业技术人员，缺乏熟练操作人员，员工的技能不能满足本岗位要求）；缺乏对员工主动参与清洁生产的激励措施。

（二）开展节省能源活动

班组作业环境的改善最终取决于班组成员素质的提升，通过提升员工节能意识，发现生产过程中的能源浪费情况，进而节约能源、降低消耗、改善作业现场环境。节省能源活动可以从以下几个方面开展：

1. 生产辅料及耗材的控制

生产前根据产品所需的辅料提前领料，并根据每个产品的标准用量来发放物料，严格控制损耗；对部分消耗品可采取回收再利用。

2. 燃料消耗的控制

对动力燃料可制定每度电、每吨蒸汽、每一立方导热油所需燃料定额。

3. 设备及水电的节约

严格按照设备的保养制度进行保养，延长设备的使用寿命，提高设备使用性能，降低维修及零部件更换的费用；水电节约遵循人走机停原则，减少机台空转频率，对于不使用的机台要及时关闭减少浪费。

4. 产品质量的保证

操作人员在生产过程中严格按照 SOP 作业，减少废品的产生。

第七节　班组人员管理

案例导入

由于公司的发展，招聘了大量“80 后”“90 后”员工。这些员工与之前的老员工有很大差别：他们不少是独生子女，从小在父母的宠爱下长大，而且在物质富裕的和平年代没有吃过苦，心理素质和承受能力较差；他们思想前卫、比较有个性，追求自我，往往不能适应公司的管理体系。另外，部分新员工是背井离乡来到公司工作，很多人第一次离开父母，孤身在外闯荡……公司在管理上要求严格、压力较大，很多“80 后”“90 后”员工在工作上出现了较多的问题，一些人因不能承受压力而辞职。班组长李伟本身也是“80 后”，他所负责的班组中也有多名“80 后”“90 后”，最近其中两名向他提出辞职，李伟比较困惑和苦恼。

班组长是班组成员的“非亲家长”，运用人员管理的方法对班组成员进行培养、激励和管理是每一位班组长需要掌握的技能。

一、班组人员管理的主要内容

“管理的第一要素是人”，生产的完成、质量的保证、成本的降低都是需要人去实现的，人是最重要的因素。在各类企业中，基层员工的数量都是很大的，对于基层员工管理的好坏，直接影响到员工士气和安全生产状况、产品质量、成本、交货期，关系到企业的形象和企业经营的成败。班组人员管理是指以班组的员工为出发点和落脚点，以员工的全面、自由发展为核心，创造相应的环境和条件，以员工的自我管理为基础，以班组的共同目标为引导的管理模式。班组人员管理的主要内容包括班组人员的选聘、培训、日常事务管理以及绩效考评与薪酬分配。

作为“兵头将尾”的“兵头”，班组长承担着班组人员管理的重要职责，表 2-2-35 是班组长进行班组人员管理的主要职责。

表 2-2-35　班组长进行班组人员管理的主要职责

项目	班组长主要职责
部下的指导、育成	·把公司所处的形势及经营状况向组内传达
	·以中长期的观点来制订个人育成计划并推进和评价
	·教育和培训、晋升、多能工化、资格考核等
	·个人能力卡的记录和管理
培养多能工	·制订多能工培养计划
	·推进轮岗、作业训练
传授固有的技术技能	·通过在岗培训进行技巧指导
	·技巧标准化
	·指导员工掌握作业要领书
新设备的构造作用相关知识的传授	·对员工进行设备的指导
接受新员工、支援者	·根据手册指导新员工
	·把握新员工的作业指导状况
	·新员工的持续跟踪
开展人际关系沟通活动	·积极参加并支援活动
	·通过活动建立良好的人际关系
职场规则	·彻底贯彻就业规则、职场守则
	·对职场状态进行把握和指导
	·对违反者个别指导
勤务管理	·关于加班，根据经理的决定向下指示并取得员工的理解
	·制作年休预定表，推进计划年休

二、班组人员管理的常见问题

班组成员是班组的重要构成要素，是班组任务完成的关键，因此班组人员的管理是班组管理的重要组成部分。但是在实际工作中，班组在人员管理中存在着一些问题，影响着班组的正常运行。

1. 员工的工作技能和工作经验存在差异

班组中普遍存在的问题就是员工的工作技能较低，工作经验较少。员工的工作技能较低的原因是有相当一部分的员工的学历较低，员工整体对基本知识的掌握参差不齐导致了员工整体的工作技能较低。员工的工作经验是与员工的工作时间密切相关的，而在班组中很多员工都是临时性的，工作时间不长，因为员工的经验不足而导致工作效率较低，甚至出现工作失误，给班组管理带来很大麻烦。

2. 新老员工内部矛盾存在问题

刚参加工作的新员工大部分是从最基础的工作做起，他们都希望通过努力工作从而得到更好的发展机会，那么就需要有经验的老员工的扶持。但很多老员工只想做好自己的工作并不想把时间浪费在新员工身上，有的老员工甚至是没有利益的驱使根本不会去帮助新员工，所以对新员工的指导和态度都不是很好，这就会引起新员工的不满，另外如果老员工只是有倾向地去扶持单个员工也会招来其他新员工的不满。也有一些新员工一开始就对老员工不满，看不惯老员工的作风，对老员工的态度并不是很好，这也就加剧了新老员工之间的矛盾。

3. 信息沟通不通畅

上层的意见和指示并不能很好地传达下来，或者即使传达下来员工也不能很好地理解，而员工缺乏向上层反映问题的积极性或缺少反映问题的渠道，这必然会导致上面的意见传达不下来且下面的意见反映不上去。在信息交流不畅的情况下，员工不能明确上面的真正指示和传达的意见，就不能明确工作方向和工作目标，就会导致员工做无用功。而员工的意见反映不上去就会导致管理者对员工了解不全，从而导致决策错误，决策的错误不仅会损伤员工的积极性，还会给班组甚至企业带来不可估量的损失。

4. 班组成员的构成多元化为管理带来难题

随着社会的发展，越来越多的“80后”“90后”新生代员工走上工作岗位，这个群体多为独生子女，他们与其他时代的员工在性格特点、价值观、人生观等方面有诸多不同。此外，班组当中还有一些经常给班组长找麻烦的“刺头”员工……班组成员的多元化给班组长的人员管理工作带来挑战。

三、班组人员管理的基本方法

（一）班组人员的选聘

班组员工的素质直接关系到企业生产经营的成果，直接关系到是否能够创造出优质产品。在选聘过程中，班组长主要是配合人力资源管理部门对所招聘人员的个人品格、个人能力及实际操作技能进行一定的考察。

1. 个人品格测试

班组长或车间领导，可以通过谈心交流的形式，了解员工爱岗敬业、责任心、品德修养等方面的情况。这在一定程度上可以了解他的性格特征、文化素养、思想道德修养和品格特征，推断其环境适应能力和行为规范。

2. 个人能力测试

可以通过笔试或测试等形式来检验和判断员工的技能和潜能。这些测试包括对认知能力，即对思考、思维、直觉记忆、推理能力的测试；对心理驱动能力，即对思想与肢体活动之间关联能力的测试；对体力、身体平衡能力和耐力的测试等。

3. 上岗操作测试

通过让员工上岗使用专业设备或其他工具进行演练或加工样品、产品，来测试其作业技能、专业操作水平，检验其实际专业能力。这是最实用的一项测试，最终决定着员工是否被录用。

（二）班组人员的培训

任何工作都有规定的程序和标准，班组长的主要工作之一就是指导员工正确地理解这些程序和标准，尽快地接受正确的工作方法和工作指令，从而使他们更加有效地开展工作。班组长的指导和培训属于在岗培训，是一种非正规培训，但是对于员工掌握岗位知识、技能有着重要作用。

1. 培训方式和培训时机的选择

根据班组培训与应用的程度和频率，班组培训可以采取多种方式：听讲授及看录像、公开讨论、案例点评互动、岗位带兵、导师带徒、角色扮演、自我测试、作业轮换、现场样板交流、情景模拟、模型模拟等。不同的培训方法特点不同、各有利弊，班组长应针对班组的特点选择合适的培训方式。

此外，班组长在进行培训和指导时还要准备判断指导的时机，并及时采取工作指导的行动。培训时机可以分为必要时机和必须时机两种情况。

表 2-2-36　培训时机的选择

必要时机		必须时机
与人有关	新员工没有经验、不了解工作	员工不懂作业
	轮岗、调岗人员轮换岗位	员工操作不熟练
与物有关	作业内容修订	出现产品质量问题
	使用新设备	机器故障频发
	操作模式改变、工序改变	设备变更
		安全、质量的基准变更
		工艺变更

2. 培训内容的确定

班组员工培训的主要内容有：工作技能和专业知识、管理技能和组织技能、人际关系和沟通技能、客户关系和服务技能、个人成长、行业发展趋势、行业政策和法律法规，以及提高个人和家庭生活质量的知识等。班组长应根据员工特点和班组业务状况选择适合的培训内容。详见表 2-2-37。

表 2-2-37　工作内容培训

内容	目的	举例
介绍车间全貌	让员工了解工作环境，所要生产的产品（半成品）	·“这是咱们 ×× 车间，共有 × 条生产线 /× 台设备，……× 道工序，主要完成 ×× 的生产”（**向员工展示已完成产品 / 半产品**）
介绍具体工作内容	让员工了解将要从事的工种，了解工作内容的起点、终点	·“今后你就在这条生产线上 / 这台设备上工作，你的工作就是将……（工作起点）加工成……（工作终点）”**班组长通过实际操作向员工展示工作内容或是让员工观摩相同工种员工的工作**
提示工作要点及安全注意事项	避免员工出现大的工作失误及安全事故	·注意：此处不用过于详细，只是**提示工作和安全方面需要注意的常识性问题**（避免太细，员工记不住，或是吓到员工）；注意语气，不要威胁，要以关心的口吻，如咱们车间设备密度大，进来时一定要走安全通道，别在设备间穿插，别因为图省事受伤
介绍同工种的其他员工	便于员工日常工作中寻求帮助和指导	·“这是 ××，在咱们这儿已经工作三年了，以后工作中有什么不明白的可以问他”（**班组长此时可以确定今后能够帮助员工的候选人**）
介绍上下工序工种的员工	使员工清楚工作中同谁配合	·“这是 ××，今后他将把原料送到你这里”，“加工完了以后，你就把成品送到……”**上下游工序的员工通过实际操作向员工展示配合的过程**

3. 员工的分类培训

在进行员工培训时，班组长还需要对员工进行分类，是新员工的就职前或就职后培训，或是老员工的提高性培训，还是转岗、轮岗培训。此外，由于教育背景、生活环境、工作经历等方面的差异，员工在工作习惯、工作态度上千差万别，这也要求班组长在准确判断员工类型的基础上采用不同的培训和指导方法。

表 2-2-38　员工分类培训

员工类型	行为表现	指导要点
懒惰型	稍不注意就偷懒；错误不断；听不懂工作要点	·该类员工知识、技能、态度都欠缺，应多花时间在基础知识的指导上，并配合其本人对未来的期待，增加其信心及工作积极性

续表

员工类型	行为表现	指导要点
只说不做型	平时满口道理，付诸实践时却又不行	·该类员工缺乏技能和良好的态度，首先应认真听取其本人意见，用理论说明其想法的不正确之处，多让其做实际操作或是竞赛
不积极型	只要肯做，有能力做好，但是不肯积极去做	·交给其重要的工作，对其平日表现多加赞赏，根据本人要求调动其工作或职位
热心型	积极热心，但经常出错，不敢交给其重要工作	·该类员工态度好，但知识和技能不足，应多花时间在基础知识的指导上，反复操练，多让其与其他有经验的员工一起工作
守旧型	只愿意做些既定的工作，不愿意多做其他新工作，对老工作也是固守老知识，不肯学习新知识	·该类员工欠缺知识和态度，应与其商谈未来发展，让其对未来充满希望，愿意花时间进行基本知识的学习，给其多分配各种工作，加强其自信
理论优先型	充满干劲，但过于理论化，经常工作失利	·该类员工欠缺技能，应多让其进行实际操作或是竞赛，多给予其意见
老实型	对待工作认真，但范围和格局较小，遇到新情况无法应对	·该类员工欠缺知识，应安排其与理论型的员工一同工作，从中学习基础知识
全面型	知识、技能、态度三个要素全部具备	·该类员工可赋予其较高的工作权限，给予难度大、重要的工作

4. 培训效果的评估

员工参加培训后，要将培训中所学的知识、技能运用于工作实践，将培训与班组绩效联系起来。根据培训前后班组员工工作业绩和精神状况改善的情况评估培训结果，同时培训结果要进行反馈，使今后的培训更具有针对性和实效性。

（三）班组人员的日常事务管理

1. 定岗定员管理

班组的战斗力在很大程度上取决于班组成员与岗位的匹配程度和彼此之间的协作关系。

（1）班组定岗。班组定岗是指班组根据生产工艺和班组职能管理的需要，作出明确的岗位设置和技能要求来确定人员的编制，如果生产产品的型号变化会带来弹性用工需求的话，则要求班组应明确其需求变化规律。岗位设定尤其是增设新岗特别要注意班组人员的整合使用，保证每个岗位的工作任务是饱满的。

（2）班组定员。班组定岗之后，班组的标准人数就能基本确定。其通常以班组组织表的形式体现，被批准的组织表是人员需求和作业补员的重要依据。班组组织表是班组人员管理的重要工具，是班组职能管理的综合体现。

表 2-2-39　班组人员定岗表

序号	工序编号	作业人员	作业内容	备注

2. 出勤管理

员工出勤管理是班组员工管理的首要方面，事关员工考勤管理和工资结算，影响到现场人员调配和生产进度，涉及人员状态把握和班组能否正常运转。随时把握员工的出勤状态并进行动态调整，才能确保日常生产顺利进行。

（1）时间管理。时间管理其核心为管理员工是否按时到岗，主要表现为缺勤管理，一般来说，缺勤有迟到、早退、请假、旷工、离职等几种情形。

①对于迟到、早退等情况，应向当事人了解情况，同时严格按照公司考勤制度考勤，除情况特殊外，一般要对当事人进行必要的教育，对于多次迟到、早退，且屡教不改的应升级处理。②员工请假需按照公司制度提出且获得批准后才能休假。特殊的可以口头请假。需要确认缘由，并进行适当的处理。既要显示制度的严肃性又要体现管理的人性化。③出现旷工时，应该及时联系当事人或向熟悉当事人的同事了解情况。确认当事人是出现意外不能及时请假还是本人恶意旷工。④碰到员工不辞而别的离职情形，应及时联系当事人或向熟悉当事人的同事了解情况，尽量了解员工不辞而别的原因。

（2）状态管理。状态管理是对已出勤员工的在岗工作状态进行管理。员工的精神状态、情绪、体力如何，通过观察员工表现，确认工作质量进行把握。确保员工人到岗、心到岗、状态到位、结果到位是指管理员工是否按时上下班，是否按要求加班等。

3. 技能管理

合格的技能是保证工作质量和产品质量的前提。员工技能管理是质量管理和人员调配的重要条件。对优秀者给予肯定和鼓励。对不足者加强培训、指导和跟踪。

表 2-2-40 员工技能现状

岗位专业 / 姓名					
	⊕	⊕	⊕	⊕	⊕
	⊕	⊕	⊕	⊕	⊕
	⊕	⊕	⊕	⊕	⊕
	⊕	⊕	⊕	⊕	⊕

●专家、能教会他人 ○ 初学阶段（新手）◑ 完全称职 ◔ 能独立工作

4. 后备管理

在员工技能管理的基础上，通过培养多能工，有计划地做好一线岗位尤其是重点岗位的员工替补安排，可以最大限度地减少缺员带来的被动局面和工作损失。重点岗位要有二个以上员工能够独立完成操作。

表 2-2-41 多能工训练计划表

开始日			已会操作	01	02	03	04	计划培训	01	02	03	04							占组别总人数比例
完成日			工种名称					工种名称					能指导别人	操作较佳	自己会	有人帮忙会	培训中	计划培训	
姓名	工号	工种											A	B	C	D	E	F	
多能工合计人数																			
多能工比例 1																			
多能工比例 2																			

5. 排班管理

为了保证生产的顺利进行，班组长要做好人员的排班管理。根据生产计划，每天要依据作业步骤图和现场配置图进行排班，如遇特殊情况需要进行工位顶替时则需要按照程序进行，同时对于上夜班的员工，要根据具体要求及实际情况做出合理安排。

6. 补员管理与员工轮岗

定岗定员是班组管理的基本原则，但绝对的定岗定员是很难做到的。没有弹性的定员使班组长疲于应付临时性顶岗，这种临时性缺员是长期客观存在的。长期的定岗也会使员工技能单一，还会使临时性缺员时调配出现困难。在定岗定员的基础上，适度的弹性人员补充制和员工岗位轮换是非常必要的。

7. 新员工管理

在新员工定岗后，班组长应指定师傅对其进行专门地指导，指导新员工尽快适应公司环境及岗位要求；班组长可将本班组表现突出的老员工作为新员工学习的榜样，为新员工制定合理的目标；班组长还要多关心新员工的工作和生活情况，及时与其进行沟通，帮助新员工快速成长。

（四）班组人员的绩效考评与薪酬分配

1. 绩效考评

绩效考评是班组基础管理工作的重点，通过加强班组的绩效考评，形成规范的绩效考核模式，提升班组每位员工的工作绩效，来达到目标、任务的完成和落实。在进行绩效考评时，考评的内容必须反映企业的管理原则和总体目标要求，同时反应岗位工作的重点内容。考评的内容分为客观考核和主观评价两大部分。客观考核的内容主要是定量考核项目，包括产量、质量、考勤、技能、产值、成本、利润等量化指标的结果和数据。主观评价的内容主要是定性评价项目，包括态度、纪律、作风、安全、卫生、精神文明等，通常采用等级法、打分法。

绩效考评的实施要遵循一定的程序，一般分为自评、互评、公示、考评、考评沟通。

（1）自评。自评是被考评者的自我考评，其考评结果一般带有一定的主观性，只能作为参考。通过自评，可以了解当事人的真实想法，为考评沟通做准备。

（2）互评。互评可以在班组内进行，班组成员之间彼此比较了解，评价结果可以作为考评的重要依据。

（3）考评。上级对被考评者的情况最为了解，一般由直接上级进行考评，即班组长对班组员工进行考评，班组长的直接上级对班组长进行考评。

（4）公示。通过自评、互评及上级考评后，为确保考评的公开、公正、公平，将对考评的初步结果进行张榜公示，征求大多数人的意见，在规定期限内收集书面意见，确认结果。

（5）考评沟通。考评和公示之后，考评的组织人员应与被考评者进行沟通，主要是通报考评成绩，指出存在的不足和努力的方向，促进其改善今后工作。

2. 班组薪酬分配

班组薪酬分配是企业整体薪酬分配方案的具体体现，是对绩效考核结果的落实。班组员工的薪酬结构内容由企业员工薪酬分配制度明确规定，一般劳动密集型加工企业班组员工的薪酬结构内容包括以下几项：①固定工资、基本工资或称岗位工资；②浮动工资、计件工资或称绩效工资；③加班工资；④奖金；⑤福利；⑥其他补贴。班组员工的薪酬分配，按照企业与员工依法签订的劳动合同相关条款规定，根据企业员工薪酬分配制度进行考核分配。

四、班组人员管理的改善方法

（一）班组人员的差异化管理

随着经济以及社会环境的不断变化，“千篇一律”的员工队伍已经很难找到，多元化成为员工的新特征，因此对员工、团队的差异化管理变得更加重要。打造差异化班组建设，以公司战略与文化落地为目标，通过差异化管理，打造团队凝聚力。

在差异化管理过程中，要充分了解员工的需要，结合班组生产运营情况和运营特点，以及员工工作年限、年龄、性别、地域结构、文化素质、技能熟练程度等多方面因素采取适应不同年龄段、不同经历员工的差异性管理方式，明确班组成员的工作职责和承担指标。同时，以标杆班组为龙头，力求在班组内形成技术特长、培养技术能手、拥有创新成果、有班组特色的班组文化，创建跨界、互联、整合的基层“差异化”班组管理模式。

（二）建立员工素质和能力培养机制

为加强骨干员工的培养及储备，激励员工持续提升个人管理素质与工作技能，推动人才梯队建设，营造人才发展的良性竞争氛围，班组长还需要在班组内建立员工素质和能力培养机制，制定班组员工发展规划，帮助班组员工成长。在实际工作中可以按照以下几个方面开展：

（1）在班组内选拔表现优秀、有培养潜力及富有上进心的员工；

（2）对骨干员工可采取“四一”培养方式，即每季度“一对一提升指导”“一次工作提案”“一次集中培训”“一次座谈”；

（3）培养应注意采用在岗实践，将学习与实际应用相结合；

（4）明确培养周期及考察期；

（5）根据培养效果对员工进行激励，可将绩效评价、晋升等作为参考内容；

（6）根据员工发展的需要采取轮换岗位等方式，以丰富其知识和技能。

表 2-2-42 员工培养计划表

员工		所在班组		培养期岗位	
指导老师					
培养目标					
具体培养措施	项目	具体实施内容			时间

实务训练

案例 现场带来市场

某企业的生产现场因为管理不善经常出现以下情况：物料、零件在地面随处堆放，员工熟视无睹；休息室里工作服、劳保靴、检修工具四处乱放；主控室里的控制柜和电源插板上积满灰尘；墙上粘贴的电话表被涂改过多次；铁皮柜上放着饮料瓶、饭盒、塑料袋等杂物。新上任的班长小张在翻阅管理书籍时，了解到5S管理对提高生产效率和提高安全保障很有效。小张结合本企业实际情况打了一份报告，建议推行5S管理。正好企业主管部门加大了对重点企业安全生产、节能减排的检查力度。企业对现场管理进行整顿的需求非常迫切。管理层经过讨论决定采用小张的建议，推行5S管理并进行动员。首先在小张所在的工段试行，待时机成熟后在全公司推广。

刚开始推行时，有的员工抵触情绪很大，认为平时工作已经很累了，哪有时间没完没了地打扫卫生。部分管理人员也对其不以为然，认为“打扫卫生就是为了应付检查，走过场，是作秀”。虽然阻力很大，时有抱怨，不过大家还是按班组的要求对工作现场进行了规范化的清理。随后企业不仅通过了上级组织的安全生产大检查、节能减排检查，而且给各级领导留下良好的印象。

有一次，企业联系了一个大客户，销售部门积极地与客户接洽，但进展一直比较缓慢。某一休息日，这个大客户突然派人到企业要求参观生产线。于是，总经理就带着客户参观现场。当参观到小张所在的工段时，客户对总经理说：“我们可以签约了，但是有一个条件，我们的产品必须由这个工段全部负责。”

公司总经理感到非常困惑，前期谈判那么艰难，参观现场后就这么快决定了？于是他请教了客户，客户说：“我从事企业经营管理十几年，知道生产现场管理对产品的质量有很大的影响，因此，采用突击的方式到你们生产现场考察了一下。这个工段的生产现场管理得井井有条，对有用的物料进行定置管理，因地制宜用铜板制作了料仓，将生产用的原材料分类放置在料仓中，并且挂上了物料名称的标牌，休息室、主控室员工衣服、安全帽全部置于挂钩上，个人生活用品不乱放，警示牌、房间标牌直观清晰。交给他们我们完全放心。”总经理恍然大悟，原来现场管理也能带来市场。

很快公司全面推广5S管理活动。企业的各级管理人员通过参加5S管理活动，深切感悟到所进行的5S管理活动并不是打扫卫生这么简单，通过5S管理能够提高工作效率、提高员工归属感、提高产品质量、提高产品效益。通过5S管理活动的实施，企业的员工精神面貌得到了改善，企业焕发出强大的活力，赢得越来越多客户的信赖，极大地提升了企业的形象。小张和他的班组也因此受到了公司的表彰。

根据案例思考班组现场管理的重要性体现在哪些方面？

案例分析：

班组现场管理是企业形象、管理水平进而精神面貌的综合反映，是衡量企业素质和管理效能高低的重要标志。其重要性主要体现在：第一，现场是创造效益的前沿阵地，是产品研发和生产的第一线。 企业生产成本的降低、产品交付客户的过程以及提高产品质量以达到客户的要求等活动都是需要在现场进行的。企业的生存和发展也正是因为从现场获得了更多的产品附加值而实现的。第二，现场是提供大量信息的场所。间接信息难免会存在一定的非真实性。因此，要想获得可靠的第一手资料，就必须到生产现场，进行深入细致的调查，要想获得准确的信息和创新的灵感，也必须来到生产进行现场亲身体验。第三，现场是企业问题聚焦的场所，现场是企业活动前线，因此，大多的问题都是来自于现场的。如果不能正视这一现象，将问题转移到其他方向，则不能将其彻底地根除。如果能够在生产现场不断地发现问题，并及时地采取措施加以制止和解决，事情就可以向着好的方向发展，避免企业不必要的损失或者影响恶劣的“问题病菌”对企业的侵蚀。第四，现场是反映员工思想动态最清晰、最真实的场所。人是有思维的，因此，在工作中难免会遇到不顺心、不称心、不理想的事情，如果这种情绪一直存在，就会大大影响员工的工作状态，导致懈怠工作、不负责、不认真的现象出现。

情景分析

情景一

如果你所在的生产车间生产一种客户着急要交货的产品，但员工在某一个时间段产量落下了，质量也有所降低，作为班组长将怎样去催产量？

（1）常见错误处理方式

①快点，怎么又慢下来了，怎么回事呀？

②都在干什么呢，打瞌睡了吗，如果今天产量完不成，下午都不许休息。

③今天产量完不成，每人写一份检讨书，明天交给我。

（2）正确处理方式

①今天我们的目标是每小时500件，上个小时已经落下了100件了，大家要加油哟！

②今天我们线上来了新员工，可能速度会慢一点，但我们还是要加油啊！

③产量要赶，质量不能忘记啊，不然我们做了也是白做，还浪费人力物力，大家要注意呀！

（3）原因分析及改善措施

首先要对产量落后的原因进行分析，由于是流水线作业，每个人的节奏都很快，有时产量落下了是有一定的客观原因的，如设备停顿，部材不良高，员工缺勤、不舒服等。其次要用感谢的心态对待员工的工作，用商量、鼓励、合作的语气给员工鼓劲，这样班组成员从心理上比较容易接受。最后注意说话方式，在大家比较疲惫的情况下，如果班组长说话生硬，班组成员心理上就会泄气，工作就没斗志，不但速度上不去，质量也会出现问题。

情景二

有A、B、C三个作业员，B员工做的是一个重要岗位，A员工是一个刚来一星期的新员工，C员工是一个老员工，同时是该机种的多能工。今天B员工辞职，作为班组长，你应该怎样安排和分配辞职员工的工作？

（1）错误处理方式

①直接将新员工分到B原来的岗位，来不及时班组长帮他做。

②将新员工分到B原来的岗位，并找一位机动人员帮他直到速度能跟上。

③安排两个新员工到B原来做的岗位，当速度跟上时再撤掉一个人。

（2）正确处理方式

①将C调到B原来的工位，将新员工安排到C原来的工位。

②联络培训员经常去确认一下新员工的工作。

③安排C帮一下新员工，班长也时常检查、帮助。

（3）原因分析及改善措施

新员工来到一个陌生的环境，对周围的人、事、物都不熟悉，如果一下子安排到重要岗位，产量跟不上、质量不能保证、压力过大的情况下有可能离职。另外，将新员工安排在重要岗位，从管理角度考虑也不能放心。将多能工安排在重要岗位，由于其了解岗位的特殊要求及节奏，因此能够马上跟上速度并且确保质量。同时，利用剩余能力去帮助新员，新员工也因为岗位较简单能更快地适应。

情景三

生产线上来了一位新员工，第一天看外观没有将不良看出来，你在抽查时发现了，作为班组长你会采取怎样的处理方式？

（1）错误处理方式

①将不良品拿到该员工面前问："怎么看的，这么大的不良都没有看出来？"

②找到培训员说："给×××培训一下，这么大的不良都没看出来。"

③在后面大声说："烦死了，不良这么多，是谁呀，这么大的不良都留下来了。"

（2）正确处理方式

①找一个同一类型不良的样本，将样本拿给新员工并教导新员工辨别不良品的方法，要求新员工熟悉标准后再提高速度。

②同时联络培训员对该员工做的产品多加确认。

③原则上不要将新员工安排到这样重要的岗位，即使需要也要在线外培

训之后再安排在线操作。

（3）原因分析及改善措施

对于外观检查的岗位，工作压力大，即使已经掌握了标准，但有时容易忽略，需要靠更多的时间来巩固，特别是一些临界于标准的不良，合格与不良的差异很小。此外，要对发现的不良确认责任。班组长在处理这类问题时要批评更要鼓励，不仅是指出和批评，更多的是要教导员工怎样来判断、需要鼓励。尽管标准是统一的，但是每个人的掌握不一样，应采用不同的指导方法。同时要懂得说话的艺术，懂得控制。

思考题

1. 班组生产现场七大任务的主要内容有哪些？

2. 班组生产现场有哪些常见问题？

3. 班组生产现场有哪些常用的管理方法？

4. 班组生产现场有哪些常用的改善方法？

判断题

1. 班组长需要运用科学的方法，每时每刻消除作业现场的安全隐患，切断安全隐患与事故和灾害之间的连锁，达到预防事故灾害，实现安全作业的目的，有效地避免人员的伤害、生产上的损失。（　）

2. 班组安全员的工作仅仅是在班组长的领导下，念一念上级部门的文件，做一做安全活动记录，清理清理安全工器具。（　）

3. 班组质量管理以“客户满意”和“零缺陷”为基本理念。（　）

4. 班组质量管理的主要目的就是将生产中的质量波动维持在合理的范围之内。（　）

5. 班组生产管理的目的就是根据客户需求，能够高效地、准时地为客户提供低成本、高质量的合格产品。（　）

6. 成本控制是财务部门的职责，班组不需要对成本管理中的信息与数据进行收集与保存。（　）

7. 良好、安全的作业环境，能够保证班组员工迅速、正确地完成任务，能够减少其在连续工作中的疲劳感，及在长期工作中减少作业环境对员工身

体造成的不良影响。（ ）

8. 班组员工的素质直接关系到企业生产经营的成果，直接关系到是否能够创造出优质产品。（ ）

9. 班组现场管理涉及要素包括：人员、设备、材料、方法、环境、能源、信息和时间。（ ）

10. 企业生产的产品越多越好。（ ）

11. 5S 活动就是定期对班组工作场所进行 5S 检查评比。（ ）

12. 运输和等待在生产中是必须的，不存在浪费问题。（ ）

13. 业绩好就不需要 5S 活动和其他改善活动了。（ ）

14. 环境能够潜移默化，如果班组长注意细节，就会影响员工的工作态度，影响品质的控制，所以环境本身也是一种生产力。（ ）

15. 班组工作场所只能放真正需要的物品。（ ）

选择题

1. 从成本管理角度来看，班组工作要获取更多的利润，只有（ ）。

A. 提高价格　　B. 降低成本

C. 扩大生产规模　　D. 增加库存

2. 班组管理人、机、料、法、环五大要素中，（ ）是变异最大最不可控的因素。

A. 人　　B. 环　　C. 料　　D. 法

3. 下列关于 5S 的说法，错误的是（ ）。

A. 5S 强调地 / 物明朗化，人规范化

B. 5S 是一份额外附加的工作

C. 5S 是品质的保证

D. 5S 活动可以发现与挖掘问题

4. 关于班组消除浪费的方法，下列说法不正确的是（ ）。

A. 注意生产安全　　B. 充分利用场地

C. 增加运输　　D. 消除返工现象

5. 5S 中整顿的目的是（ ）。

A. 减少寻找时间　　B. 腾出空间

C. 杜绝产品缺陷　　D. 针对成本

6. 下列说法不利于班组长建立良好的班组关系的是（　）。

A. 良好的心态　　B. 尊重班组员工

C. 坚持己见，绝不通融　　D. 站在班组乃至企业的角度考虑问题

7. 全面生产维护要求的参与人员是（　）。

A. 企业领导　　B. 设备维修人员

C. 全体员工　　D. 班组长

8. 下列说法，不属于班组长对班组员工培训重点的是（　）。

A. 技能　　B. 听话　　C. 态度　　D. 知识

参考答案：

√　×　√　√　√

×　√　√　√　×

×　×　×　√　√

B　A　B　C　A

C　C　B

计算题

1. 某班组生产 A、B 两种产品。两种产品都可库存。并且一个单位的 A 产品每月平均维持库存费是 2 元，而 B 产品是 4 元。该班组生产单位 A 产品和单位 B 产品的工时定额分别是 1.4 和 1.5。下表是该班组今后 6 个月的生产任务预测。

产品组	月份					
	1	2	3	4	5	6
A	800	650	800	900	800	850
B	425	300	500	500	400	500

（1）如该班组按照预测生产 A、B 两种产品，请计算该班组的工作负荷。

（2）为制定均衡工作负荷，考虑到 B 产品的单位维持库存费用是 A 产品的 2 倍，所以决定按 B 产品的预测量进行生产，并打算合理安排 A 产品的生

产以使该班组的工作负荷始终高于6个月的平均值，制订一个生产计划来满足这些指标。

解答：

（1）见下表。

月份	A的产量预测	B的产量预测	生产A所需工时	生产B所需工时	总工时
1	800	425	1120	638	1758
2	650	300	910	450	1360
3	800	500	1120	750	1870
4	900	500	1260	750	2010
5	800	400	1120	600	1720
6	850	500	1190	750	1940
总计	4800	2625	6720	3938	10658

（2）为使该班组具有较均衡的工作负荷，可将6个月内的总工时平均化，即每个月的工作负荷为：10658/6=1776。根据题意，优先考虑生产B产品，剩下的时间用于生产A产品。

月份	A的产量预测	B产品的产量	B产品所需时间	A产品分得的时间	A产品数量
1	1776	425	638	1138	813
2	1776	300	450	1326	948
3	1776	500	750	1026	733
4	1776	500	750	1026	733
5	1776	400	600	1176	840
6	1776	500	750	1026	733
总计	10658	2625	3938	6718	4800

2. 某班组在开展质量活动中发现生产出了大量的废品，经过讨论分析发现废品多的原因有以下几点：①机器转速慢；②刀具调整不及时；③原料杂质含量高；④测量工具精度差；⑤原料混料；⑥操作水平低；⑦责任心不强；⑧光线不足；⑨无交接班规定；⑩场地狭小。请根据讨论结果绘制因果图。

3. 某电子厂品管部将上月的组装线生产出的不良品作出统计，抽样 2800 件，总不良数为 103 件，其中不良分布（如右表），请画出不良品排列图并判别该质量管理小组应解决的主要问题是什么？

不良项目	不良数	百分比（%）
脱漆	53	35.8
氖灯不亮	10	6.8
脏污	5	3.4
无功率	12	8.1
耐压不良	36	24.3
色差	7	4.7
变形	22	15
其他	3	1.9
合计	148	100

不良项目	不良数	百分比（%）	累积百分比（%）
1 脱漆	53	35.8	35.8
2 耐压不良	36	24.3	60.1
3 变形	22	15	75.1
4 无功率	12	8.1	83.2
5 氖灯不亮	10	6.8	90
6 色差	7	4.7	94.7
7 脏污	5	3.4	98.1
8 其他	3	1.9	100

第三章

班组民主管理

学习目标

1.了解民主管理的定义和功能

2.理解班组民主管理的特征

3.掌握班组民主管理的主要内容

4.理解班组民主管理的实施方法和过程

学习重点

班组民主管理的主要内容

学习难点

班组民主管理的实施方法和过程

学习引导

班组是一个企业生产组织的基本单元，它承担着企业各项生产经营任务，具体执行和产品质量有效控制的重要责任。打造具有团队协作意识，充满创造力和生命力的生产班组，是提升企业软实力，促进企业健康快速发展的基石。在班组中持续开展民主管理，不仅能够充分调动员工的生产积极性，还能很好地发挥员工的主观能动性，增强班组的凝聚力和活力。本章将介绍民主管理的基本概念、班组民主管理的主要内容以及班组民主管理落实的途径和方式，使班组长能够对班组民主管理有更加清晰的认识。

第一节　民主管理的基本概念

案例导入

班组长李伟所在的企业，始终把公司、车间、班组三级事务公开工作作为首要任务紧抓不放。通过月度职工代表上岗视察、季度会工作考评、年度职工代表大会等方式，详细检查公司、车间、班组三级事务公开的真实性、实效性和规范程度，并与车间一体化检查同步考核。在各级工会的监督考评下，三级管理中大到奖金分配、剩余资金，小到休息休假、学分、考核、班费支出等，凡是涉及人、财、物的敏感问题全部及时向职工公示，所有管理、分配、改革方案，全部经过职代会审议、修改、通过后方可执行。知情权的落实有效地监督和规范了管理行为，更为职工参政、议政提供了保证。以上制度的实施充分调动了员工的积极性，发挥了集体的智慧，增强了员工的凝聚力，减少了企业内部的冲突和矛盾，促进了企业健康发展。

民主管理，通过发动职工民主参与企业经济活动和管理活动，实施群众监督，促进企业决策民主、利益关系公平公正、职工团结和谐，是构建和谐企业的强大动力。民主管理最终要落实到班组管理中，是每一位班组长需要掌握的问题。

一、民主与民主管理的定义

民主是指在一定范围内，按照平等和少数服从多数原则来共同管理组织实务的组织制度。民主管理是指管理者在“民主、公平、公开”的原则下，科学地将管理思想进行传播，协调各组织各种行为达到民主目的的管理方法。 民主管理是相对于绝对服从、绝对权威的管理而言的，是现代企业管理学所提倡的管理方法之一。民主管理既符合人们的心理要求或“以人为本”的管理思想，也是管理者所追求的是一种管理艺术，即一种被管理者意识不到的正在接受的管理，而事实上他却正在接受管理的积极性，唤醒人的主体意识，弘扬人的主体精神，发挥人的主体能力。因此，民主管理又是一种群众参与下的多数人管理多数人的管理。

在企业管理中，民主管理主要是通过工会代表和组织发动职工民主参与企业经济活动和管理活动，实施群众监督，促进企业决策民主、利益关系公平公正、职工团结和谐，由此可见，民主管理是构建和谐企业的强大动力。

二、民主管理的功能

民主管理对企业的支撑和推动作用，主要通过“四个功能”表现出来。

1. 协调功能。有效协调企业内部的利益矛盾关系，其主要手段是推进厂务公开、开展劳动争议调解等工作。

2. 法制化功能。建立健全企业各项规章制度，坚持依法办事，提高企业的执法能力。民主管理必须要求有序参与，依法维权，和谐维权。

3. 创效功能。民主管理能创造经济效益，推动企业协调、科学、持续发展。

4. 凝聚功能。民主管理通过上述三个功能的发挥，催生出工会和企业的凝聚力，这就是民主管理的凝聚功能的实质所在。

三、民主管理的原则

要扎扎实实地搞好企业的民主管理工作，重要的一点是把民主管理贯穿在企业的各个环节中，充分发挥职工的主体作用。

1. 坚持全心全意依靠职工群众办企业的原则

企业要发展，离不开职工的支持和投入以及主人翁意识。因此，企业只有紧紧依靠广大职工实行真正的民主管理，使职工在企业的主体地位切实得到保障，职工才能把企业当成自己的家，才能对企业的甘苦多一份理解，多一份忠诚，多一份热心。

2. 坚持民主管理监督保障权

其一，企业职工作为一种劳动力投资，理应享有民主管理监督保障权。其二，职工参与企业管理的民主权利是企业管理的主体之一。其三，落实职工的民主管理权利是基层企事业单位自身发展的客观需要。

3. 坚持职工代表大会制度原则

职工代表大会制度是我国法定的企业民主管理的基本形式，我国几十年的民主管理实践证明，职工代表大会制度已为社会和职工群众所接受，同时它在推动企业改革、促进经济发展、维护职工合法权益等方面都发挥了重要作用。

4. 坚持厂务公开制度

厂务公开是新时期加强职工的监督，保证职工参与企业民主管理、民主决策和民主监督，依靠职工办好企业的一种很好的形式与手段。厂务公开的实质是加强职工的民主监督，即把权力运作过程公开化置于职工的面前，让职工行使自下而上的监督，促进党风廉政建设，增强企业凝聚力。

5. 坚持把民主管理作为工会工作重点的原则

工会作为一个有代表的群众性组织，它所代表的是劳动者的整体利益。按照法律的规定，工会组织应当组织职工参与本单位的民主管理，实行民主监督，尤其是当企业单位制定涉及职工利益的规章制度以及召开研究劳动用工、劳动报酬、劳动条件、生活福利、社会保障等问题的会议时，都应当依法通知工会的代表参加。

第二节　班组民主管理的内容

案例导入

彭师傅是李伟所在班的工会小组长，工作经验丰富、人缘好，在工作上给了李伟很大的帮助。一天中午，彭师傅跟李伟说起了自己过去的一些经历——之前有一段时间，随着企业生产经营进入旺季，曾势头红火的厂务公开、班务公开、班组民主管理等工作，被渐渐淹没在追求生产指标、销售业绩、企业经营效益的声浪中，原先张贴在墙上的班组公开专栏不见了；每周一次的民主生活会也被简化为每月一次，还不能保证；那些平时需要全班人举手表决才定的班事，也由当时的班组长一人说了算，还美其名曰：这样提高办事效率，节省时间。很多人对班组长的独断专行有意见，肚子里有怨气，就找我这个工会小组长发泄，可是我找谁说？为了工作，我还要找他，可他却爱答不理，背后竟对其他人说我挑动工友找他碴儿。那些日子连活都不给我派了，晾着我，我想找车间主任反映，可又怕人说我把内部矛盾上交，唉，当时心里头真是憋屈，好几次都想辞职不干了……

民主管理是班组建设工作的一个重要环节，直接影响班组建设管理工作的稳步推进，了解班组民主管理的作用，掌握班组民主管理的内容是每一位班组长需要掌握的问题。

一、班组民主管理的常见问题

在生产过程中，一些班组存在这样一些问题：执行力差，工作拖沓，不能按进度完成生产任务；员工思想不统一，工作中存在矛盾和分歧，缺乏团结协作精神，如一盘散沙；生产积极性不高，工作氛围沉闷，如一潭死水……这样的班组状况将会大大降低企业生产效率，影响产品按期交付和质量稳定，不利于企业的健康发展。透过这些现象我们可以发现，这些班组没有在班组内部形成自由、平等讨论交流的工作机制。例如，少数基层管理者在分配生产任务，进行绩效考评和处理班组公共事务时，缺乏民主作风，没有仔细了解班组成员的思想状态，不太重视员工的意见和建议，只是依靠行政权力强力推进，结果造成分配不公或产生人员之间的矛盾。久而久之，班组人员的思想无法自由地互动和交流，心灵深处的隔阂不能及时疏导和化解，班组将陷入各自为政、万马齐喑的境地，失去凝聚力和战斗力。导致以上问题产生的根源是班组民主管理的缺失。

二、班组民主管理的特征

班组民主管理，是班组全体职工依照法律规定，通过一定的组织形式，对班组权限范围内的事务，行使民主管理权力的活动。

同企业、车间民主管理相比，班组民主管理有四个明显的特征。

1. 基础性

企业、车间和班组三级民主管理，班组民主管理是基础。广大职工最直接、最广泛、最经常的民主生活是在班组。没有班组民主管理，广大职工的主人翁地位就难以充分体现，企业民主管理也就成了少数人的事情，从而会失去民主管理的本来意义。

2. 全员性

与企业、车间职工代表大会不同，班组民主管理不是选举少数职工代表参加，而是由班组员工全员参加。其主要原因一是班组职工较少便于组织，二是班组全体职工有能力管理本班组事务。班组长职权范围内的事情，都应尽可能由班组全体职工民主讨论决定。

3. 直接性

班组每个职工既是生产者又是管理者，班组民主管理不仅由班组职工全员直接参加，而且直接同班组每个职工有关，直接同班组内的各项生产管理工作有关，直接关系到每个职工的积极性和创造性。

4. 渗透性

班组民主管理与行政管理不像企业和车间那样职责清楚，分工明确。班组的民主管理和行政管理相互渗透，班组长、班组成员既是行政管理任务的执行者又是民主管理的直接参加者。

三、班组民主管理的主要内容

民主管理是班组管理工作的重中之重，它可以以多种形式贯穿于班组工作的各个方面。例如，在班组生产作业安排、发掘持续改进项目、产品质量分析改进、技术攻关与工艺革新、生产成本控制、班组安全管理、公共事务及集体活动安排等方面充分发扬民主，开展合理化建议活动，号召大家各抒己见，积极为班组建设献言献策。也可以在班组内定期召开民主管理座谈会，努力倡导员工自由平等地交流各种意见和建议，主动改进工作方法，开展民主评议活动，逐步培养班组人员自我教育、自我控制、自我完善的责任意识。通过这些活动的开展，一方面可以随时了解班组成员的思想动态，及时疏导人员的不当思想行为，减少班组工作过程中的矛盾和阻力；另一方面员工的意见和建议得到充分的肯定和尊重，使员工能够积极主动地参与到班组建设工作中来，人员思想得到了统一，在工作执行中就能上下拧成一股绳，有利于班组执行力和团队战斗士气的提高，并能够营造良好的班组氛围，为班组企业文化建设，增强班组活力提供良好的基础。具体而言，班组民主管理涉及以下几方面内容。

1. 政治上实行民主

班组职工政治权利平等，有选举权和被选举权，有批评与自我批评的权利和义务，同时受各种规章制度保护并有维护各项规章制度尊严的权利和义务。班组民主管理中的政治民主主要包括：民主选举班组长和工管员；选举职工代表；参加企业民主管理，推荐生产管理人才，评议班组长和各级领导干部，提出奖惩建议；主评选班组先进职工，总结工作；按照企业、车间要求自行制订学习计划，开展多种形式的学习。

2. 经济上实行民主

做好班组经济核算，建立和健全班组及个人的各种原始台账；讨论和制订班组经济承包方案、班组发展计划；参与和监督企业的分配和班组的再分配；制订本班组的奖金分配方案，监督实施过程；及时公布各项经济指标完成情况，制定整改措施。

3. 生产技术上实行民主

班组职工都有参加生产劳动和技术培训的权利，对班组生产和技术上的问题有发言权和建议权。生产技术上的民主主要包括：班组成员定期研究和改进班组专业管理工作的措施；对班组承包的作业计划和作业方案及有关技术、设备、原材料消耗等问题进行认真讨论，提出解决方案；开展学习文化技术、岗位练兵操作比武和技术协作活动，经常组织组员进行技术交流；实行全面质量管理，搞好合理化建议，自主改善，质量管理小组等自主管理活动。

4. 生活上实行民主

开展互助互济活动，发扬团结友爱精神，帮助组员解决一些生活中的后顾之忧；定期召开班组民主生活会；经常进行家访和谈心活动，使每一位组员都能感到集体的温暖；根据企业、车间要求，结合班组的实际情况，开展一些文体娱乐活动丰富职工的生活。

第三节　班组民主管理的实施

案例导入

通过与彭师傅的交流，李伟认识到班组民主管理的重要性。其中班务会就是在班组落实民主管理的一个重要方式，现在小小的班务会任务越来越多，大事小事都在班务会上摊开说，班组成员有什么不明白的，也会在班务会上交流、交心、交底，有了意见和建议再通过班务会向上提，真是不出班全知关注事。而且李伟跟彭师傅商量在班组设立了个“暗箱”，员工当面不好说的话、不好投的票，都可通过“暗箱”明操作，向班组和员工公开。“暗箱”有寄语：“提真想法，说心里话，请不署名！”然后，企业有关部门在将员工意见及时梳理后做出公开说明、公开整改。“暗箱”公开，不知让员工解了多少疑，释了多少惑。

班组民主管理的形式多种多样，结合班组的实际情况，开展形式多样、切实有效的班组民主活动，是每一位班组长需要掌握的问题。

一、班组民主管理的组织形式和活动方式

班组民主管理的形式，需要根据班组的具体情况确定。每个企业的情况不同，班组规模大小不等，其工作任务也不一样，所以采取的民主管理形式也不相同。一般而言，班组民主管理的组织形式主要有班组民主会、班组核心会、工人民主管理员并以此构成班组民主管理的组织体系。

1. 班组民主会

班组民主会是班组民主管理的基本形式，是职工群众在班组行使民主管理权利和当家做主的具体体现。班组民主管理会对班组和班组工作具有审议、监督和维护职工群众合法权益的作用。班组民主会由班组管理核心会召集主持。班组民主会可根据班组的实际情况，按季、月、旬定期召开，也可根据

需要召开临时性的会议。

2. 班组核心会

班组核心会是班组长依靠班组骨干对班组进行管理的组织形式，是联系职工群众的纽带。班组核心会的组建，一般由班组长、工会小组长和党、团小组长并吸收少数生产管理骨干参加组成。如班组有参加企业、车间职工代表大会的代表，一般应吸收为核心会成员。班组核心会由班组长召集主持。其主要任务是研究班组的主要工作和需要提交班组民主会讨论的重要问题，协调班组中党、政、工、团的工作步骤。班组核心会一般每周召开一次，根据实际情况可以增加或减少开会的次数。

3. 工人民主管理员

工人民主管理员简称工管员。班组设工管员是工人直接参加管理的形式。工管员主要根据班组的工作任务情况，使班组更多的人承担工作责任，实行民主管理，大家既是生产者又是管理者。这样不仅可以有效地调动班组所有成员的劳动积极性、指挥性和创造性，而且也避免了少数人管理负担过重，顾此失彼的现象。工管员有班组成员民主选举产生，任期一年或二年，可连选连任，在班组长的领导下，分管班组管理某一方面的工作。班组设置工管员的数量和设置什么工管员，都应根据班组管理的实际需要确定，贯彻少而精、突出班组管理重点的原则。通常情况下，可设置七大工管员，即政治宣传员、技术质量员、经济核算员、安全设备员、材料工具员、劳动考勤员和生活福利员。

除以上三种形式外，许多企业班组还采取其他一些民主管理形式，如班组献计献策会、班组民主生活会、班组民主评议会以及各种形式和内容的工人自主小组等。为增加班组工作的透明度，还可以通过黑板报、墙报等形式，把职工共同关心的问题公布出来，引导大家去讨论和思考，这也是班组民主管理的好方法。

二、班组事务公开

班组事务公开是推进班组民主管理建设，保证职工行使民主权利要求的重要形式。班组事务公开畅通了基层职工行使民主管理和民主监督权利的渠道；有利于加强班组管理，堵塞企业管理漏洞，减少违法乱纪现象的发生；有利于理顺职工情绪，激发班组职工主人翁责任感，增强班组凝聚力；有利于调动班组职工积极性，保证班组各项工作的完成，促进企业发展。

班组事务公开的内容有：①班组生产任务及其进展情况；②班组职工工资和奖金收入及分配情况；③评先选优的组织方式、选举办法及选举名单等情况；④关于节能及材料和备品使用情况（每月公开一次）；⑤互助金的使用、困难职工救济情况；⑥民主评议班组长、工会组长及工管员的情况；⑦考核班组违章违纪行为；⑧本班组其他需要公开的事项。

班组民主管理会是班组事务公开的基本形式，班组事务公开也可采取班组民主管理小组会议、班组民主评议会、公开栏、网络等其他形式。

班组事务公开一项重要的考量指标就是公开的时限，在规定公开内容、公开形式的同时，要规定公开时限。此外，班组事务公开的检查考核也是非常重要的。针对班组事务公开的内容，尤其是涉及人们切身利益的一些问题，要指定专人（或由班组全体职工选举产生）进行检查考核，一般是半年一次，也可以将班组事务公开的考核纳入到班组乃至车间或企业的各项综合考核中。

三、班组民主管理中的若干问题

1. 班组民主管理中需要注意的几个问题

（1）充分发扬民主，选好工会组长。工会组长是班组民主管理的组织者和主持人，是搞好班组民主管理工作的首要条件。因此，在选举工会组长时，要广泛听取职工群众意见，推选那些能力强、热心群众工作、善于团结职工、乐于帮助职工、办事既讲原则又讲公道的同志担任。

（2）建立健全班组民主管理制度。制度是做好一切工作的保证。班组民主管理要按照有关法规、条例，结合班组实际，建立健全各种民主管理制度，使班组工作有序进行。

（3）班组民主管理要与班组间小家相结合。班组民主管理的宗旨是通过保障职工的主人翁地位，调动职工积极性，促进班组建设与发展。班组建设小家的重点是班组民主管理，是体现职工当家做主的重要形式。因此，抓好班组的民主管理要同班组建设小家结合起来，推动两项工作共同发展。

（4）班组民主管理与加强班组职工队伍建设相结合。推行班组民主管理，也对班组职工提出了更高的要求。必须进一步加强对班组职工的教育和培训工作，加大学习型班组建设力度，不断提高班组职工队伍素质，增强他们的责任感、使命感和行使民主管理、民主监督权利的能力。

2. 班组民主管理中需要处理好的几种关系

（1）正确处理全局与局部利益的关系。作为企业的基层组织，班组民主管理会在工作时要树立全局观念，正确处理企业、车间、班组与职工之间的利益关系。要自觉接受企业和车间工会的指导，坚决贯彻执行企业和车间职工代表大会的决议，落实企业和车间下达的各项生产和工作任务。

（2）正确处理班组民主管理会与班组会的关系。班组民主管理会既要代表班组职工的意愿，维护他们的权益，又要教育职工听从班组会的决议，接受班组长的行政指挥，支持班组长的工作。同时注意不能用班组会代替民主管理会，班组民主会和班组行政会可以联合召开，但是会议主持人要分开，会议内容要分开。

（3）正确处理民主管理小组与班组民主管理会的关系。在规模较大、人员较多的班组，根据需要可以设置民主管理小组，组长由工会组长担任，负责班组日常民主管理工作。但是民主管理小组不能代替民主管理会行使职权。如有重要问题，一时无法召开班组民主管理会，可召开班组民主管理小组会议协商解决，但做出的决议要在下次民主管理会上得到确认。班组民主管理会有权改变民主管理小组的决定。

3. 充分发挥班组长和工会小组长的作用

在班组中，班组长是权小责任大，他既是安全生产的带头人，又是班组的行政管理者。要做好班组工作，班组长要善于依靠班组职工群众，发挥班组集体的智慧和力量，创造和谐的工作环境。

工会小组长是班组民主管理的主持者，在班组民主管理工作中发挥着重要作用。工会小组长工作的重点应该是加强班组民主管理工作，依靠班组职工，服务班组职工，把工会小组办成一个民主的、开放的、富有朝气的集体。

4. 积极推进“全员、全过程、全方位”参与

班组民主管理的前提是全员参与，召开班组民主管理会要广泛听取班组职工的意见。即使因为倒班等原因，部分员工不能参加民主管理会，也要把意见和建议留下，或者采取其他措施，征求职工意见。在推进民主管理工作中，要努力做到使班组民主管理落到实处。

实务训练

案例　××有色金属集团控股有限公司的民主管理

××有色金属集团控股有限公司始终坚持将班组民主管理作为企业做大做强的“阳光工程”，构建以职代会为切入点、厂务公开为关键点、集体合同为突破点、班组民主管理为支撑点的民主管理体系。

1. 源头参与。公司下属单位都建立了职工代表大会制度，所有班组都建立了民主管理会或民主管理小组。让职工从源头参与，尤其涉及班组工作的规章制度，如班组长职责、班组岗位设置、班组绩效管理办法等，都可由职工提前参与讨论，真正体现班组事班组员工办的原则。班组每月定期召开民主生活会，进一步规范班务公开制、班务会议制，使班组生产目标任务、工资奖金分配、先进评选等变得更加透明，充分调动员工参与班组民主管理的积极性、创造性，使广大职工真正成为班组建设的主人翁。

2. 自发参与。公司冶炼厂熔炼车间澳炉一班充分利用班组民主生活会、班组管理会等形式，多次讨论，全员反复协商，重新制定和完善了《职工岗位绩效考核细则》，实现制度管人，避免人管人的弊端，营造了民主和谐氛围。班组民主管理工作经验被拍成微电影《洗衣哥的故事》。

铜绿山矿选矿车间磨浮四班大力推行“阳光班务”，将民主管理融入班组建设全过程，结合“问题分析会”，对生产中的重点、难点和疑难杂症，进行分组讨论、现场分析、经验交流，该班“降低松油单耗”QC成果，在市“建功东楚竞风流”职工技术创新成果展上展出，并在第五届“海洋王”全国QC成果发布会上荣获二等奖。

3. 多种渠道厂务公开。公司各二级单位严格按照厂务公开控制程序进行运作。在公开形式上，除职代会以及日常厂务公开栏、板报、内部广播、电视、网络、报纸、党委会、党政工联席会、民主议事会之外，还采用了一些喜闻乐见的新形式。如冶炼厂举办《厂情通报》专刊，召开厂务公开发布会。建安公司根据《厂务公开细则》要求，把公开的项目归纳为十几大项，逐级分解到相关部室，做到厂务公开任务、责任、人员三落实。铜绿山矿按照厂务公开时效性要求，实行定期公开与不定期公开、综合公开与单向公开、阶段性公开与经常性公开、年度公开与季月公开“四结合”。

公司内的班组都设立公开栏，将班组每月成本（费用）、作业量、安全、考勤、工资、班费使用情况公开。建立健全了班组民主管理制度，实现班组重大问题民主讨论、集体决策，推进班组事务公开，使员工更好地参与到班组的各项管理中，有效促进了班组的和谐，调动了班员的工作积极性。

3. 班组“五个一”模式。公司实施班组“五个一”的管理模式，即盯住“一个管理”——现场管理；围绕“一个重点”——劳动竞赛；疏通“一个渠道”——互相关爱；拓宽“一个载体”——每周班会；抓好“一个根本”——培养具有综合素质的班组骨干队伍。做到民主入班组、活动进岗位、作用于职工，较好解决了基层民主管理工作进一步向纵深发展。

公司将民主管理作为职工思想的“稳定器”。公司每年的工作报告及生产经营重大决策都经过职代会讨论审议，增加了企业生产经营决策的透明度，增强了职工主人翁责任感，从而形成全员抓管理、创效益的氛围，使企业管理不断加强，生产成本明显下降。公司将民主管理作为职工利益的“协调器”。公司的改制方案和重大的改革措施，都提交职工代表大会审议，充分听取广大职工的意见，既维护了职工在改革改制过程中的合法权益，又保证了改制工作平稳有序地进行。公司工资集体协商专项集体合同保障职工年平均工资保持10%以上的增长，职工的经济权益得到有效维护。公司还将民主管理作为企业发展的“助推器”。公司坚持以职工代表大会为基本形式的民主管理制度，坚持以人为本，进一步加大协调劳动关系和化解矛盾的力度，主动依法科学地维护职工权益，努力建立规范有序、公正合理、互利共赢、和谐稳定的劳动关系，推送了和谐企业的建设。

通过该案例你对班组民主管理有什么认识？

案例分析：

民主管理工作是班组建设工作之中的一个重要的管理环节，好坏与否，直接影响班组建设管理工作稳步推进。

班组的各项事务和制度的建立，要广泛去征求员工的意见，通过召开不同岗位人员的座谈会和民主生活会多方面去听取不同的意见。平时多与员工进行沟通，了解实际的情况进行分析与调研，从而不断完善。对评选、岗位竞争等敏感的事情要做到“公开、公平、公正、合理”，做好监督的作用。这样才能形成一种团队精神，产生巨大的凝聚力和向心力，促使员工养成自我管理、自我提高、自我成长的良好习惯，最终达到一种无为而治的管理境界。

在制度和机制上加强班组自主管理的能力，找准定位，管理创新，让班组自主管理带好队伍，形成良好的团队精神。要求员工立足岗位加强学习文化知识和技能，通过岗位培训、岗位技能比武等形式，促进员工爱岗敬业、锐意进取，在岗位中不断提高进步。

班组管理要不断创新，走出传统的管理模式，人人参与民主管理。积极引导员工形成“讲责任、讲贡献、讲合作、讲感恩”的企业文化氛围，以“争先创优”为平台，引导员工在岗位中创先争优。组织多种形式的活动，加强员工之间的沟通与交流，营造和谐的管理氛围。树立典型和岗位标杆，弘扬先进人物，对在班组建设工作中取得成绩的班组与个人进行表彰和奖励，与评选先进、岗位竞争和岗位工资上档挂钩，纳入绩效考核，激发员工的工作热情。

班组民主管理工作是一个系统工程。要务实做好，还需要与班组的安全管理、质量管理以及文化建设管理相结合，更需要企业领导的支持和员工的积极配合，在工作中要坚持以厂部和车间这根主线不能够脱离，保持一致，顾全大局，正确处理民主与集中的关系。

思考题

1. 民主管理的原则有哪些？
2. 班组民主管理的特征体现在哪些方面？
3. 班组民主管理包括哪些主要内容？
4. 班组民主管理的组织形式和活动方式有哪些？
5. 班组民主管理中需要处理好哪几种关系？

判断题

1. 在企业管理中，民主管理主要是通过工会代表和组织发动职工民主参与企业经济活动和管理活动，实施群众监督，促进企业决策民主、利益关系

公平公正、职工团结和谐，由此可见，民主管理是构建和谐企业的强大动力。(　　)

2. 民主管理必须要求有序参与，依法维权，和谐维权。(　　)

3. 厂务公开是新时期加强职工的监督，保证职工参与企业民主管理、民主决策和民主监督，依靠职工办好企业的一种很好的形式与手段。(　　)

4. 企业、车间和班组三级民主管理，企业民主管理是基础。(　　)

5. 班组民主管理与行政管理同企业和车间一样职责清楚，分工明确。(　　)

6. 民主管理是班组管理工作的魂魄，但可以采取的形式比较单一。(　　)

7. 班组民主会是班组民主管理的基本形式，是职工群众在班组行使民主管理权利和当家做主的具体体现。(　　)

8. 班组事务公开是推进班组民主管理建设，保证职工行使民主权利要求的重要形式。(　　)

9. 班组事务公开一项重要的考量指标就是公开的时限，在规定公开内容、公开形式的同时，要规定公开时限。(　　)

10. 班组事务公开没有必要进行检查考核。(　　)

选择题

1. 以下不属于民主管理的功能的是（　　）。

A. 协调功能　　B. 集中化功能

C. 创效功能　　D. 凝聚功能

2. 以下不属于民主管理的原则的是（　　）。

A. 坚持全心全意依靠职工群众办企业的原则

B. 坚持民主管理监督保障权

C. 坚持职工代表大会制度原则

D. 坚持厂务机密性原则

3. 以下不属于班组民主管理的特征的是（　　）。

A. 基础性　　B. 全员性

C. 间接性　　D. 渗透性

4. “班组职工都有参加生产劳动和技术培训的权利，对班组生产和技术上

的问题有发言权和建议权。”这属于（　）

A. 政治上实行民主　　B. 经济上实行民主

C. 生产技术上实行民主　　D. 生活上实行民主

5. 以下哪项不属于班组民主管理中需要处理好的关系？（　）

A. 正确处理全局与局部利益的关系

B. 正确处理班组民主管理会与班组会的关系

C. 正确处理民主管理小组与班组民主管理会的关系

D. 正确处理员工之间的关系

参考答案：

√　√　√　×　×

×　√　√　√　×

B　D　C　C　D

第四章

班组信息管理

学习目标

1. 了解信息与信息技术的发展
2. 掌握班组信息管理的主要内容
3. 掌握班组信息化管理平台的基本结构
4. 了解以信息技术创新班组管理的途径

学习重点

班组信息管理的主要内容

学习难点

班组信息管理的实施方法和过程

学习引导

随着企业的不断发展，标准化班组建设正在由提高安全、提升质量和提升管理水平逐步向现代化、信息化新型管理体制靠拢。作为企业基础的班组为适应时代发展和企业发展需要，不断提高员工思想与业务素质，应用先进的管理手段和工具，保证班组管理的立体沟通模式，减轻班组工作负担，建立专用的管理标准化班组应用系统。本章将介绍信息技术的发展与应用、班组信息管理的主要内容以及主要方法，使班组长能够对班组信息管理有更加清晰的认识。

第一节 信息与信息技术的发展

案例导入

随着计算机技术的发展，其应用已经逐渐深入到企业管理的各个领域。班组长李伟所在的企业更是将信息化管理延伸至班组层面。公司通过动员部署、试点选树、学习推广、实施推进四个阶段，建立了班组信息化录入规范体系。在网络平台上，记录模板使班组台账记录更加规范，查看更加便捷，存放更加安全。同时，还利用班组信息化平台建立完善班组台账，交流学习先进经验，用信息化手段固化了班组建设管理标准要求。为了让更多的人了解班组信息化系统，该公司还举办了班组信息化专题培训，采用多媒体教学、模拟考评等形式，普及信息化系统实操知识，帮助班组长学习领会班组信息化考评体系要点，指导基层单位班组信息化操作员开展平台维护工作。该公司班组信息管理平台的创建和运用为各个班组之间的横向交流起到了促进作用。通过信息化管理和数据共享，使各级管理人员和班组长及时了解并全程跟踪和监督班组建设工作，使班组管理实现“零距离”。此外，该公司还对现有的生产管理系统、营销管理系统、绩效管理系统进行梳理，努力做到共性资料和台账资源共享，最大限度地减少重复记录。经过多次反复沟通和两次现场协调会，记录减负率达到 75.38%。

管理信息化与管理改进紧密结合，可以促进企业的管理规范化，提高企业的运作效率和市场竞争力。利用信息化来建设班组并进行有效管理是班组建设的必要手段。

计算机与网络信息技术的普及极大地推动着现代管理的进步，信息与信息管理在企业生产经营活动中越来越显示出重要作用。

一、信息与信息化

（一）信息的特征

信息是客观世界中各种事物状态、特征及其相互关系的反映，信息不是现实世界的录像，而是被人们选择、加工、处理后需要标识的东西。简单而言，它是对客观实体的主观反映。信息的特征主要表现在：

（1）信息可以加工。信息加工是指对信息的识别、存储、转换和处理的过程。

（2）信息可以传送。传统的信息传递靠语言、文字、表情、动作等载体，现代则靠电磁信号。

（3）信息可以共享。信息无损地在多方之间共享。

（4）信息可以压缩。人们对收集到的大量而杂乱的信息，可以进行集中、综合和概括（浓缩），使之达到使用要求。

（5）信息可以递增。信息不同于物质，物质是消耗型的，用掉了就少了；而信息是递增型的，它随着利用的次数的增加而递增。

所谓信息化，就是挖掘先进的管理理念，应用计算机、网络、数据库等先进技术，整合企业现有的生产、经营、设计、制造、管理等内外部业务环节，及时为企业的“三层决策”（执行层、战略层、决策层）提供准确而有效的数据信息，以便对需求做出迅速的反应，其本质是提升信息的采集、处理、传播、利用、安全等能力，从而增强企业的核心竞争力。

该定义中有五个关键词——管理、技术、业务、数据和信息能力。管理，信息化是构建在先进管理理论之上的；技术是信息化实现的载体；业务是信息化进行的目的；数据，信息系统擅长对数据信息的处理，数据处理的效率、数据处理的核心算法可反映出不同系统的优劣；信息能力是考虑信息化的时候，要从信息采集、处理、传播、利用、安全等方面的能力统筹考虑其建设。

信息化为企业带来的价值可分为显性价值和隐性价值。显性价值是指可以通过财务报表反映的价值；隐性价值是指不能通过财务报表反映，但对提升企业价值起到积极作用的价值。

对于进行信息化的显性价值，可从生产管理、采购及库存管理、销售及市场管理、财务管理、设备管理、产品研发管理、质量管理、客户满意度和能源管理九个领域分析，详见表 2-4-1。

表 2-4-1 信息化显性价值分析一览表

领域	显性价值项	价值效果
生产管理价值	提升生产线生产率	5%—10%
	提升装配线生产率	25%—40%
	提升见解劳动生产率	5%—20%
采购及库存管理价值	提高库存周转率	1.2—1.5 倍
	降低库存	30%—50%
	降低库存管理成本	20%—30%
	降低库存损耗率	10%—20%
	减少库存占用流动资金	20%—50%
销售及市场管理价值	降低营销费用	30%—60%
	降低售前服务成本	10%—30%
	增加销售额	1.2—1.8 倍
财务管理价值	减少流动资金占用	10%—30%
	加速资金的周转	1.2—1.5 倍
	财务处理时间	由周到天甚至小时
设备管理价值	提升设备利用率	10%—20%
产品研发管理价值	缩短新产品开发周期	1.5—3 倍
	降低研发成本	20%—40%
	提升产品一次设计成功率	30%—50%
质量管理价值	提升产品一次检验合格率	10%—30%
	降低产品返修率	30%—60%
客户满意度价值	提高售后服务满意度	5%—10%
	降低产品投诉率	30%—50%
能源管理价值	提高能源利用率	5%—30%
	降低企业能源性成本	10%—30%

信息化的隐性价值可具体表现在提高企业工作效率、提高企业管理水平、

产业链协同、提升企业品牌价值、提升团队管理水平五方面。

二、信息管理

信息管理通常是指对人类社会活动产生的信息的管理，其管理对象应是信息和信息活动，信息活动一般包括信息的收集、传输、加工和利用等。因此，信息管理就是对信息和信息活动的管理。

信息管理活动本质上是对信息活动全过程所有要素的有效控制。人是智力劳动者，主要职责是计划、组织、指挥、协调、控制、选择和决策等。要提高管理工作的质量和效率，关键在于如何使用信息资源和建立有效的信息指挥系统，并据此提出改进工作的意见和决定。

信息的流程一般包括信息的获取、加工、存储、传输、使用、反馈等基本环节。因此，信息管理的主要任务是：有计划有组织地疏通各种信息渠道，尽可能直接从信息源收集信息和数据；对收集到的信息和数据进行分析、处理和储存；编制报表；作业调度；提供决策信息等，详见图 2-4-1。

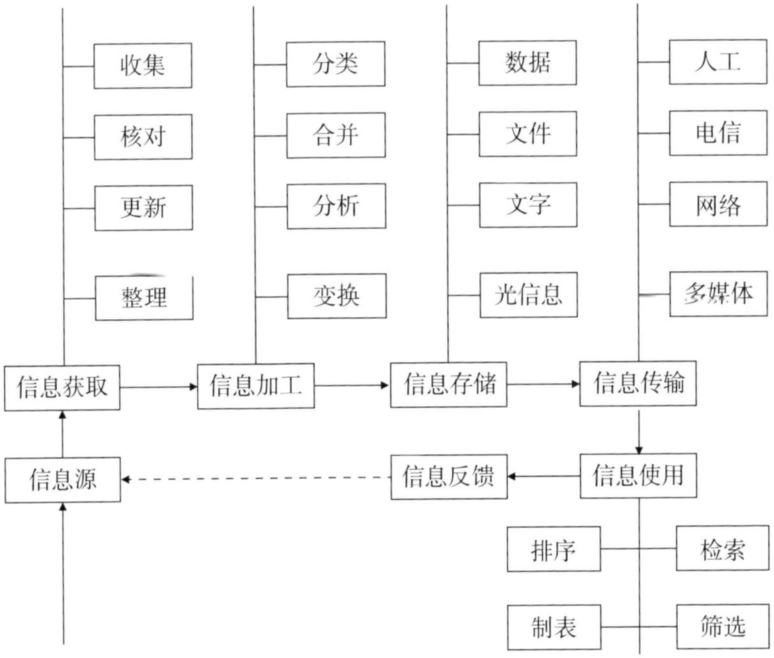

图 2-4-1　信息流动示意图

第二节　班组信息管理的主要内容

案例导入

回想之前在班组的工作，李伟总是觉得忙碌但效率并不高，每天忙于各种事务，在专业技术领域没有太多的时间。然而现在，班组信息化系统的应用有效地规范了班组工作，让这位新班长不仅将班组工作整理得井井有条，也使他成为专业上的佼佼者，在总公司举办的技术大比武上一举夺魁。

班组基础牢固了，员工想事、琢磨事的劲头更足了，每月读本好书成了一种习惯，“菜单式”培训、“五小”等创新活动在班组落地开花。员工在各自岗位上提升素质技能、提高工作质量已经成为班组建设的新局面，一大批业务骨干和技能人才也在一线岗位脱颖而出。

了解班组信息管理的作用，知道班组管理中应如何做好信息化建设是每一位班组长需要思考的问题。

班组作为企业的基层单位，是企业管理的基础和落脚点，是基层员工队伍建设的重要载体，其信息化管理水平关系到企业的生产运营水平、经营效率和盈利水平。

一、班组作业现场存在的问题

现在很多班组现场作业逐步实现规范化和表单化，但是现有作业表单流程，主要是通过班组人员将纸质化的作业表单带到作业现场进行逐项填写，作业结束后将表单提交归档整理的过程，该管理过程存在巨大缺陷和不足，主要包括：

（1）无法对员工现场作业方式、作业态度和作业质量进行全面监控，存在安全管理风险。

（2）无法对作业效率等统计分析、无法对现场员工的工作进行统计和量化。

（3）无法对现场作业计划执行情况进行监管。

同时由于信息支持工具的缺乏，还存在以下问题：

（1）运行数据需要手工录入，造成大量重复工作。

（2）纸质表单携带不方便。

（3）不利于后期的整理归档。

（4）作业表单执行率等统计分析无法实现等。

这些问题和不足严重影响现场作业的效率，无法对现场作业进行有效管理，难以承接一体化管理落地。

二、班组信息管理的作用

通过班组信息管理，减少了冗余环节，使一些专业管理工作直接面对班组，企业的各项规章制度和指令，灵敏快捷地落实到班组，大大提高管理效能，科学合理地变更班组设置，规范班组管理。其作用和意义具体表现在以下四个方面：

（1）提高班组安全管理、应急管理信息的准确性和及时性，提升班组安全控制能力。

（2）促使班组生产业务流程更加科学、合理，增强班组生产组织能力和快速反应能力。

（3）促进班组成员合理组合，使现有资源达到最佳组合，从而提高班组的劳动生产率。

（4）提供信息交流平台，开展模块化教学，交流班组管理的先进经验和成果，提高员工的技能素质和创新能力。

三、班组信息管理工作的具体内容

班组信息管理工作主要涉及企业内部上级部门、企业外部、本班组内部三个层面的信息的收集、处理和提供。

1. 企业内部上级部门的信息

在班组信息管理工作中，首先要对企业内部上级部门的信息进行收集、处理和传递，主要包括：企业的方针、政策、目标、计划和任务的信息；组织机构和职责分工的信息；劳动力资源管理、劳动合同、员工思想情绪方面的信息；改进生产经营的决策、措施和建议方面的信息；技术革新改造、设备更新改造方面的信息；设计、技术工艺、样品、样板的信息；技术指导和质量标准要求的信息；企业经营状况方面的信息；职工分配、福利方面的信息；各项管理方面的信息。

2. 企业外部的信息

企业外部信息主要包括国内外行业情报、产品情况信息、新品开发信息、新技术的应用、国家法规和行业规定和制度、设备性能、客户情况等。

3. 班组内部的信息

班组内部信息是班组信息管理的要点，主要包括：劳动力信息，即班组劳动力结构、员工思想稳定、技术技能、业务熟练等情况；人员考勤情况，即员工出勤率、岗位定员、请假等情况；生产任务信息，即生产任务内容、生产任务时间、品种结构、难易程度等情况；目标计划信息，即本班组的目标和计划情况；作业进度信息，即各工序的作业进度和班组总体作业进度情况；质量状况信息，即班组作业质量和产品质量的相关记录；工艺流程信息，即工艺流程的运行状况；技术革新信息，即班组技术革新项目和革新效果情况；设备状况信息，即班组使用的设备完好率、使用率、修理记录等情况；检验工作信息，即检验人员的工作质量情况；工资分配信息，即班组员工的工资考核、分配数据、奖金、福利等情况；培训教育信息，即员工培训计划、培训内容、培训考核结果等情况；安全文明生产信息，即消防安全、卫生管理等方面的情况；员工的非组织或个人的意见、建议、思想情绪等方面的其他信息。

第三节　班组信息化建设

案例导入

在企业信息化系统应用的基础上，班组长李伟为了实现班组内信息的有效畅通，借助互联网智能平台，创建了一个班组工作微信群。

“设备点检完成没有？”“点检完毕，小周已经开始生产了”……随着一条条语音信息的发出，现场生产顺利进行。一问一答之间，班组长很快了解了现场的情况。“叮咚”，班组成员们又陆续收到微信群发来的信息：“下午 2:15 召开安全分析会。”“收到”“好的”……“有了这个群，发通知方便多了，生产现场出现的问题也可以在线解答，这个群成了我们的‘对讲机’了！”李伟笑着说。

每天下班后，组员们都会在群里就当天遇到的一些技术难题展开探讨，大家分享经验、收获知识、共同成长。大家你一句我一句，好像在上一堂互动技术培训课。

目前，班组中既有“60 后”“70 后”，又有“80 后”“90 后”。由于组员的年龄结构、文化层次、成长经历、技术水平之间存在差异，在对待班组管理上也有着各自的见解。李伟经常会把相关的制度章程及班组管理案例发到微信群里，以便大家在业余时间阅读。“在群里我们可以谈工作，可以谈生活感悟，谈生活中的烦心事，等等，我早就把这个群当成了员工思想动态的‘反映墙’了。”李伟说。

多功能的微信群既释放了员工的潜能，提高了工作效率，又增强了团体的凝聚力。一条条消息、一段段语音把大家的心紧紧连在了一起，也把大家与企业发展紧紧连在了一起。

了解信息技术发展的趋势，运用信息技术发展的成果推动班组建设是每一位班组长需要掌握的问题。

一、班组信息化管理平台

随着科技进步和企业管理水平的提高，在班组设立信息化管理平台，将是所有企业和班组进行信息管理的趋势。班组信息化平台可以将班组的基础管理数据全部输入计算机，将原有的数据和表格进行整合，实现跨表查询、统计、分析，极大地减轻日常记录管理工作量，提高工作效率和质量。

建立班组信息化管理平台，应有其较完善的信息管理系统，并使班组成员对信息化管理系统的结构、功能和操作规程有一个比较清晰的认识，通过培训能够对班组信息化管理平台所提供的各种功能进行操作。该平台应能反映班组的建设与管理工作，系统应能够涵盖班组管理的全过程，包括日常管理、安全管理、考试培训、专业记录、文档资料、文明生产、绩效考核、系统设置等功能模块，如图 2-4-2 所示。

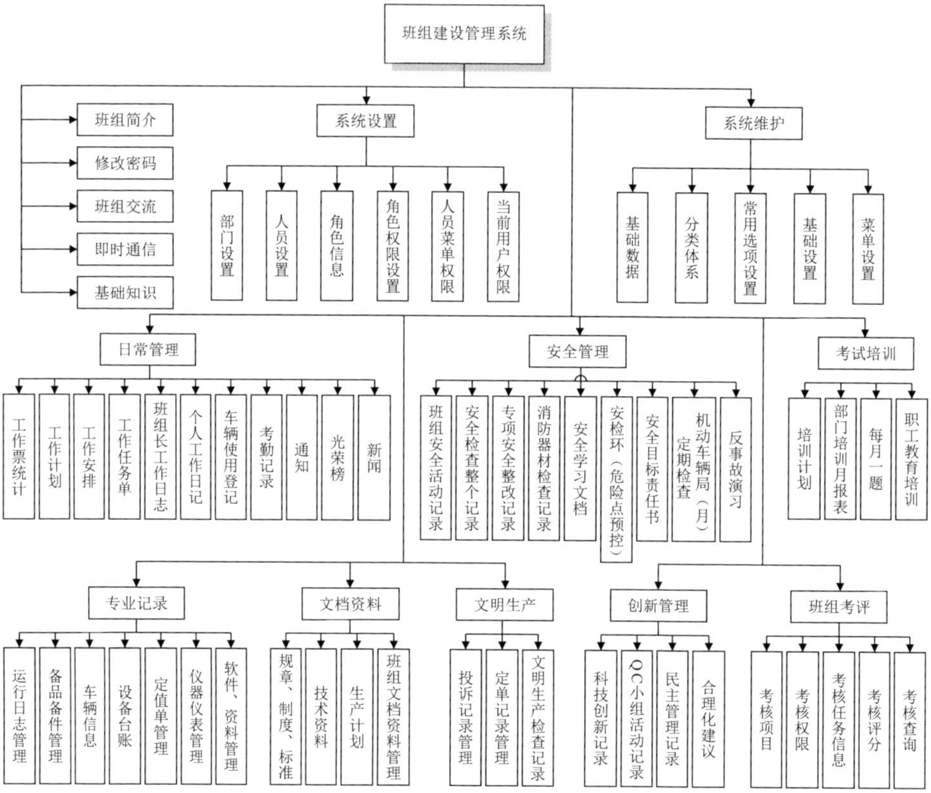

图 2-4-2　班组信息管理系统功能模块图

1. 日常管理的 PDCA 循环

在班组建设管理系统中，员工不是简单地处于被管理和被监控的位置，而是在被充分调动积极性的情况下，共同参与系统的建立与运行，强调的是工作能力的提高和进步、个人及组织的共同发展。通过对运行工作的管理，让班组和员工在工作过程中，明确目标、及时发现问题、分析原因、解决问题、不断前进，提高员工满意度、成就感和班组工作效绩。在实际日常工作中，系统将很好地实现从工作计划到工作执行再到工作控制和工作总结各个环节的信息化管理。

2. 工作安排

通常用户的手工操作方式与软件操作习惯存在一定区别，为了最大限度地解决此类问题，系统提供“工作安排”等功能模块，其操作方式和用户的手工操作习惯接近，最大限度地方便用户使用本系统。

根据班组资源的使用情况（人、车、时间等）进行资源调度和工作安排。用户不仅能实时掌握班组的工作安排情况、人员负荷情况和车辆负荷情况等，还能对过去的使用情况进行查询，对未来的工作计划进行安排和调度；可以将工作计划的安排单、计划的工作任务单、临时性的工作任务单按不同的颜色区分列出；用户既能按日期查看本班组的所有工作，又能按照班组成员来查看组员的工作负荷。

3. 安全管理

作为生产一线的班组是企业安全生产的直接参与者，其安全管理质量的高低，是企业能否实现安全生产和提高经济效益的关键。而班组安全建设的成效大小，取决于班组长对安全生产的认识程度、所具备的安全知识水平和实际的组织协调能力。为此，企业必须重视和加强对班组长的安全教育工作。系统应提供完善的安全管理模块，以辅助班组长对班组进行规范化的安全管理。

4. 考试培训

实现了企业由下至上的培训计划、培训月报表等的制订和上报，以及由上至下的培训报表的审批和培训计划的下达。在培训月报表的填写过程中，系统可以自动为培训成员生成个人资历、培训登记表等相关信息，有效减少重复性的输入工作。

5. 班组考核

企业班组考核的有效运作，会达到奖励先进，鞭策后进，激励各班组共同进步，提高业绩的目的。在系统中，企业各级领导对班组工作可以进行全方位的考核。

6. 专业记录

针对不同基层班组的工作难点和重复性劳动较多的情况，系统定制开发了一系列专业记录管理的功能模块，如备品备件管理、设备台账信息、车辆信息等，其中与运行管理相关的有异常运行记录、调度运行日志等；与检修相关的有设备巡视记录、设备连接器测温记录等；与安全相关的有防误操作装置解锁情况、两票合格率统计表等。

二、建立班组微信平台

微信是提供即时移动通信服务的免费聊天软件，已成为智能手机用户当前流行的互动方式。为了满足班组建设的需要，在基层单位班组建立微信群的做法在实际生产工作中得到了广泛的应用。

1. 班组运作指挥协调

整个班组工作由班组长全程进行掌控和调配，对工作结束的人员及时安排其他工作，对于工作还没有结束的而需要支援的，及时派出人员跟进。每位成员都及时利用微信实时对讲机功能向班长汇报工作进度，班组人员通过微信进行及时沟通交流，减少人力的浪费，充分挖掘人员的积极性。

2. 现场操作信息实时交互

通过微信的语音记事本功能，减少安全隐患。例如，夜间巡检工作一般从凌晨开始，此时人的精力是有限的，记性不在最佳状态。微信的语音记事本则能很好地弥补这一隐患。通过语音记事本回录，把关键的工作环节进行语音记录，多人进行确认互检，工作结束后再次进行语音确认，有效降低了工作风险。

3. 搭建工作培训平台

微信群成为实时科教的平台，班组成员在外工作时遇到不懂的问题，拍一张照片上传，配上一条语音信息，就能迅速把问题描述表达清楚。资深班员即使在别的工作现场，也能立即给予帮助解答。

4. 信息公告栏

通过微信的聊天功能，班组长还能随时随地分享一些近期不安全事件案例，提高成员的安全意识。这时，班组长担任讲师的角色，及时掌握近期发生的一些不安全事件信息，总结经验教训，不论上班或休息时间都可以在微信上讨论，让组员及时了解，对照工作，提高警惕。

5. 创新开展个性化班组管理

根据不同班组日常工作的需要进行个性化设计和配置，有针对性地提出管理提升方案。

三、以信息技术为基础的班组管理模式创新

在信息技术和互联网发展背景下，新型班组的管理模式分为三个方面，分别为：对于技术层面的信息管理（过程管理），对于知识资源层面的知识管理以及对于文化层面的知识型员工的管理。其中，技术层面为所有工作的物质基础，强调云技术、大数据等在新型班组管理模式中的应用；知识资源层面是核心，强调新型的网络管理模式的应用；而知识型员工作为知识的载体，是智慧型班组理论的主要管理对象，强调对于这部分员工的“以人为本”的文化管理过程。

新型班组管理模式可通过打造云计算平台，用信息化手段创造一种无时无刻无所不在的沟通环境和学习交流环境，从而产生群组的聚合效应。建立多层次的信息展现和互动沟通机制，满足班组建设的需求，为班组自主管理提供了有力支撑。在信息技术的广泛应用下，地域的限制不存在了；在工作模块的标准化框架下，班组类型不同的约束不存在了。班组可以完整地展现本班组对公司核心价值观的理解、当年乃至当天的工作任务及完成情况、制度的落实情况，可以任意选择公司内的班组进行交流和学习。例如，博客圈中的班组成员可以方便地了解到圈内成员的情况。中高层管理者可以随时通过阅读博客进行“电子穿越”，了解一线员工的工作、学习、生活情况、他们的意见和建议；也可以随时加入某个班组，进行“电子蹲点”，与所选班组共同组成一个小组，与该班组共同发表博文，开展班组建设。还可以进行“电子点评”，对任一篇博文的意见进行反馈，从而拉近他与基层员工的距离，有力地推动了公司的虚拟化沟通，大大降低公司的沟通成本。

实务训练

案例 “互联网+”下的班组建设

××煤矿依托井下“一网一站”、4G手机的优良条件，借助“互联网+”模式，开展了多项班组建设信息化工作，让信息化走进班组建设，实现资源共享，达到班组管理规范化、标准化、现代化，从而提升班组自控能力。

（1）微信群全面普及。矿、机关、区队、班组均建立微信群，实现井上井下资源共享，提供了业务交流、互动的平台。同时，建立了上湾煤矿班组建设微信公众平台，提供信息交流渠道，交流班组管理的先进经验和成果，提高员工的技能素质和创新能力。

（2）微信订阅号显本领。该矿利用微信订阅号作为信息传递的桥梁，打造区队班组建设管理新工具。将事故案例、重要文件传达、班组考核等都在订阅号上一一展现，麻雀虽小五脏俱全，小小的微信订阅号实现了众多原有系统平台功能。

（3）二维码有什么，扫扫就知道。利用二维码为井下部分重要设备进行了建码登记，员工在井下通过4G手机扫一扫功能，就能现场掌握设备运行工作情况、备件使用周期，便于制订检修计划。当现场设备出现故障时，员工可以扫描二维码查看履历信息，了解历史故障信息及检修负责人，以此判断该故障属于偶发性故障还是周期性故障；同时可以与历史故障处理人员沟通交流，进而提高检修效率。对于新设备，通过扫一扫可以查看设备的参数和使用说明，提高了操作人员的技术水平，确保设备始终保持在最佳运行状态。

（4）玩转APP。该矿开发了班组建设APP，将每日一题、岗位应知、岗位流程、安全文化、班组故事等搬到APP里面。APP应用支持二维码下载，且实现了Android系统和iphone系统全兼容，员工可方便下载，下载后无须联网也可浏览各类资料，包含辅助运输应急响应及处理措施、煤矿驾驶员随身学习手册、无轨胶轮车运行、启动、检查等标准作业流程，内容丰富实用。

信息技术的发展对班组建设和管理有什么样的影响？

案例分析：

随着全球化发展和信息技术的快速进步，我国进入以经济体制转型为主导的社会转型期，社会经济结构转型加速了信息时代、知识经济时代的来临，知识和信息成为新的创造高附加值的社会资源。信息技术的发展，要求创新班组管理模式，加强班组信息化建设力度。班组管理要坚持创新，适应移动互联网时代虚拟化、平等式、多元化要求，持续提升班组效益；利用信息化手段构建班组的沟通与交流模式，搭建信息化互动交流平台，实现信息流的随时随地随处的流动，实现知识资本增值；加强知识型员工管理，实施个性化管理和多元化激励，构建高绩效知识型团队；以信息化为手段开展流程创新，对班组进行 PDCA 闭环管理，提高班组运营效率。

思考题

1. 班组信息管理的主要内容有哪些？

2. 如何进行以信息技术为基础的班组管理模式创新？

3. 如何建立班组信息化管理系统？

4. 如何利用班组微信平台进行班组管理和建设？

判断题

1. 信息管理活动本质上是对信息活动全过程所有要素的有效控制。(　　)

2. 班组作为企业的基层单位，是企业管理的基础和落脚点，是基层员工队伍建设的重要载体，其信息化管理水平关系到企业的生产运营水平、经营效率和盈利水平。(　　)

3. 班组信息化建设主要是将纸质化表单转化为电子化表单。(　　)

4. 通过班组信息化建设，减少了冗余环节，使一些专业管理工作直接面对班组，企业的各项规章制度和指令，灵敏快捷地落实到班组，大大提高管理效能，科学合理地变更班组设置，规范班组管理。(　　)

5. 班组进行信息化建设应有其较完善的信息管理系统，并使班组成员对信息化管理系统的结构、功能和操作规程有一个比较清晰的认识，通过培训能够对班组信息化管理系统所提供的各种功能进行操作。(　　)

6. 微信是一种即时移动通信的免费聊天软件，班组成员使用会影响工作，

因此在工作现场应该禁止使用。(　　)

选择题

1. 以下不属于信息的主要特征的是（　　）。

A. 信息可以加工　　B. 信息可以传送

C. 信息可以共享　　D. 信息不可以压缩

2. 以下不属于信息化中的关键词是（　　）。

A. 管理　　B. 技术　　C. 业务　　D. 人员

3. 以下不属于信息化显性价值的是（　　）。

A. 生产管理价值　　B. 采购及库存管理价值

C. 提高工作效率　　D. 设备管理价值

4. 以下不属于班组信息化建设的作用和意义的是（　　）。

A. 提高班组安全管理、应急管理信息的准确性和及时性，提升班组安全控制能力

B. 促使班组生产业务流程更加科学、合理，增强班组生产组织能力和快速反应能力

C. 班组信息化能够实现物质资源的最佳组合，但缺少对人员的组合安排

D. 提供信息交流平台，开展模块化教学，交流班组管理的先进经验和成果，提高员工的技能素质和创新能力

5. 以下不属于班组信息化建设的要求的是（　　）。

A. 企业基本信息　　B. 设立班组评价页面

C. 班组日常工作页面　　D. 职工互动平台

6. 以下不属于微信在班组建设中的积极作用的是（　　）。

A. 班组运作指挥协调　　B. 工作时间聊天

C. 搭建工作培训平台　　D. 现场操作信息实时交互

参考答案：

√　√　×　√　√　×

D　D　C　C　A　D

第五章
班组创新管理

学习目标

1. 了解创新和创新管理的含义
2. 掌握班组创新管理的内涵
3. 掌握持续改善六步法
4. 理解创新意识培养的方法

学习重点

班组创新管理的内涵

学习难点

持续改善六步法

学习引导

班组是企业最基础的单元组合，是各项规章制度最基层的执行组织，是企业创造财富的源泉，也是企业管理水平和执行力的最终体现。班组建设的好坏，决定企业的安全生产，决定企业发展的兴衰成败。因此，增强班组成员先进的理论知识教育，提高其生产实践经验和操作能力，培养其发现问题和总结经验的思考能力以及勇于开拓创新的精神，组建一支高素质、高水平、爱岗敬业、责任心强的综合性队伍是班组建设的必然所在。本章将介绍班组创新管理的内涵、班组创新管理的常用思维与技法以及如何培养班组成员的创新思维，使班组长能够对班组创新管理有更加清晰的认识。

第一节　班组创新管理概述

案例导入

李伟所在的企业结合实际情况，研究制定《班组建设活动实施方案》，建立“一把手”挂帅、工会牵头抓总、各党支部全力推动、党政工团齐抓共管的工作格局，并按照基础、提升、深化、达标四个阶段开展工作。先后整合《班组建设管理办法》《班组建设达标考评细则》《班组建设重点工作分工制度》等规范要求，在班组建设深化阶段制定《班组文化建设实施方案》《班组建设推进方案》《班组建设考核办法》及《班组长综合管理能力培训》等制度；各车间在公司《班组建设管理办法》的基础上，结合各自实际，完善各项班组层面的规章制度，建立班组建设标准体系。

同时，通过技能水平、实践经验考评以及民主评议等方式，切实选拔出一批自身素质高、职工群众信得过的基层班组长，先后有50余名德才兼备的一线班组长走上了新岗位，在班组长队伍中真正营造了“有为才有位”“岗位靠竞争”的浓厚氛围。在对班组长的培训上，打破传统的单一授课方式，把一些管理思想、理念与寓教于乐的活动有机结合起来。例如，通过班组之间开展的技术比武、举办班组长综合管理能力提升活动、开展班组长远程培训等，促进班组长提升自身技能；按照《班组长综合管理能力培训方案》，进一步细化对班组长的培训目标、形式、计划、内容，并定期检查培训效果，督促班组长不断提高自身理论修养，不断超越自我。上半年，组织80余名一线班组长开展述职活动，通过“自己找、领导提、职工评”的方式，进一步提高班组长在落实“自检互检”“双百活动”，为更好地开展各项工作夯实了基础。

在当前形势下，转变思想观念，创新企业管理的重点，已经传递到企业最前沿——班组，班组创新是提高班组学习力、凝聚力和战斗力的重要途径，班组创新管理是班组管理的重要组成部分。

一、创新与创新管理

经济学家约瑟夫·熊彼特于1912年首次提出了“创新”的概念。创新是指以独特的方式综合各种思想或在各种思想之间建立起独特的联系这样一种能力。能激发创造力的组织，可以不断地开发出做事的新方式以及解决问题的新办法。“创新”的关键在于“新”字上。科学地理解创新的基本含义需要注意三大要素：一是必须是以往没有过的；二是必须快；三是必须科学有效。

创新管理以组织结构和体制上的创新，确保整个组织采用新技术、新设备、新物质、新方法成为可能，通过决策、计划、指挥、组织、激励、控制等管理职能活动和组合，为社会提供新产品和服务。创新管理以构建和提高核心能力为中心，以价值创造和增加为目标，以战略为导向，以技术创新为核心，以组织的各种创新(战略创新、组织创新、市场创新、管理创新、文化创新、制度创新等)的有机组合与协同创新为手段，凭借有效的创新管理机制和方法，做到人人创新，事事创新，时时创新，处处创新。

1. 战略创新

战略是以未来为主导，与环境相联系，以现实为基础，对企业发展的策划、规划，研究的是企业的明天。创新是一个过程，要围绕着种种不利于企业成长的环境进行创新，推动企业不断成长壮大。

2. 组织创新

企业系统的正常运行，既要求具有符合企业及其环境特点的运行制度，又要求具有与之相适应的运行载体，即合理的组织形式。组织创新的目的在于更合理地通过组织管理人员的努力，来提高管理劳动的效率。

3. 市场创新

市场是企业经营的土壤，同时也制约着企业的经营。市场创新不仅是指企业为适应市场环境的变化而调整内部结构或活动，更是指通过企业积极的创新活动去改造市场，去引导市场环境向有利于企业经营的方向变化。

4. 管理创新

管理创新即创造一种新的更有效的资源整合范式，既可以是全过程管理，也可以是目标细节管理，是创新理念及创新行为在企业管理层次上的延伸。

5. 文化创新

企业文化通过员工价值观与企业价值观的高度统一，通过企业独特的管理制度体系和行为规范的建立，使得管理效率有了较大提高。创新不仅是现代企业文化的一个重要支柱，而且还是社会文化中的一个重要部分。

6. 制度创新

制度创新的方向是不断调整和优化企业所有者、经营者、劳动者三者之间的关系，使各个方面的权利和利益得到充分的体现，使组织的各种成员的作用得到充分发挥。

二、班组创新的意义

创新是企业核心竞争力的来源，作为企业最基层的班组如果能够持续创新，则在执行层面能够让创新活动在企业里遍地开花，生根发芽。

首先，班组在日常的管理活动中，开展创新活动，能实实在在带来班组业绩指标的变化。班组在日常的管理活动中，从事生产、质量、成本、设备、安全、现场等方法的改进，如果发现的问题准确，能够日复一日坚持进行改进，通常会取得这些指标的变化，班组的业绩会发生实实在在的变化。

其次，班组成员能分享到改进的成果，让员工更主动地改进。谁创新谁收益。班组的收入常常与业绩指标相挂钩，业绩指标变得更好，班组的收入会更高。收益不仅仅体现在直接收入的变化上，还体现到劳动强度的降低，班组员工干活更轻松了。使用原来的方法，一天到晚忙忙碌碌，像在救火，可是活还出不来。而现在可以从容有序开展工作，工作还干得更好。工作开展得高效有序，领导经常表扬，员工干劲更足，来自工作本身的成就感，让员工能够更积极主动地开展改进。

再次，员工在创新过程中提升了技能，获得成长。创新过程中需要学习新的知识，培养新的能力，员工在创新过程中，能够将知识和能力用到实际工作中，形成新的技能。在实际创新过程中，员工能不断提高发现问题、分析问题、解决问题的技能，不断提高创新能力。

最后，班组文化发生变化。班组人员的精神面貌、行为方式会发生变化。

在创新的工作状态中，见到问题不是推脱、逃避，而能将问题当作一种机会。面对问题，不是丧气、抱怨，而是积极面对挑战，想尽一切办法去解决问题。不断地去尝试，去试验，去改进，找到更好的方法。大家在讨论问题、解决问题的过程中，促进团队的合作，形成和谐的工作氛围。

三、班组创新管理的内涵

创新不仅仅体现在技术的创新上，比如用新的工艺进行生产，也体现在用新的操作方法来操作，体现在改变现场工具的布局以提高效率。另外，创新与具体行动相联系。在班组实际工作中，设计新的设备工装属于创意，如果这些新的想法，落实到具体实践，并产生了实际的效果，那就变成了创新。创新一定是和具体实践相结合的，它是一系列的过程。在班组日常管理活动中，只要有新的想法，并落实在生产实际过程中，就算是创新。

班组创新管理是指班组成员全员参与，不断发现问题，用新技术、新方法解决问题，创造新价值的过程。班组创新活动中，最关键的要素是班组员工。创意来源于员工，通过员工付诸实践，班组人员在创新活动中的参与程度，直接决定了新的程度。如果班组人员都能理解班组创新活动的目标，具备相应的技能，开展创新活动，那么创意来源会更丰富，创新活动也会更容易实现。在班组层面的创新活动的源头是问题。能否看到问题，能否有勇气迎接挑战，能否追求理想的改善状态，能否解决问题，直接影响创新活动的效果。创新活动需要围绕价值展开，不能只是为了创新而创新，一味地追求标新立异。这样的创新，于企业而言，产生不了实际价值，是无意义的创新。

第二节　班组创新管理的基本方法

案例导入

班组长李伟组织班组围绕企业生产经营中的重点、难点和关键问题，深入开展合理化建议、技术革新、QC小组等创新实践活动，不断提高职工自主创新能力。一个月中，就有13条合理化建议被采纳并推广应用。在工作中，坚持“抓小、抓实、抓具体”，从节约“一度电”“一滴水”“一滴油”“一块布”“一克煤”“一张纸”的细微处入手，加强物料消耗、生产定额等各方面管理，通过分析目前在“降本增效”“节能降耗”中存在的问题和解决的办法，形成员工“我行动、我完善”的自觉性。全面开展“五小”活动（小发明、小革新、小改造、小设计、小建议），不断推进设备技改计划，提高设备的健康水平。同时，在开展“我为节能降耗献一计”活动中，先后收到节能降耗建议100余项，取得明显成效。班组中还设立“百宝箱”，即一个一尺见方的木制箱子，箱子共分为若干小格子，每个格子中归类存放碎导线、螺丝、螺丝帽等废旧物资，便于回收再利用，节省购买新材料的开销。

熟悉班组创新的路径，掌握班组创新的方法是每一位班组长需要思考的问题。

很多人认为创新是始于宏伟的目标、终于备受瞩目的结果，然而创新的真正源泉是细节。虽然每一个细节看上去很小，但正是一个个小变化、小改进，最终可以创造出完全不同的产品、工序或服务。通过细节的创新可能实现对整个企业的持续不断的改进，从而获得巨大的成效。因此，班组管理的务实创新是重要源泉，班组创新管理必须从大处着眼，小处着手。持续改进的六步法就是班组创新管理的一个重要工具。

持续改进赋予员工更多的自主性，更加强调从细节当中创新。同时，持续改进是一个过程，这个过程由一系列步骤构成，主要包括找到创新的机会、分析现有方法、产生新的创意、制订创新计划、实施创新计划、评价创新方法六个关键步骤。

第一步：找到创新的机会。创新起源于问题的发现，每个问题都是创新的机会。发现问题，找到根本问题决定了创新的方向。

第二步：分析现有方法。详细全面了解现有系统的运行方式，并描述出来，是找到改进点的关键步骤。

第三步：产生新的创意。如何让更多的班组员工参与讨论，相互激发，找到更好地解决问题的方法，是本步骤需要解决的问题。如果能让班组成员无顾虑地参与改进提出方案，相互激发，就能源源不断地产生新的创意。

第四步：制订创新计划。创新最后需要落实到具体的行动，好的班组创新想法，如果不能落实，则无法形成具体结果。所以，如何分解计划，如何让计划变得可行，就成为需要解决的问题。

第五步：实施创新计划。在计划实施过程中，会遇到条件的变化和各种阻力，在这种情况下，需要考虑的问题是如何推进创新活动的落地。

第六步：评价创新方法。新的方法是否有效，能否带来业绩、观念等方面的变化，需要在测评新方法的结果后，才能得出结论。

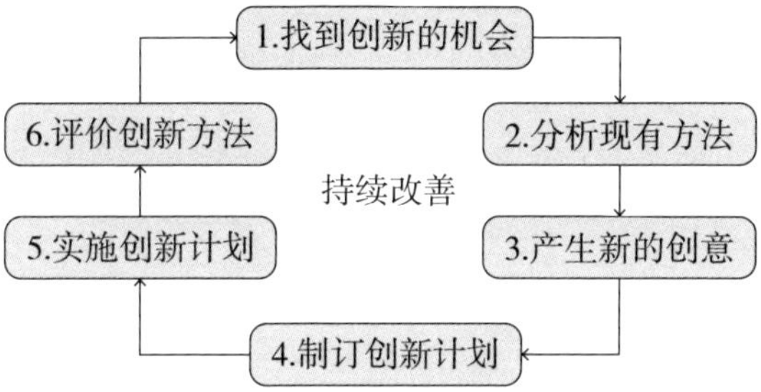

图 2-5-1 持续改善六步法

一、发现问题的方法

班组运行过程中所遇到的问题主要来自于作业现场，此类问题更容易用量化具体的方法来定义。如果想解决一个问题，可能就会像打开潘多拉的盒子，引来无数问题。面对此种情况，班组成员需要不断地瞄准找到真正的问题，以便集中资源来解决问题。

问题是理想与现状的差距。日常所说的问题分为两类，即设定型问题和改善型问题。日常工作中，比如未按时出勤，未达到生产计划达成率指标，这些都是与目前正常标准相比较的问题，这种问题叫作发生型问题。另一类问题是提高标准，称为设定型问题。比如，目前成本指标是每吨 320 元，未来成本指标降为每吨 300 元，这就是设定型问题。基于问题类型的不同，在进行创新过程中，解决问题的着眼点将会有所不同。对于发生型问题，更关注的是异常，如何解决异常。对于设定型问题，则更关注如何设定更好的方向与指标。

发现问题时，需要反思工作的目的，从而找到理想的状态。理想的状态描述得越清晰越容易和现状进行比较。在描述理想状态时，可以运用 5why 的方法，描述清楚谁、在哪里、什么事情、什么时候，通过什么方式，做到什么程度。

在找到问题时，需要找到根本问题，这样才能从根源上解决问题。仅仅处理表面问题会束缚人的创造力并且影响其对事情运行方式的理解。5why 方法是找到根本问题的一种常用方法，该方法就是针对关键要项不断地问为什么，找到根本问题（图 2-5-2）。

症状：设备停机 → why

原因：1. 电路过载跳闸 → why

2. 传动轴磨损，卡住了 → why

3. 金属碎屑掉进设备中 → why

4. 碎屑掉进润滑系统中 → why

5. 润滑剂的入口没有过滤器

图 2-5-2　5why 法应用示例

问题分析深入程度不同，解决问题的对策也会有所差异。如果仅问了一个为什么，上述案例中的对策就会是合闸。合上闸，根本问题没有解决，还是会跳闸。连续问 5 个为什么后，发现根本问题是润滑剂入口没有过滤器。此时的对策是安装新的过滤器，定期更换过滤器。这样就可以避免设备的磨损、设备跳闸等一系列的问题。不仅提高设备运转效率，还能减少设备磨损。所以在班组创新时，需要反复论证问题，找到根本问题。

二、描述现状的方法

当确定了需要解决的根本问题后，下一步的工作就是详细描述与问题相关的各种情况的现状。在班组创新过程中，根据既有经验给出对策是日常工作中常用的一种方法。有时这种方法有效，能够快速解决问题。但有时这种方法比较片面，无法反映实际情况，所以在具体给出对策前，需要系统地描述问题相关的程序的现状。

很多问题的产生，源自于程序。描述过程现状，最常用的方法是工业工程里的工作分析方法。工作分析方法就是对班组生产或者服务的过程进行分析，用是否合理化和方法详细记录从第一个工作地到最后一个工作地的全部过程、操作与动作，以便进一步分析有无多余或者重复的作业、程序是否合理、搬运是否太长、等待是否太多，从而进一步改进工作方法。

分析的对象不同，所使用的分析方法不同。如图 2–5–3 所示。

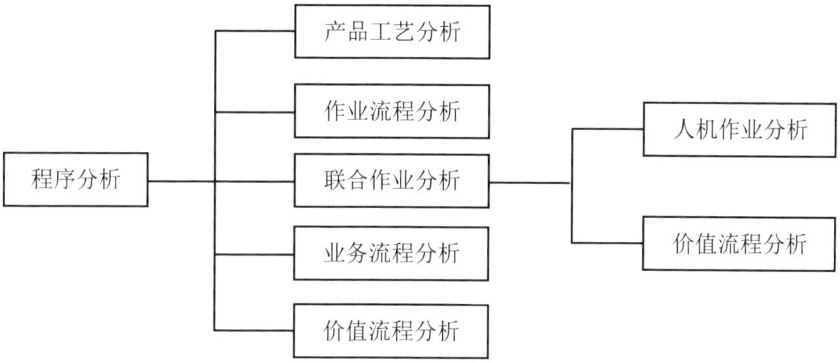

图 2–5–3　程序分析的方法分类

三、产生创新的方法

1. 头脑风暴法

头脑风暴法是班组创新活动中引发创造性思维的简单实用的方法。在头脑风暴会议中所遵循的几项规则有助于避免此类问题的发生。规则一，头脑风暴过程中不许评价，不论好坏，由参会者发表意见。规则二，异想天开，不论想法多么不切实际，都可以说出任何可能想到的主意。规则三，要数量而非质量。头脑风暴过程中重在鼓励产生不同的观点。规则四，可以在别人的想法基础上形成新的看法。

使用头脑风暴方法时，可以成立 4—6 人的小组。第一步，每人依次发表观点，由记录人记录；第二步，发表观点时，不要与前面的观点重复，可以在前面观点基础上补充；第三步，当讨论或者评价意见时，注意遵守规则；第四步，讨论持续进行，直到没有新的创意产生为止。

2. 5W1H

5W1H 可以帮助员工更全面地分析问题而无遗漏。5W1H 是在对所做的事情、做的地点、做的时间、做的人、如何做这些基本问题询问为什么，进而找到更合适的事情、地点、时间、人和方法。

表 2-5-1 5W1H 的使用

考察点	内容	第一次提问	第二次提问	第三次提问
原因	1. 将所有的事情先怀疑一次，再做深入的追究 2. 把上面的 5 个问题用 why 检查，提出改善方案	为何做（Why）	为什么要这样做	是否不需要做
目的	1. 去除不必要部分和动作 2. 改善对象是什么 3. 改善目的是什么	做什么（What）	是否必要	有无其他更合适的对象
时间	1. 改变时间、序列 2. 改变作业发生之时刻、时期、时间	何时做（When）	为何需要此时做	有无其他更合适的时间
地点	1. 改变场所之组合 2. 作业或作业者之方向是否在正确方向	何处做（Where）	为何需要此处做	有无其他更合适的地点
人员	1. 人的组合或工作的分担 2. 作业者之间或作业与机器、工具间关系重新加以检讨	何人做（Who）	为何需要此人做	有无其他更合适的人员
方法	1. 使方法手段更简单 2. 改进作业方法或步骤，使所需劳力更少，使用费用更便宜	如何做（How）	为何需要这样做	有无其他更合适的方法

3.ECRS

在进行 5W1H 分析基础上，可以用 ECRS 方法建立新的方法。

（1）取消（Eliminate）: 改进的最高原则就是取消，将无意义的程序、操作、动作取消，减少浪费。在提问了做什么事？为什么做？是否有必要？分析得出结论，没有必要，就应该大胆取消。比如取消一切不安全、不准确、不规范的动作；取消以手作为持物工具的作业；取消不方便或不正常的作业。

（2）合并（Combine）: 如果无法取消，这时候对地点、时间、人员进一步提问，看看能否合并，以使工作简化。比如一件事情由多个人做，看看能否进行作业分析，由一个人完成，提高效率；一件事情在不同地点做，看看能否改变布局，合并在一个地点开展工作；在不同的时间段开展工作，则考虑能否同时做多件事情。

（3）重排（Rearrange）：在进行取消和合并后，可以考虑重排，以使顺序更合理，减少搬运、等待等浪费。

（4）简化（Simplify）：简化是对方法上进行改进。在操作方法上使用更简单的方法完成作业。比如简化不必要的设计结构，使工艺更合理；使用计算机替代手工操作等。

四、制订创新计划的方法

创新需要将新的想法付诸实践。在班组日常管理中，新的改善方法需要通过推动各个部门，有明确任务目标，时间节点，以保证新想法的落实。

在编制计划时需要注意如下要点：①编制计划时需要注意围绕目标来展开计划，所有的工作都是为了达成目标。②编制创新改进计划时，重点工作放在方法创新上。因为与产品创新和技术进步相比，方法创新更容易。③进行改进时需要系统地改进，取得系统的效果。④对于影响安全、质量的新方法创意，最好先试运行。⑤考虑多种备选方案，进行选择。⑥充分考虑到计划对班组成员的影响。

编制计划时，需要说明5W2H，明确事件、责任人、方法、时间、地点等要项。编制计划时，最好相关责任人能在一起讨论，以保证相关人员能够理解计划、确认能在规定时间内完成任务。另外，责任人并不一定是执行人。责任人对最终的结果负责，可以组织人，调用资源来完成计划。

表2-5-2　持续改善计划的编制示例

持续改善的要点	活动内容	责任人	完成日期	状态
1. 灰尘和油污	每日的5S和生产管理	小刘（试验/装卸）	11月2日	每日执行
2. 缩短准备时间	储存工具的手推车	小刘（试验/装卸）	11月4日	正在评估
3. 步行距离	移动设备位置	小刘（试验/装卸）	11月4日	计划本周完成
4. 设备有杂音	检查轴承	李伟（维修）	11月5日	松的轴承盖已紧固

续表

持续改善的要点	活动内容	责任人	完成日期	状态
5. 起吊的部件位置偏离	调整角度	李伟（维修）	11月5日	已完成，无起吊问题
6. 运行周期中的等待时间	改变逻辑控制器的程序	小张（机械）	11月5日	已完成，缩短3秒
7. 部件摆设位置不佳	重新安排布局	小李（试验/装卸）	11月9日	已完成，节省4秒
8. 工作区域照明不佳	更换灯泡	小李（试验/装卸）	11月9日	已完成，更好了

五、如何实施创新计划

实施就是按既有计划完成任务，并取得效果，实施是把想法转化成实际价值的关键环节。在实施过程中需要注意以下事项。

（1）向相关人员宣讲清楚创新的意义、方法、每个人可能带来的收益。通过这种方式，减少过程中由于不了解、不理解、担心利益受影响等综合因素导致的阻力。

（2）实施过程中注意沟通，通过沟通，了解各方想法，结合实际解决问题。

（3）实施过程中注意及时地指导，结合实施过程中的问题进行指导，使团队掌握方法继续前进。

（4）实施过程中，尤其是刚开始实施时，明确标准，进行检查，发现偏差，及时纠正。

（5）实施过程中会出现新问题，阻碍了项目的正常进展。遇到这种情况，需要界定清楚问题，提交班组直接领导，由领导帮助解决问题。

六、创新评价的内容及方法

班组创新活动是否有效，需要将最后的结果与设定的目标相比较，以评价新方法是否有效。在评价时，可以从多个方面进行评价，包括指标、现场变化、人员变化、文化变化等综合方面。

进行业绩指标评价时，使用现状数据与基准数据进行比对，验证是否达到既定目标；可以采用定点照相的方式，度量现场的前后变化；可以通过人员参加项目、技能水平评定等方法测度人员水平的变化；文化的转变可以体现在观念的变化和人员的变化，比如对待创新的任务是否更积极，是否更愿意接受员工的新观点等。

在创新项目推进后，可以召开分享会。一方面，可以分享经验，让更多的员工学习新方法；另一方面，分享会上员工能体会到来自于创新的激励，激发员工后续的创新意愿。评价后，如果新方法比较有效，需要更改更新相关标准，以便在实际工作中将创新的成果固化下来。

第三节 班组创新思维的培养

案例导入

以往的作业指导书不便于员工记忆和消化。为此，班组长李伟和班组成员结合自身的生产实际，制定相应工种的岗位职责“一口清”。对于班组员工来说，“一口清”是对各岗位工作内容和相应操作规范、工艺流程的概括，语言通俗易懂、简洁明了、便于记忆，使员工能够清晰地明白该如何操作，强化生产操作技能，让生产操作成为习惯本能，最终达到操作标准“一口清”，操作技能“一手精”。李伟班组的这一做法得到公司领导的肯定与支持，并在全公司范围内推广，公司编制《班组建设流程“一口清”汇编》，将各班组的岗位职责、工艺文件、操作流程、注意事项等统一标准、编制成册。

每次班组班前会时，员工统一列队，着装整齐，现场点名，高声背诵“一口清”，齐声喊出生产目标、班组口号，不但使“一口清”入脑入心，形成习惯，还营造了激情、向上、团结的班组氛围；班组交接班时，班长对班长、主操对主操、副操对副操实行一对一、面对面交接，把当班所有问题都交接清楚，给接班员工提供最真实的信息，杜绝因交接班不到位产生的不良影响。通过这种方式，提振整个班组的精气神，增强员工的自信心，保证班组的凝聚力。

通过多种途径和方式营造班组的创新氛围、培养班组成员的创新意识是每一位班组长需要掌握的问题。

从班组创新管理的常见问题可以看出，对于班组而言，创新能力不仅仅是员工个体素质的简单叠加，它更多地取决于工作思路、管理机制，甚至是学习氛围、团队文化。因此，为了提升班组创新管理水平，需要班组成员转变观念、改变思考问题的方式，提高班组成员的参与意识和技能水平，不断创新班组激励机制，打造班组内创新的环境。

一、转变观念

在创新过程中，思维状态首先追求理想状态，而非止于现实的约束。比如，在改善产能时，首先想到的是设计产能，在设计产能下，应该达到的理想目标是多少，而后再思考现实的约束条件，诸如缺料、人员技能不足等问题，将问题分解，逐步解决。在日常班组管理活动中，很多人习惯于讨论现实的约束条件，因为有这些约束，所以很难设定更高的目标。如果过多思考限制条件，就会阻碍目标的设定，阻碍创新。另外，定好目标后，需要在实践中大胆地尝试各种方案，验证各种方案。阻碍创新的，常常是习惯性的假设。比如还没开始改善呢，就认为已经做到了极致，无法进行各种改进，所以面对创新，回应的答案是不可能。在创新活动中，重要的是行动，在行动过程中，发现具体的实际情况，不断地探索新的信息，找到解决问题的方法。比如有 60% 的可能性，风险可控，就去行动，在行动中，验证方案，找到更好的解决方案。在进行创新活动中需要系统地看问题，不能头痛医头，脚痛医脚。任何一项创新活动，只有系统地展开，才能取得效果。班组管理的基础工作“5S”，整理、整顿、清扫、清洁、素养。如果孤立地推进，就无法维持与提高。比如东西整理完了，没有明确的摆放标准，时间久了，需要和不需要的物品混放在一起，再进行整理时，就会很麻烦，时间久了，“5S”也就不了了之了。

二、提高参与意识与技能水平

如何将改进与班组员工切身发展、利益相挂钩，让班组员工能参与进创新，是影响创新的关键因素。在班组中，可以强化沟通、宣传，明确改善目的，明确改善收益，提高员工的参与意识。另外，员工的技能水平不足也会阻碍创新。培训过程中，不断积累企业的标准，结合标准培训员工。员工的技能水平提升，需要培训以及结合实践，在实践中不断形成技能。

三、建立创新激励机制

好的激励制度能让员工产生参与创新的动机。创新活动中，最好是正面激励，通过奖励、表扬等方法让员工受激励，产生参与的动机。在正面激励过程中，更容易让班组员工了解创新的目标、创新的方法、分享到创新的乐趣。所以，在创新活动中可以通过开分享会、表彰会、合理化建议奖励、用优秀员工名字命名新的方法等综合激励手段，让员工参与进创新。

四、营造创新的环境

很多班组有创新的想法，创新的人才，但无法推动创新活动。其主要原因是缺少创新的环境。创新活动过程中，首先需要有容错的文化。创新活动是新的尝试，面临很多风险和不确定，如果强调创新必须成功，则无人敢承担创新失败的责任，创新活动会举步维艰。另外，班组创新活动很多时候需要其他部门配合支持，才能落地。比如解决及时供料，以确保设备产能发挥。这就需要采购部门的配合。而班组是基层组织，无法要求其他部门配合推进。故而在推进创新时，需要建立有效的推进制度，以确保各项活动能够落地。其次需要直接上级领导部门的支持。上级领导部门能够将班组的创新活动与企业发展相结合，帮助班组解决创新活动中的各种问题，给予班组各种指导，使班组创新能够有方向，能够落实。

实务训练

案例　国投塔山煤矿的班组创新管理

国投塔山煤矿是国投大同能源有限责任公司煤电一体化下属单位。2008年8月建成投产，全矿有员工608人，共有班组28个，班组长98人。2011年国投塔山煤矿荣获“中国煤炭企业100强”荣誉称号。

国投塔山煤矿在班组建设中大胆变革班组管理模式，运用全新的管理哲学和方法论，把以人为本、激活每一个员工潜能作为班组建设的核心，以“赛马、荣誉、分享、轮值、评议、活力、链锁”七大机制为保障，全面推行“人人都是班组长”的班组安全建设管理模式，从根本上将安全管理下沉至班组、文化生根到班组、战略落地到班组，形成了班组建设特有的新模式、新方法、新经验，真正做到了全员、全过程、全方位的安全管理，实现了建设“学习型、安全型、和谐型”班组的目的，全面创新了班组建设工作，取得了显著成效。

“人人都是班组长”班组管理模式，以“赛马、荣誉、分享、轮值、评议、活力、链锁”七大机制为保障，建设“学习型、安全型、和谐型”班组为落脚点，健全全员管理模式、团队学习模式、心智改善模式、案例管理模式、文化化育模式五大管理模式为基石，以“三个三”特点创新班组管理模式，开展班组建设工作。同时，为职工建立起了例会平台、透明化看板平台两大展示平台。通过例会平台的实践，轮值班组长和委员充分展示了个人的组织才能和业务素质；通过透明化看板平台，最终实现了管理透明、制度透明、问题透明、荣誉透明，拓展了班组建设领域。

国投塔山煤矿的班组管理对你有什么样的启示?

案例分析：

全员班组管理模式是新时代产物，较传统班组管理模式存在多种差异。其一，“火车跑的快，全靠车头带”的传统班组管理哲学转化为“人人都是动力引擎”的动车理论；其二，班组内独特的管理模式、方法、工具取代了之前的纯粹依赖于班组长的个人管理经验；其三，管理方式由“由外而内”的强制性管理转为了“由内而外”以人为本的人性化管理；其四，由班组长个人管理到人人参与，积极管理；其五，从被动管理到主动履职，人人担责，人人思考，人人创新。

思考题

1. 创新管理包括哪些内容？
2. 班组创新的意义体现在哪些方面？
3. 班组创新管理的六步法包括哪些内容？
4. 如何培养班组的创新思维？

判断题

1. 科学地理解创新的基本含义需要注意三大要素：一是必须是以往没有过的；二是必须快；三是必须科学有效。(　　)

2. 在班组实际工作中，设计新的设备工装属于创新，即使没有落实到实践也是一种创新。(　　)

3. 班组创新活动中，最关键的要素是班组长。(　　)

4. 创新活动可以只是为了创新而创新，追求标新立异。(　　)

5. 创新是始于宏伟的目标、终于备受瞩目的结果。(　　)

6. 班组创新活动是否有效，需要将最后的结果与设定的目标相比较，以评价新方法是否有效。(　　)

7. 在创新活动中，重要的是行动，在行动过程中，发现具体的实际情况，不断地探索新的信息，找到解决问题的方法。(　　)

8. 创新活动中，最好是正面激励，通过奖励、表扬等方法让员工受激励，产生参与的动机。(　　)

选择题

1. “通过组织管理人员的努力，来提高管理劳动的效率”属于创新管理中的（　　）。

A. 战略创新　　　　B. 组织创新

C. 文化创新　　　　　　　　　　D. 制度创新

2. “不断调整和优化企业所有者、经营者、劳动者三者之间的关系，使各个方面的权利和利益得到充分的体现，使组织的各种成员的作用得到充分发挥。”这属于管理创新中的（　）。

A. 战略创新　　　　　　　　　　B. 管理创新

C. 市场创新　　　　　　　　　　D. 制度创新

3. “如何让更多的班组员工参与进讨论，相互激发，找到更好地解决问题的方法”是班组创新管理六步法中哪一个步骤的关键？（　）

A. 找到创新的机会　　　　　　　B. 分析现有方法

C. 产生新的创意　　　　　　　　D. 制订实施计划

4. 以下不属于 ECRS 法中的方法的是（　）。

A. 取消　　　　　　　　　　　　B. 分解

C. 重排　　　　　　　　　　　　D. 简化

参考答案：

√　×　×　×　×

√　√　√

B　D　C　B

第六章

班组团队建设

学习目标

1. 了解团队和团队建设的内涵
2. 理解班组团队建设的过程和要点
3. 掌握班组团队建设的基本方法

学习重点

班组团队建设的过程和要点

学习难点

班组团队建设的基本方法

学习引导

团队对于其成员来说，主要有满足归属需求、获得安全感、满足尊重需求、满足成就感需求 4 个方面的心理需求，团队精神的最高境界就是全体成员的向心力、凝聚力。团队精神的核心在于大家在工作上加强沟通，利用个性和能力差异，在团结协作中实现优势互补，发挥积极协同效应，带来 1+1>2 的绩效。班组长应认识到普通班组和团队的区别，能够以高效团队的特征进行班组建设，培养班组的团队精神。本章将介绍团队的概念和重要特征、班组团队建设的过程和要点以及班组团队建设的基本方法。

第一节　团队建设的基本概念

案例导入

经过一段时间的工作，班组长李伟认识到，班组长不是“传道士”，组员也不仅仅是“听众”，否则班组长事无巨细都要亲自处理，苦和累不说，往往还得不到组员的理解，而组员参与班组事务的积极性也不高。班组的工作是需要通过有效调节与分工、协力配合、相互交流完成的，是需要以团队的力量共同完成。因此，李伟在班组内设立了组内分工合作制度，实现“全员参与”。首先，李伟将组内事务进行细分，并确定分工的执行人。根据每个组员的日常表现以及兴趣爱好，初步确定各个项目的负责人，并采取民主制度征求其他组员的意见，尽量做到“让合适的人做合适的事”。其次，李伟制定了“分工责任规范”，使分工责任人知道自己要“做什么”。最后，李伟定期按照 PDCA 模式对组员所做的工作进行检验和肯定。实行组内分工后，不仅李伟从单调的日常管理工作中“解放”出来，更多地关注班组长远发展的问题，班组成员的责任心、参与性也极大地提升，整个班组从“单一作战”变成了“团队作战”。

班组建设与发展不仅需要认真负责的班组长，更需要一群充分发挥个人的价值和潜能的班组成员。在班组建设过程中，班组长要学会提升整个团队的协作力和凝聚力，使整个班组在和谐、友好的氛围中通过竞争实现共同进步和发展。

一、团队的概念和类型

团队是两个或两个以上相互作用、相互依赖的个体，为了特定目标而按照一定规则结合在一起的组织。从定义中可以看出，团队具有几个重要的构成要素：①目标。团队必须要有一个既定的共同目标，这个共同的目标将团队成员联系在一起。②两个或两个以上的个体。团队一般由一群人构成，一般是 2—25 人。③个体间相互作用、相互依赖。团队成员之间要具有互补的知识和技能，同时在实现团队目标过程中，团队成员逐步形成默契的配合，彼此承诺和信任。

在组织中，团队有多种类型，常见的主要有四种形式。

1. 问题解决型团队

问题解决型团队是一种临时性团队，是为解决组织面临的特殊问题而设立的。这种团队一般由来自于同一部门的5—12人组成，通常每周用几个小时的时间进行讨论解决相关问题。问题解决型团队的核心是提高产品质量、提高生产效率、改善工作环境等。

2. 自我管理型团队

自我管理型团队通常由10—16人组成，他们能够自己承担部分责任，可以在责任范围内控制工作进度，确定工作任务的分配，等等，甚至可以自己挑选团队成员，并且让成员相互进行能力评估。这种团队是真正独立自主的团队，它不仅注意问题的解决，而且还执行解决问题的方案，并对工作结果承担全部责任。

3. 多功能型团队

多功能型团队是为了完成某项特定任务而由来自同一等级、不同工作领域的员工组成的团队。这种团队通常采用跨越横向部门界限的形式，能够使组织内甚至组织间不同领域的员工相互交换信息，形成新的观点，共同完成复杂项目。

4. 学习型团队

学习型团队是每个人在组织中通过责任、奉献和知识共享把工作做得更快更好的团队。这种团队的核心是协同合作，其最高境界是全体成员的向心力、凝聚力，反映的是个体利益和整体利益的统一，并进而保证组织的高效率运转。

团队建设的目标是打造高效的团队，高绩效的团队应具有以下几个方面的特征。

（1）清晰的目标。高效的团队对所要达到的目标有清楚的了解，并坚信这一目标包含着重大的意义和价值。同时将团队的共同目标转化为具体的，易于评价和衡量的现实可行的绩效目标，作为团队绩效评估的重要依据。

（2）优秀的技能。高效的团队是一群有能力的成员的集合体，他们具备实现理想目标所必须的技术能力，而且相互之间有良好合作的品质，从而能够出色地完成任务。

（3）一致的承诺。高效的团队其成员对团队表现出高度的忠诚和承诺，对群体目标有奉献精神，愿为实现这一目标而调动自己最大的潜能。

（4）相互间的信任。成员间的相互信任是高效团队的显著特征，每个人对于团队中的其他成员的品行和能力都应该是确信不疑的。

（5）良好的沟通。团队成员通过畅通的渠道交流各种语言和非语言的信息。此外，管理层与团队成员之间的健康的信息反馈也是良好沟通的重要特征，它有利于管理者指导团队成员的行动，消除一些不必要的误解。

（6）恰当的领导。有效的领导者能够让团队凝聚在一起共同克服最艰难的问题，为团队指明前途之所在。高效团队的领导者往往承担的是教练和后盾的角色，他们对团队提供支持，但并不去试图控制他。

（7）内部和外部的支持。要成为高效团队的最后一个必要的条件就是它的支持环境。从内部来看，团队应该有一个合理的基础结构。这包括：适当的培训、一套易于理解的用于评估员工总体绩效的测量系统以及起支持作用的人力资源系统。从外部条件来看，管理层应给团队提供完成工作所必须的各种资源。

二、团队建设的基本内容

团队建设是指通过有效的沟通，使团队成员相互信任、相互帮助、相互影响、相互理解，优化工作环境，提高工作效率。团队建设的作用在于最大限度地激发全体员工的目标一致性、主观能动性、工作积极性和思维创造性，提高班组的战斗力、凝聚力和人才培养能力，使之成为企业有生命力和创造力的组织“细胞”。

团队建设的主要内容包括树立共同目标、完善成员技能、分配团队成员角色、培养相互信任的气氛、建立团队激励机制。

1. 树立共同目标

高绩效团队具有一个大家共同追求的、有意义的目标，它能够为团队成员指引方向、提供动力，让团队成员愿意为它贡献力量。团队建设过程中要组织团队成员用大量时间和精力来讨论、修改和完善被大家接受的目标。共同目标一经确定，就能起到为团队指引方向的作用。

2. 完善成员技能

团队中需要三种不同技能类型的成员：具有技术专长的成员，具有解决问题和决策技能的成员，具有善于倾听、反馈、解决冲突及人际关系技能的成员。团队建设中要完善团队成员的技能，使团队成员能够更好地发挥协同作用，高效地完成团队目标。

3. 分配团队成员角色

团队中存在 9 中不同的角色，分别是实干者、协调者、监督者、推进者、创新者、信息者、凝聚者、完美者、专家。不同的团队成员承担不同的角色，并都对最终结果做出贡献。在团队建设过程中要合理地分配团队成员角色，注意角色与成员的个人特征匹配，还要确保团队中角色的均衡。

4. 培养相互信任的气氛

信任是合作的基础和前提，只有相互信任，团队成员才能建立合作伙伴关系，才能共享经验、信息，才能够开诚布公地提出好的建议和意见。在团队建设中要克服各种困难，培养团队中相互信任的气氛，提高团队的绩效。

5. 建立团队激励机制

团队激励是通过一定的手段使团队成员的需要和愿望得到满足，以调动他们的积极性，使其主动而自发地把个人的潜能发挥出来，奉献给团队，从而确保团队实现既定的目标。在团队建设过程中通过团队激励机制的建立，努力使团队成员的个人目标和团队目标相一致。

三、团队精神

团队精神是指团队的成员为了团队的利益和目标，而相互协作、竭尽全力的意愿和作风。团队保持高绩效的根源不在于其成员个人能力的卓越，而在于其成员强大的“合力”，关键就是团队精神。团队精神包含三个方面的内容：团队凝聚力、团队合作以及团队士气。

1. 团队凝聚力

团队凝聚力是指团队成员之间相互吸引的程度，以及团队对其成员的吸引程度，表现为团队成员强烈的归属感和一体性。团队凝聚力包括忠诚、投入、志趣相投以及为团队利益牺牲的意愿，它将团队成员“粘”在一起。

2. 团队合作

良好的合作氛围是高绩效团队的基础，没有合作，团队就无法取得优秀的业绩。团队合作是指团队成员之间表现为相互协作和共为一体。在良好的合作氛围中，团队成员相互依存、同舟共济、互敬互重、尊重个性化差异，彼此之间形成一种信任的关系。

3. 团队士气

保证团队具有高昂的士气，对于团队的业绩非常重要。高昂的团队士气使团队成员能够和拥护团队目标，彼此之间相互赞许、相互认同、相互信任，激发工作热情。

第二节　班组团队建设的过程和要点

案例导入

公司开展争创红旗班组活动已经一个多月了，班组长李伟和副班长、技术员做了大量的前期工作。争创红旗班组活动是公司抓三基建设的具体行动，势在必行。李伟的想法是：既然迟早都要做，就要趁早，抢坐头一班车，这无论对于企业还是对于个人都是有好处的。可是班组成员好像都处于事不关己、无所适从的状态，李伟很是着急。

李伟让工会小组长安排了一次民主生活会，进行专题讨论。通过讨论李伟才清楚，当时他只是通过调度会的方式告诉大家，以为大家应该知道怎样做，但实际上大家根本不清楚争创红旗班组活动与每个人的责、权、利密切相关。

于是，李伟先讲清楚争创红旗班组是搞好企业必须要做的事，然后详细地说明了评上红旗班组每个人的受益情况，并说明这是企业抓班组建设的大势所趋。会上，班组成员你一言我一语统一了思想，并将当选红旗班组提升到班组荣誉的高度，李伟感觉他又得到了团队向上的推动力。

李伟与班组成员制定了班组管理的中长期目标，又针对评比细目逐条研讨，对班组成员进行了分工，制定了班组内部考核细则，落实了奖惩措施。在大家的共同努力下，李伟所在的班组取得了车间评比第一名的好成绩，首批当选红旗班组。

熟悉班组团队建设的过程，明确班组团队建设要点是每一位班组长需要思考的问题。

一、班组团队建设的过程

班组团队建设一般要经历四个阶段：形成期、凝聚期、激化期、收获期。

1. 形成期

团队中的成员需求与特性不同、动机不同，因此，在团队建设初期，成员之间缺乏共同的目标，彼此之间也缺乏信任，团队成员之间处在相互磨合中。由于整个团队建立尚未规范或是大家对规范存在不同的看法，团队内部会产生矛盾和混乱。

在此期间，由于人与人之间尚未建立密切的、相互信任的关系，团队成员之间会保持一定的距离，此时要强调相互支持、相互帮忙。班组长的领导风格应该是强制型的，确定团队目标，清晰直接地告知团队成员想法和目标，不能让团队成员想象或猜疑。形成期的关键在于快速建立必要的规范，从混乱中理顺头绪，尽快让团队步入轨道。

2. 凝聚期

经过一段时间的努力，团队成员对于班组长的想法以及企业的目标有了一定的了解，相互之间也因为彼此熟悉而产生了一定的默契，对于企业的各项规定也逐渐了解，违规的事项减少。此时期，班组的日常事务逐渐步入正轨、能够正常运行，但是团队成员对于班组长的依赖是比较重的，团队主要的决策与问题的解决都需要班组长的指示，班组长是很辛苦的。

在此期间，要在团队成员能够接受的范围内，提出合理的建议；如有新员工进入，必须使其尽快地融入团队中；部分成员可以参与决策。此时期的重点是在可掌握的情况下，对于较为短的目标与日常事务，授权合适的团队成员进行，定期进行检查与监督。但需要注意授权过程中的控制，不能一下子授权过多，否则收回权力时会导致士气受挫，同时对被授权人进行相应的培训。

3. 激化期

此时期，班组长要努力建设开放的氛围，允许成员提出不同的意见与看法，甚至鼓励建设性的意见；目标从由班组长制定转变为团队成员工作制定；团队关系从保持距离变成相互依赖、坦诚相见；规范由外在限制变成内在承诺。此时期，班组长必须创造参与的环境，并以身作则，允许差异与不同的声音，可以借助建立共同的愿景与团队学习环境调和差异。

4. 收获期

在经历了前三个时期后，班组最终形成了强大而有力的团队，全体团队成员都有着强烈的一体感，团队爆发出前所未有的潜能，创造出非凡的成果，并且能够积极主动地参与到各种改进、创新活动中。此时期，班组长要纵观全局、系统思考，保持危机意识，带领团队成员持续学习、持续成长。

二、班组团队建设的要点

在班组团队建设过程中，处理好以下几对关系尤为重要。

1. 班组团体利益与企业整体利益之间的关系

班组是企业这个大团队的重要组成部分，班组的一切活动都要建立在为企业服务、创造效益的基础上。因此，必须注意与企业的发展步伐相一致，与其他班组相配合，只有这样才能在竞争中求和谐、在和谐中求发展。

2. 民主性和原则性的关系

有些班组在团队建设过程中，过于追求团队的亲和力和人情味，认为严明的团队纪律会影响团队的团结。例如，某个员工没有按期保质完成某项工作或是违反了某项规定，但是并没有受到相应的处罚，或是处罚根本无关痛痒，这就导致了有章不循，制度形同虚设。如果对于一些违背规章制度的行为不能够及时制止，就会导致违规行为的滋生、蔓延，长期下来，团队就会变成一盘散沙。因此，在班组团队建设过程中要坚持原则基础上的民主。

3. 团体利益与自我发展的关系

团队的优势在于能够充分展现个人的魅力、实现个人的价值。在班组中，团队成员最大限度地发挥自己的特长，整个班组才是最有生命力、最有潜能的。如果，过多地强调“牺牲小我，成就大我”，会压制团队成员个性的发展、个人能力的发挥，打击其工作积极性。因此，团队建设要在班组总体目标的指导下，充分调动和发挥班组每个成员的积极性，使他们人尽其才、才尽其用。

4. 合作与竞争的关系

团队建设中，合作是团队的核心，但并不意味着没有竞争。如果一个团队内部没有竞争，开始的时候团队成员可能会凭借着一股激情努力工作，但时间长了，就会发现干多干少、干好干坏结果是一样的，这样工作的积极性就会逐渐消退。因此，团队内部也需要竞争。在团队内部引入竞争机制，实行奖勤罚懒、赏优罚劣，可以在班组内部形成争先创优、学赶帮超的积极向上的氛围，推动每一个团队成员不断提高自我。同时，通过竞争可以更好地挖掘团队成员的潜力，实现团队结构的优化配置。

第三节 班组团队建设的基本方法

案例导入

在班组内，每个组员都有着不同的性格、不同的学历、不同的特长和爱好。为了充分激发团队成员的潜能，提高各成员的工作效率，使团队不管在工作中还是在生活上都更加有动力和活力，班组长李伟将小组细化成三个小队，建立了班组积分考核制度，以激励每一位成员，提高班组的活力。

首先，根据团队成员以往的绩效、目前技能水平及成员的特长和性格，将员工分成三个队，每个队都有自己的队长、队名和口号，队长通过自愿报名、队员选举的方式产生。每一次绩效分析会、小组总结会、业务培训课之前，三个小队都会由队长带领喊出各自的口号，以展示团队士气。更重要的是，李伟根据各项考核指标，每月为各小队计算一次积分，积分最低的小队必须请积分最高的小队吃宵夜或赠送礼品，积分最高的小队对积分最低的小队进行一对一的攻关和培训，在小队之间展开良性竞争的同时促进共同进步。

为了更好地体现百分百的生命力、创造力、凝聚力，缓解每一位成员在工作上和生活上的压力，三个小队之间经常开展篮球、羽毛球、爬山等体育比赛及游戏竞赛，让组员缓解压力，同时增进组员的凝聚力和创造力。每次活动结束后，组员都以崭新的精神面貌迎接新一天的工作，工作效率也大大提高。

积分制度的实施，大大触动了组内每一位成员，无论班组整体还是班组成员个人在绩效上都取得了很好的成绩，每一位班组成员工作更具有热情、充满活力。

采用多种方式和方法培养班组成员的团队精神，激发员工的积极性、主动性、创造性，是每一位班组长需要掌握的问题。

一、建立团队目标

班组长要按照将人、事、物优化配置好作为班组的原则，然后进行全方位的控制和管理。班组长要将班组的大目标分成若干个小目标，将班组的每一个细小目标责任落实到每一个班组成员的身上。在班组里要提倡“日事日毕、日清日高”（每天的工作每天完成，每天的工作要清理并要每天有所提高），根据目标制订计划，将这项计划的每一步骤，每一环节都要落实到每个班组成员身上，要让班组成员做到“人人有事做，时时有事做”，这样才能有效地将班组成员都调动起来，达到实现目标的效果。

作为班组长，为了有效检查班组成员具体实现目标的情况，需要遵循以下几条规定。

（1）班组成员在完成每个月、每年的计划时，要有具体的指标，并且要用数字说话。

（2）要将大计划分割成小计划，然后将这些计划分配到班组成员，要明确标出每个小计划的责任人和实施者。

（3）当班组成员完成的计划达到了班组想要的结果，班组长就应该制订相应的奖惩计划。

（4）除数字指标外，班组长还要制定要赶超的具体标杆。

（5）班组长要将每件事都落实到班组成员身上，即使是行政工作，也要设置出可量化的工作计划和指标。

班组长在设定团队目标时，要将目标的每一小部分都要落实到班组成员身上，做到责任到人、到事，而且最后的结果要用数字说话，并且要制定相关考核办法，这样有利于班组目标有效实现。

二、有效授权

在班组建设中身为优秀班组长，如果你常常忙得焦头烂额，恨不得能有分身之术；有时候需要员工的帮助，却又不放心怕别人做不好，以至于什么事情都亲力亲为，能解决这些问题的方法就是授权。有效的授权可以通过以下七个步骤完成。

1. 完整计划授权

在授权前，班组长首先评估自己的工作内容和职责之间的关系，检视是否有些执行性或例行性的工作，妨碍了自己投入更多的时间在思考性或计划性的工作上。班组长可以写下工作团队目前负责的所有主要工作，找出哪些工作非自己亲自做不可（例如，工作绩效评估、管理员工），然后将其他剩下的工作，依重要性、风险度及急迫性的高低分类，决定哪些工作可以分配给员工完成。例行公事的工作或以前员工曾参与的工作，非常适合交给员工。

此外，班组长必须厘清自己想要授权的原因。如果班组长授权员工是因为员工比自己更有能力完成任务，或者可以节省工作时间，那么授权没有问题。如果只是因为懒惰，或者任务分量其实很小时，那么还不如自己动手做。

2. 谨慎选择授权的对象

授权的任务必须和员工的特质相符。要把任务分配给最适合的员工，班组长必须对所有员工的技能以及他们对工作内容的好恶有所了解，才能选出具有能力及意愿出色完成任务的员工。

3. 充分解释授权内容

班组长要确定员工了解授权的内容、任务的重要性及急迫性，并告知员工可能会面对的问题。还要向员工说明之所以授权的原因和对任务结果的预期等，帮助员工全面地了解任务的意义，避免员工只是单纯被赋予任务。

告知员工任务内容后，班组长应该要求员工复述，以确认他了解工作内容。只是询问员工是否了解，然后对方点头称是，并不代表员工真正了解。有时候成功授权所需花费的时间和精力，不亚于班组长亲自执行。

4. 排定支持措施

班组长需要告知员工，当他们有问题时，可以向谁求助，并且提供他们需要的工具或场所。当班组长把自己的工作分配给员工时，确定也把权力一起转交。例如，告诉合作对象，自己已经授权给某位员工负责某项工作，请他以后直接给予该名员工协助，事先为员工的工作奠定基础。

5. 做到真正授权

授予员工权力和授予责任一样重要。班组长应该相信员工能够做出正确决定，给予员工完成任务所需的弹性和自由，不要处处插手。员工是不同于班组长的个体，所以班组长不要预期员工会采用和自己一模一样的做事方式。

6. 定时追踪进度

班组长同时需要定时追踪员工的进度，给予员工应得的赞赏与具有建设性的回馈，并且传达关心之意，必要时提供员工需要的协助和指导。班组长可以和员工一起设定任务的不同阶段应该完成的期限、评估工作成果的标准、双方定期碰面讨论的时间及项目等，并且确实执行这些追踪检讨。班组长与员工也可以一起检视当初所设定的目标，防范执行任务可能出现问题。

7. 任务完成后进行检讨

在任务完成后，班组长需要同员工针对下次在授权及接受任务时各自可以改进的地方进行相互讨论和自检。

三、提高团队执行力的策略

（一）强化技能训练，提高班组员工素质

班组团队力量的强弱，取决于班组成员素质的高低，因此，需要将培养员工素质作为班组建设的根本一环。

（1）坚持练内功、强技能。积极引导每名班员制订个人素质提升计划，持续开展业务学习、岗位练兵和技术比武等“练内功”活动，并做到“三强”，即加强超前预知、预想教育，加强安全环境确认确定教育，加强自警自律教育。

（2）坚持练真功、长本领。定期进行案例剖析，人人写心得、谈体会，从中吸取经验和教训，增强员工预知、预防、预控的能力。

（3）坚持练硬功、求实用。致力于实现“零事故、零三违、零返工、质量优”的“三零一优”目标，坚持实用、管用、好用的原则，突出提高员工实际操作水平，重点强化现场“实景培训”，进行“手指口述”操作和岗位标准流程操作，使员工练就过硬的技能，现场操作更具针对性、实效性，更加精准、高效。

（二）推进精益管理，增强班组质量意识

班组严格的管控力是实现安全生产的根本保证，班组管理中要从细微、细小、细节上着手，使上标准岗、做安全事、干标准活成为每名组员的行为准则和自觉行动。

实施“零度容忍”管理。对出现每个细微的失误、失控、失职实行不可容忍、不能容忍、无法容忍的“零度容忍”安全理念来增强员工精细施工、精心操作的意识，并需要配套健全班组安全质量精细化标准、标准流程操作评价、现场文明生产、失职问责和安全绩效考核等班组管理制度，以实现班组管理的规范化、制度化和精细化。

开展“正反优差”选评。要不断增强员工“小事做不好、大事更干不了”的履职尽责意识，注重从小事、小节上深抓细管，广泛开展了“树正面典型、做优秀员工，促反面警醒、查工作差距”活动，定期进行班内选评、组员互

评，优者登“光荣榜”、介绍经验，差者上“亮相台”、自我检讨，使班组处于“时时都达标、班班质量优、天天能迎检”的状态。

创建“流程精品”工程。从每个环节、每个细节、每道工序抓起，对达不到优良品的责任人要进行相应的处罚，增强组员抓质量、创精品的责任心。

（三）培育班组文化，规范班组员工行为

结合班组实际，精心培育班组文化，以此引领人、影响人、塑造人、改变人，有效规范员工行为。

坚持求精美规范人。班组要将考核办法细化为安全理念跃升、质量标准精细、实际操作精准、安全防范精确、安全技能精益、工程质量精美、清洁生产美、作业环境美等项具体考核内容，每月对班员逐个考核点评、打分，通过行之有效的奖惩措施，调动员工追求安全文明美的积极性。

坚持求精细改变人。通过持续优化的精益管理，促进员工精细作业和安全行为的养成，做到由粗放管理向精细管理的转变，增强了班组文化的渗透力和影响力，实现了由注重生命安全向更加注重健康安全的安全理念的新转变。

（四）促进班组和谐共享

班组建设的关键和核心是打造一支能“爱岗敬业、超值奉献，团结协作、追求超越”的和谐团队。要遵循“严管＋珍爱”的原则，把创建和谐班组放在突出位置，积极推进班组管理民主化、班务公开透明化、以人为本亲情化建设。

要建立关爱员工安全、关怀员工生活、关注员工发展，切实提高员工收益、维护员工利益、保障员工权益，实行全员参议、大家商议“两议”的班组民主管理机制；积极推进班务公开透明化，有话讲在当面、有事做在明处，让职工明明白白干活、清清楚楚算账，并做到大事讲原则、一起商量，小事讲风格、相互理解，加深彼此的感情，增进真挚的友情，成为兄弟般、战友式，团结互助、齐心协作的战斗集体。

实务训练

案例一　建设高效团队

小王、小张和老李在刚生产出来的空调周围查找原因，为什么空调指示灯显示运转正常而空调却没有制冷？这种空调是公司新开发的环保节能型空调，小王是生产线上的总装工人，小张是负责生产过程排产和工艺的生产工程师，老李是产品开发工程师，虽然三人在公司的角色和岗位职责非常不一样，但是自这种环保节能型空调投入试产以来，他们三人就在一起工作。在面对问题时，三人并不气馁，他们对每一个环节进行仔细分析，查找原因，不但解决了这个问题，而且顺利地完成了公司新产品的试生产任务。

案例二　打造学习型班组

某污水站班组在制订年度重点工作计划时，考虑到维修组进行设备设施维修时，90%的工作都跟电气相关联，污水站系统已运行多年，电气线路老化程度越来越严重，维修组配备了一名电工，但是很难完成工作任务。

为解决实际需求，班组采取运行与维修人员轮岗培训的方式，选择持有电工上岗操作证的运行人员到维修组进行电气实操培训。年底时在三名轮岗的运行人员中，挑选了一名责任心强且工作能力较强的人员到维修组从事电气维修工作，满足了维修需求。污水站通过轮岗培训，锻炼了员工实际操作能力，激发了员工的学习热情，第二年污水站又有三名运行人员自费报名参加电工培训，考取电工上岗证及等级证书，提高了污水站的整体技能水平。

案例分析：

打造高效团队，不是一天两天就可以实现的，而是一个漫长的过程。在打造一支高效团队时，不可避免地会遇到阻力、困难，甚至是挫折，并不是一帆风顺的。因此，需要大家的坚持，只有经过坚持不懈的努力，才能实现团队绩效的提升，团队绩效在不断的提升过程中，最终会产生升华。打造高效团队，要充分发挥集体的力量与智慧，只有依靠全员的主动参与高效团队的建设，在遇到困难与挫折时，彼此间沟通与协商，只要有全员的参与，依靠集体的力量与智慧，没有什么困难是解决不了的。

学习型班组创建是以班组基本素质（队伍素质、班组长素质、技术素质、硬件条件、环境条件等）为基础，要立足于班组基本素质的改善；以班组管理素质（基础管理素质、班组长管理能力、信息化管理手段、“5S”管理应用、先进管理思想和方法应用等）为前提，要努力把班组的管理搞上去；以班组学习力（班组长的学习、班组成员的学习、学习理念、学习制度、学习动力、学习毅力、学习能力、学习资源、学习硬件等）为支撑，要在提高班组学习力上下功夫。

思考题

1. 高绩效团队的特征体现在哪些方面？
2. 团队建设包括哪些基本内容？
3. 班组团队建设需要经历哪些阶段？
4. 班组团队建设有哪些要点？
5. 班组团队建设有哪些方法？

判断题

1. 团队建设的作用在于最大限度地激发全体员工的目标一致性、主观能动性、工作积极性和思维创造性，提高班组的战斗力、凝聚力和人才培养能力，使之成为企业有生命力和创造力的组织细胞。（　）
2. 团队保持高绩效的根源在于其成员个人能力的卓越。（　）
3. 在班组团队建设过程中要坚持原则基础上的民主。（　）
4. 团队利益和员工的自我发展会发生冲突。（　）
5. 团队建设中，合作是团队的核心，没有竞争。（　）

选择题

1. “为解决组织面临的特殊问题而设立的，其核心是提高产品质量、提高生产效率、改善工作环境等”属于哪种类型的团队？（　）

A. 问题解决型团队　　　　B. 自我管理型团队

C. 多功能型团队　　　　　　　D. 学习型团队

2.“每个人在组织中通过责任、奉献和知识共享把工作做得更快更好的团队。这种团队的核心是协同合作，其最高境界是全体成员的向心力、凝聚力，反映的是个体利益和整体利益的统一，并进而保证组织的高效率运转。”这属于哪种类型的团队？（　）

A. 问题解决型团队　　　　　　B. 自我管理型团队

C. 多功能型团队　　　　　　　D. 学习型团队

3. 以下不属于团队精神的内容的是（　）。

A. 团队凝聚力　　　　　　　　B. 团队合作

C. 团队士气　　　　　　　　　D. 个人能力

4.“班组的日常事务逐渐步入正轨、能够正常运行，但是团队成员对于班组长的依赖是比较重的，团队主要的决策与问题的解决都需要班组长的指示，班组长是很辛苦的。”这是班组团队建设阶段中的（　）

A. 形成期　　　　　　　　　　B. 凝聚期

C. 激化期　　　　　　　　　　D. 收获期

5. 以下不属于班组团队建设过程中需要处理的关系是（　）。

A. 班组团体利益与企业整体利益之间的关系

B. 民主性和原则性的关系

C. 团体利益与自我发展的关系

D. 员工之间的合作关系

参考答案：

√　×　√　×　×

A　D　D　B　D

第七章

班组文化建设

学习目标

1.理解班组文化建设的内容

2.理解班组文化建设的要求和要点

3.掌握班组文化建设的基本方法

学习重点

班组文化建设的内容

学习难点

班组文化建设的基本方法

学习引导

班组不仅是企业生产的基层组织，也是企业文化承载的主体。一个班组的建设能够形成合力，关键是要形成企业文化的共同价值理念、感情基础、行事准则，以及班组多年形成的一种和睦的人际关系。一个有良好文化氛围的人群集合体，能够不断激发员工的能力，促进员工个人目标与组织目标统一，为企业增强持久的活力。因此，要建设充满活力的班组，重心应放在抓好班组文化建设上，从班组文化入手让企业的理想信念、价值观念、行为准则等深入到员工心中。本章将介绍班组文化建设的内容和作用、班组文化建设的要求和要点以及班组文化建设的基本方法。

第一节　班组文化建设概述

案例导入

班组长李伟所在的企业提出“一般企业看高层，优秀企业看中层，卓越企业看基层；三流企业做产品，二流企业做品牌，一流企业做文化”的口号，在企业中广泛开展“精英班组”创建活动，活动分为三阶段。

第一阶段：召开“精英班组”创建工作宣贯专题会——利用周例会时间召集班组长传达“精英班组”创建工作的相关文件精神，并集思广益，收集大家关于“精英班组”创建工作的相关建议。

第二阶段：建立“精英班组”工作小组——根据实际情况建立了精英工作小组，由公司经理、副总经理、车间主任等人组成，在软件建设、硬件建设、基础制度建档、激励机制等方面分工合作，启动“精英班组”基层团队文化建设。

第三阶段：制订“精英班组”创建工作计划——拟订班组文化建设工作进度表，分时间段把各项重点工作分配到个人，并要求按时限完成。

《“精英班组”建设实施方案》的主要目的在于提高班组的执行力和工作绩效，提高凝聚力和协作力，激发员工的活力和潜力。在开展活动时应结合班组实际，着力解决或缓解班组管理中存在的问题。

活动内容可包含班组别称设计、班组 Logo 设计、员工“风采照片”、班组工作理念和口号等；并根据班组实际情况设置可更新的栏目（如班组明星、员工心情、公告栏、学习园地等），定期进行更新。形式上以海报或展板的形式呈现，名片版面设计不拘一格，遵循“主题突出、布局合理、简洁美观”的设计原则。

班组文化建设活动是班组建设和工作的一项基本工作，是班组开展团结、友爱、互助、共赢工作环境的有效方式。班组长要深入推进班组文化建设，充分发挥文化建设活动对全面提升班员综合素质、促进班组不断创新、加快发展的重要作用，创造工作新局面。

一、企业文化与班组文化的定义

文化是按照一定的意图对自然或自然物进行转化的人类全部活动的总和。企业文化是指企业在实践中，逐步形成的为全体员工所认同、遵守带有本企业特色的价值观念、经营准则、经营作风、企业精神、道德规范、发展目标的总和，是一个企业在自身发展过程中形成的以先进文化价值为核心的独特的文化管理模式，是一种凝聚人心以实现自我价值、提升企业竞争力的无形力量和资本。企业文化实质上是一种企业管理哲学理念，是一种综合性的人性化管理氛围，是企业在发展过程中形成的全员遵守的价值标准、基本信念及行为规范的总和，是全体员工共同认同的思想、作风和行为准则。

班组文化作为企业文化的一个重要组成部分，是在统一的企业文化理念指导下，结合班组的工作实际，依据班组的特点，形成具有班组特色的理念体系，是企业文化在基层落地的具体体现。班组文化实质上是班组成员共同认定的思维方式和办事风格，是组内成员付诸实践的共同价值观体系。班组文化要紧密结合企业精神、企业宗旨、企业使命开展工作，并加以概括和提炼。班组也像人一样，必须通过班组文化来展现其特定的性格、层次、思想、精神内涵等。一个没有文化的班组就像是一个没有个性、活力的人，是绝无竞争力的。

二、班组文化的内容

班组文化主要包括班组精神、班组形象、班组文化活动三项内容。

1. 班组精神

班组精神是一个班组精神面貌的展现，是班组优良传统、价值观念、道德规范、工作作风和生活态度的总和，是班组文化的核心。班组成员长期工作和生活在一起，很容易形成共同的价值观、思维方式和工作作风，集中体现在班组精神上。班组精神是班组的一面鲜明旗帜。对班组内部而言，班组精神能够增强班组内每一位成员的主人翁意识，充分发挥每个成员的积极性、能动性和创造性。对班组外部来说，班组精神能够充分展示班组的良好形象，创造良好的班组荣誉。

2. 班组形象

班组形象是班组的信誉、是班组通过多种方式在社会上赢得的企业与班组成员的整体印象与评价，是班组参与市场竞争的一种无形资产。能否培育和塑造良好的班组形象，是关系到这个班组能否具有良好的战斗作风和战斗力，能否完成各项任务的重要保证。班组形象和企业形象是密不可分的，良好的班组形象同时也是企业在社会公众中的价值体现。

3. 班组文化活动

班组文化活动也是班组文化要素中不可缺少的一项。丰富多彩、小型多样的班组文化娱乐活动既可以丰富班组成员的业余生活，加强班组成员之间的感情联系，又可以陶冶班组成员的思想道德情操，营造健康向上的文化娱乐氛围。比如读书演讲活动、书法绘画活动、摄影展览活动、球类比赛、班组间的对抗赛等。这些活动的开展为班组文化的建设搭建了精彩平台。

三、班组文化建设的作用

班组文化建设对于促进企业和班组的发展、激发员工的工作潜能、提升班组管理的有效性、提升班组的核心竞争力有着至关重要的作用。

1. 优秀的班组文化有利于企业和班组的健康发展

优秀的班组文化对企业的发展具有重要的意义。加强班组文化建设，可以提高基层员工对企业的认同感，增强班组内部凝聚力。加强班组文化建设，可以统一员工思想认识、缓解基层员工的压力，塑造充满活力的企业氛围，有利于提高员工的工作效率。

2. 优秀的班组文化能有效激发班组成员的工作潜能

气氛和谐、关系融洽是班组能发挥工作潜力的重要条件，优秀的班组文化有利于协调好班组成员之间的关系。员工在良好的氛围中相互沟通与合作，就会形成班组共同的语言、思维方式和行为准则，这有利于形成积极向上的班组氛围，有利于形成团结友爱、相互帮助的班组集体，有利于班组的协调发展。班组文化还能够培养班组成员之间相互尊重、改革创新以及团结协作的精神，是班组成员之间沟通的渠道，是班组内部团结的纽带。

3. 优秀的班组文化能够提升班组管理的有效性

班组管理的最高境界是用文化管理班组。拥有良好班组文化的班组往往拥有良好的班组环境，其成员也往往都拥有着共同的价值观，班组成员的个人价值与班组的集体价值相一致，整个班组和谐向上、充满活力和生机。优秀的班组文化还有利于班组共同目标的实现。班组成员之间树立共同的愿景、共同的文化心理，建立起相互认同、相互合作的基础，保持精诚合作、取长补短，最终实现班组的共同目标。此外，优秀的班组文化有利于建立高效的执行文化。在班组文化的激励下，员工不断关注企业生产和管理中存在的问题，不断地深入思考、提出建议、持续改进，优质高效地完成各项任务。

4. 优秀的班组文化能够提升班组核心竞争力

优秀的班组文化是形成班组共同价值观的基础。共同价值观能够对班组内个体成员的行为产生约束和影响，并逐渐形成自身的行为规范，显出这个班组的行为风格和准则。员工在工作中有一个共同的价值观念，这不仅是班组文化的核心内容，也是企业文化的重要组成部分。为了共同目标，班组成员之间相互学习、共享信息、不断创新，对提高班组的工作效率也起到促进作用。

第二节　班组文化建设的要求和要点

案例导入

根据企业的总体要求，班组长李伟和班组成员一起制订了班组文化建设活动方案。

一月：①组织开展 TPM、5S 活动，同时开展关于班组文化建设活动的宣传工作，发放班组文化建设的宣传资料；②宣传稿上报。

二月：①设立班组文化建设的组织机构，设立班组愿景，个人愿景；②宣传稿上报。

三月：①正式启动班组文化建设活动；②宣传稿上报。

四月：①整理班组建设的相关资料；②整理班组建设基本情况，做好班组建设的下一步工作；③做好 TPM 展板内容，宣传稿上报；④拟定班组文化建设各项制度。

五月：①组织开展班组技术知识交流活动，分享工作经验，齐心协力，共同解决工作难题；②做好班组安全文化宣传活动；③每月“我眼中的明星”评比上橱窗；④开展技术比武活动。

六月：①开展班组劳动竞赛，搜集班组成员对于班组文化建设的合理建议；②迎接好安全月活动的主题工作；③每月宣传稿上报；④ TPM 活动讨论会；⑤每月“我眼中的明星”评比上墙。

七月：①做好上半年班组文化建设的工作总结；②整理各运行班组的工作（活动）资料，存档；③宣传稿上报；④ TPM 活动半年工作总结；⑤每月“我眼中的明星”评比上墙。

八月：①组织安全文化教育图片展；②开展文化体育活动、宣传稿上报；③做好 TnPM 展板的正常工作；④每月“我眼中的明星”评比上墙。

九月：①组织读书活动，要求每个成员写一篇心得；②宣传稿上报；③每月“我眼中的明星”评比上墙。

十月：①开展经验交流讨论会；②调查班组成员的培训需求；③宣传稿上报；④ TPM 按月开展；⑤每月“我眼中的明星”评比上墙。

十一月：①岗位练兵活动；②布置班组文化墙；③ TPM 开展工作分析；④每月“我眼中的明星”评比上墙。

十二月：①做好法制宣传月系列活动；②开展元旦、年底系列主题活动；③收集整理班组文化建设活动的资料；④完成年度班组优秀积极分子的评选；⑤做好本年度班组工作总结；⑥召开班组年终总结会；⑦布置班组文化墙；⑧每月“我眼中的明星”评比上墙。

熟悉班组文化建设的阶段和要求，明确班组文化建设要点是每一位班组长需要思考的问题。

一、班组文化建设的阶段

班组文化建设是一个长期的过程，需要不断耕耘、不断强化，逐渐内化为员工的习惯。班组文化建设一般来说会经历四个阶段。

1. 认知阶段

这个阶段是对班组文化认知和了解的过程，在融入班组的过程中，通过班组的文化手册、文化看板以及班组长、老同事的言传身教，逐渐认知和了解班组所强调的价值观和行为习惯。在认知阶段，班组文化建设的主要工作是丰富班组文化的物态载体，清晰呈现班组的文化内涵，同时，加强班组文化的日常宣贯。

2. 认同阶段

受到外界和环境的影响，而逐渐地接受和认同班组文化，主动地与班组文化理念要求靠近，并以此约束自己的行为。在这个阶段，班组文化建设的主要工作是通过标杆影响、评价引导、奖惩导向等方式，强化班组文化的落实。

3. 习化阶段

逐渐地从被动接受到主动接受，将文化理念融入自己的行为中，成为自己潜意识的行为习惯。同时，班组员工也成为班组文化的守护者和传承者。

4. 创新阶段

班组文化建设也不是一劳永逸，随着环境的变化、管理的发展，班组的文化建设也需要与时俱进，班组文化是一个不断创新和发展的过程。班组文化的建设和培育是一项长期工程，在这个过程中，可能还会出现班组成员的价值观念由于环境的影响因素而出现反复，这更增加了班组文化建设的难度，因此班组文化建设需要常抓不懈。

二、班组文化建设的要求

1. 要体现现代企业经营理念

现代企业经营理念的核心是以顾客为中心、以人为本、不断创新。班组作为企业的“基本细胞”，作为企业经营理念的最终落实点，在班组文化建设中也应以此核心理念作为根本，将客户视为上帝，树立市场发展观，以人为本，不断创新。在体现企业经营理念的基础上，班组文化建设还必须结合实际，依据班组的特点，确立如服务、管理、安全、质量等理念，才能形成具有班组特色的理念体系。

2. 要与企业发展战略目标相一致

班组文化是企业文化的重要组成部分，因此，班组文化建设应该与企业的总体发展战略目标保持一致，服从于企业发展战略目标。以“人本管理”思想为指导，服务是宗旨，安全是基础，管理是重点，科技创新是灵魂，经济效益是中心，全面落实科学发展观，建设企业一流领先的班组。

3. 要发扬体现行业特征的优秀班组精神

班组精神是班组文化建设的核心内容，是班组成员共同价值观的集中体现，它是班组在长期生产经营实践中所形成的被班组全体成员所认同和自觉遵守的群体意识，是班组生存以及发展的动力源泉。班组长应发动全体班组成员，通过开展各项班组文化建设活动，总结和提炼班组在长期生产经营实践中所形成的价值观念，并大力培养和发扬体现行业特征的优秀班组精神。

4. 要为组织目标服务

班组文化应该是适应企业战略要求和组织结构的，同时能够有助于团队目标的实现。建设班组文化的关键要求是从团队自身所担负的职责出发，以对整个企业的责任来界定合适的文化。

5. 要树立良好的班组形象

班组形象主要包括班组员工形象、班组环境形象、班组文化氛围。首先，班组文化建设应认真履行对社会的质量与服务承诺，努力提高产品或服务质量，切实培养班组成员良好的政治思想素质，纠正不文明之风，使班组成员具有良好的职业道德素质以及技术业务素质，从而树立良好的班组员工形象。其次，班组文化建设要关心员工生活，重视班组生产以及生活环境的建设。坚持文明作业、文明生产，保持优良秩序，创造优美的班组环境，确保搞好班组优质生产。最后，积极组织和开展具有较高文化艺术品位、内容丰富、形式多样的班组文化活动以及业余文体生活，陶冶员工的思想道德情操，培养班组成员的群体竞争意识以及自我实现意识，增强班组成员爱企、爱岗的主人翁意识，从而营造出班组文化建设的良好的内外部环境。

三、班组文化建设的要点

在班组文化建设过程中不要毫无甄别地学习别人的文化，要根据企业文化的内涵以及班组自身的特点，创建有班组特色、能够服务于班组建设的班组文化。

1. 班组文化的建立方式同企业文化的建立方式不同

班组文化是企业文化的重要组成部分，但是班组文化建设并不等于企业文化建设的简单复制，两者有不同的侧重点。企业文化更多的是对理念的提炼和确立，对制度规范的总结和制定，当然在企业文化建设过程中需要征求班组员工的意见，以求得认同和支持。对于班组来说，主要任务是结合所承担的责任，践行企业的理念，执行企业的制度和规范。企业文化的测评和考核，主要是调查和了解班组成员对企业理念、企业价值观的认同程度，企业文化不需要员工死记硬背，它是潜移默化地体现在员工工作和行为当中。

2. 物质文化建设和精神文化建设并举

班组文化建设中需要注意的是不能单纯抓精神文化在班组的落实，要在抓精神文化的同时抓好班组物质文化的建设，要通过各种投资大力改善班组的工作环境和精神环境，物质文化建设是精神文化建设的基础。

3. 体现班组特色

不同班组承担的任务不同、工作重点不同，因此不可能有统一模式的班组文化。班组文化要立足班组实际，体现本班组特色，能够被本班组员工高度认同。在班组文化建设过程中，班组间可以相互学习、相互借鉴，但是要注意在班组特色上探索和发展，重视总结和推广能够体现班组特色的典型和经验。

4. 班组文化要与时俱进、不断创新发展

班组文化是一个不断创新和发展的过程，随着内外部环境的变化、管理的发展，班组文化也要随之发展。班组在班组文化建设上要适应时代发展的要求，不断创新和发展班组文化的模式和内容，使班组文化能够更好地体现时代特征、企业需要。

5. 提高班组长的综合素质

班组长是班组的带头人，既是生产技术骨干，又是班组生产管理的组织者和实施者。要致力于创建和谐的、积极向上的班组氛围，班组长要不断提升自身的综合素质。在工作和生活中要多听、多想、多看，加强与班组成员的谈心和交流，使班组成员之间形成一种群策群力，技术难题共同攻关，好的经验共同分享的良好氛围；要以身作则，带头学习科学文化知识，钻研业务，带领全班组成员不断创新。

第三节　班组文化建设的途径和机制

案例导入

在班组文化建设过程中，李伟和班组成员进行了很多有益的尝试，活动形式丰富多彩，如“青蛙跳”，即每周将班组成员绩效的完成情况折算成积分，根据积分排名情况将青蛙图片粘贴在相应的位置，班组成员能够更加直观地看到自己工作所取得成绩，这种生动活泼的形式有效调动了班组的激情。根据排名情况，李伟对业绩完成好的班组成员进行及时鼓励，对完成任务相对较差的人员及时进行面谈指导，并请完成任务较好的人员进行经验交流。“青蛙跳”将排行榜这种最常见的目标过程评价手段，通过创新游戏规则和评比的形式运用到班组建设中。此外，李伟的班组还开展了“我为班组起名字”“我为班组设计 LOGO”“喊出我们的精神”等活动，极大地调动了班组成员的热情，鼓舞了士气。

采用多种工具和方法创建良好、有特色的班组文化，提升班组整体素质和自主管理水平，是每一位班组长需要面对的问题。

一、班组文化建设的途径

班组文化建设的形式是多种多样的，如班组活动、班组文化墙、班组标杆等，实际工作中可以通过以下四种途径来实现，即文化传承、榜样教育、师者布道、组织仪式。

文化传承是指继承上一代优秀的文化理念和文化精神，将这些优秀的文化理念和文化精神灌输给下一代，并使之接纳和吸收的过程。班组文化传承是指班组成员将班组的优秀事迹、优秀案例、优秀管理方法等通过文化传承让新员工了解班组的历史，继承班组的优秀文化精神并发扬光大。通过文化传承，不仅加深了班组新成员对班组的认识，也加强了班组新成员的归属感。

榜样教育是通过以班组的优秀事迹、优秀员工为榜样，树立标杆进行学习。通过榜样的力量，使班组成员找到与榜样之间的差距，从而向榜样看齐不断改进与创新。

师者布道是指通过前辈或者师傅、领导的培育和教导，使班组成员快速健康成长。师者布道将师傅的一些经验、方法、技巧、优秀文化理念和文化传统传给新成员，让班组成员在耳濡目染中感受班组文化的熏陶。

组织仪式是组织各种班组文化活动或仪式来增强班组员工的沟通与交流，提高班组成员对班组文化的认同感，从而提高班组凝聚力和向心力。

二、班组文化建设的机制

在班组文化建设的过程中，应巧妙地综合运用一些方法来加强本组文化建设，从而推动整个班组的建设。班组文化建设的方法可以体现在相关机制的建立上。

1. 赛场机制

赛场机制是倡导一种在实际工作中奠定领先地位的方法。在班组中所有的岗位都是在实际工作中通过自己的努力获得的，每个工作岗位都存在一定的级别。通过定期考核，不合格者自动降入下一级，而每一级的收入和待遇是相差很大的，迫使班组成员随时都在努力地提高自己的工作能力。班组内可以通过分组竞赛、个人评比、岗位练兵、技术比武、绝活分享等形式使赛场机制落地。

2. 荣誉机制

荣誉机制是指在班组建设中荣誉的赋予能够激发人持续的能动性和自我

实现感，被赋予荣誉的人会自我设置更高的标准。荣誉机制通过正向激励塑造文化，用荣誉激励行为、创造价值、塑造品格、产出绩效。荣誉机制的落实可以通过在班组内评选班组之星、每日一星、安全之星、质量之星、学习之星、创新之星、和谐之星、快乐之星、优秀班组等荣誉称号，或是以员工名字命名的创新技术成果等形式实现。

3. 分享机制

分享机制提供了班组成员与他人互动、与环境互动的机会，实现了班组内部思想、知识、经验、成果的交流与共享。分享机制的实质是通过信息的传递与反馈，使分享者从体验性实践中实现心理和行动上的双重提升。分享机制的建立可以通过早晚会分享、学习会分享、交流会分享、案例分享、绝活分享、每日一题、每日一议、每日一新、非正式分享等形式实现。

4. 轮值机制

轮值机制是指在一定周期内赋予班组成员特定的责任和权力，使其在相关岗位上承担责任、行使权力、履行义务。轮值机制可以使班组成员能够进行换位思考，展现自身的聪明才干，在轮值过程中得到锻炼和提升，增进组内的团结与和谐。班组内轮值的主要方式有例会主持、日常管理、技术学习、案例分析、活动主持、学习培训等。

5. 评议机制

评议机制是指鼓励团队成员通过一件事或一个案例进行相互学习和分享评议，交流其中的经验，借鉴成功点，发现其中的不足，避免同样的错误，从而客观认知每个人的优势和劣势，弥补能力缺陷。在评议机制下，班组成员能够相互激励鞭策，实现思想融合和优势互补，同时能够增进彼此之间的信任。评议可以通过工作评优、先进评选、分享学习、案例评议、即时点评等形式。

6. 炼化机制

炼化机制是基于个人的成长、成就、影响力、成熟度而进行人性重塑、品格再造的系统工程。基于个人日常工作和生活中价值不敏感、学习不敏感，促使人在每天、每件事中的沉淀，化解日学而不进、日思而不行、日做而不知的劣根性，进而生成自驱动、自修复、自涌现的智慧力、行动力、品格力、习惯力，从而实现人性的再造。炼化机制是实现全员、全方位、全过程的“三全”管理落地的有效载体，通过挖潜员工本能并激活，引导员工价值判断，重塑员工品格与习惯，建立健康的班组文化。炼化机制的落实可以通过在班组内开展改善提案活动、案例分享活动、自我点评活动、现场5S活动等形式实现。

7. 活力机制

活力机制就是营造一种氛围，塑造一种环境，激发员工潜能，调动员工积极性，缓解员工工作压力，提高团队的战斗力，打造和谐团队。建立活力机制的形式多种多样，讲笑话、讲故事、唱班歌、喊口号、固定鼓掌、安全宣誓、仪式嘉许等都是很好的活动形式。

实务训练

案例　班组LOGO设计大赛

某企业在内部开展班组LOGO设计大赛活动，包括理念现场讲解、设计过程演示、观众投票、评委打分、LOGO展示五个环节。设计大赛引发了员工高度的参与热情，群策群力设计出自己认为最能表达班组文化内涵的标志。比如某班组在设计LOGO过程中采用了头脑风暴的形式，集思广益，他们认为，班组文化应该是对企业文化的传承和延伸，该公司的特色文化是“家和”文化，班组中领导给予的关爱，同事间如兄弟姐妹般的友情，正是对“家和”文化最好的诠释。对于LOGO的形象大家各抒己见。有人建议用一个屋子的形象，有人建议用英文字母“family”。一位员工提议，“用一只手吧，我们班组每个人，五根手指长短不一，但是紧握时可以将班组力量最大限度地发挥”。大家纷纷表示工作愿景是标志设计的重要组成部分，反映班组的整体价值观、团队信仰，一束代表着高效、执行、创新、精细、成长、沟通和关爱元素的七色彩虹就是工作愿景的最佳表现。标志中间的一朵花出自那只手的辛苦培育，从手的指尖开出，象征着班组之花在每位员工的心中绽放。七色彩虹和手自然地连接，像一股力量源源不断地注入这只手内，这股力量是来自企业深厚的文化底蕴。

经过一周的设计，公司的员工共设计出40多个班组LOGO图案。在展示评比过程中，每个标志的设计团队均上场讲述LOGO设计理念，由评委组打分，结合公司全体员工投票结果综合评定出8个优秀LOGO，分别冠以“最佳创意奖”“最佳团队奖”“最佳构图奖”等奖项，所有参赛作品均被打印出来在公司中心文化墙进行展示。

大赛之后，各班组的员工都把班组LOGO打印出来，挂在班组内，对自己，是目标也是镜子；对外，是展示也是宣传。该公司以班组LOGO设计大赛为起点，开展了班组口号征集、班组文化海报设计大赛等一系列活动，形成了一整套班组文化显性标识，将班组文化的落地工作推向深入。

LOGO设计大赛对于班组文化建设的作用体现在哪里？在具体实施中需要注意什么问题？

案例分析：

案例中采用班组标志设计大赛的方式开展班组文化建设，方法比较新颖。充分地调动员工积极性，将“要我做”转化为“我要做”，增强了员工的归属感、使命感。班组成员经过思考、设计形成LOGO的过程，就是一个对原先班组文化模糊的概念到以LOGO这个清晰度表现形式展现的过程，而设计成形的LOGO作为班组文化在物质层的表现，由于其来自于班组，因而更能为班组成员所理解、接受和认可。班组文化的理念要素，通过LOGO这一图形表现形式，可以更加直观、有效地传递给每一位班组成员。

在班组文化建设过程中，要注意给予员工积极向上的引导和启发。如案例中LOGO设计对于大部分员工来说是比较陌生的领域，班组可以组织相关知识培训，启发帮助员工完成设计。

思考题

1. 班组文化包括哪些主要内容？
2. 班组文化建设的重要作用体现在哪些方面？
3. 班组文化建设需要经历哪些阶段？
4. 班组团队建设有哪些要求？
5. 班组团队建设有哪些要点？
6. 班组文化建设可以借助哪些工具？
7. 班组文化建设中可以运用哪些机制？

判断题

1. 企业文化是企业在发展过程中形成的全员遵守的价值标准、基本信念及行为规范的总和，是全体员工共同认同的思想、作风和行为准则。(　　)

2. 班组文化要具有班组自身的特点，可以与企业文化不同。(　　)

3. 班组文化主要包括班组精神、班组形象、班组文化活动三项内容。(　　)

4. 班组文化建设对于促进企业和班组的发展、激发员工的工作潜能、提升班组管理的有效性、提升班组的核心竞争力有着至关重要的作用。(　　)

5. 班组文化建设是一个长期的过程，需要不断耕耘、不断强化，逐渐内

化为员工的习惯。(　　)

6. 班组文化建设应该与企业的总体发展战略目标保持一致，服从于企业发展战略目标。(　　)

7. 班组文化的建立方式同企业文化的建立方式是相同的。(　　)

8. 班组文化要立足班组实际，体现本班组特色，能够被本班组员工高度认同。(　　)

9. “榜样教育”是通过以班组的优秀事迹、优秀员工为榜样，树立标杆进行学习。(　　)

10. “组织仪式”是组织各种班组文化活动或仪式来增强班组员工的沟通与交流，提高班组成员对班组文化的认同感，从而提高班组凝聚力和向心力。(　　)

选择题

1. “是班组的信誉、是班组通过多种方式在社会上赢得的企业与班组成员的整体印象与评价，是班组参与市场竞争的一种无形资产。”这是班组文化内容中的哪一项？(　　)

A. 班组精神　　B. 班组形象

C. 班组文化活动　　D. 班组口号

2. “班组文化建设的主要工作是通过标杆影响、评价引导、奖惩导向等方式，强化班组文化的落实。”这属于班组文化建设哪个阶段需要采取方法？(　　)

A. 认知阶段　　B. 认同阶段

C. 习化阶段　　D. 创新阶段

3. 以下不属于班组形象的是(　　)。

A. 班组员工形象　　B. 班组环境形象

C. 班组文化氛围　　D. 企业形象

4. “在班组内评选班组之星、每日一星、安全之星、质量之星、学习之星、创新之星、和谐之星、快乐之星、优秀班组等荣誉称号，或是以员工名字命名的创新技术成果等”属于班组文化建设机制中的(　　)。

A. 赛场机制　　B. 荣誉机制

C. 分享机制　　D. 轮值机制

5. “基于个人的成长、成就、影响力、成熟度而进行人性重塑、品格再造的系统工程”属于班组文化建设机制中的（　）。

A. 荣誉机制　　B. 评议机制

C. 炼化机制　　D. 活力机制

参考答案：

√　×　√　√　√

√　×　√　√　√

B　B　D　B　C

第三篇

班组长的工作能力

第一章

班组长的沟通协调能力

学习目标

1. 了解沟通的目的和方式
2. 理解班组长同不同人员沟通协调的要点和内容
3. 掌握班组长协调沟通的技巧

学习重点

班组长同上级、同级、下级沟通的要点

学习难点

班组长协调沟通的技巧

学习引导

班组长在企业中起到“兵头将尾”的作用，班组之间的工作协作很大程度取决于班组长的沟通协调能力。班组长在针对班组之间业务上交叉重合时，要及时与上级主管部门沟通划分工作任务，做到工作责任明了，杜绝有互相推诿的借口；遇到大型作业需要几个班组共同作业的情况时，各班组长之间要本着友好互助的态度，做好工作的协调和配合，要根据自己班员的技术能力情况，合理安排各自班员的工作任务，并在工作配合过程中做好监督和沟通。本章将介绍班组长协调沟通的主要内容以及实务技巧，使班组长能够对协调沟通能力有更加清楚的认识。

第一节　班组长沟通协调的内容

案例导入

最近，班组长李伟感觉总是碰钉子，但又不知道是哪里出现了问题。

这些日子正赶上“桑拿天”，天气十分闷热，车间里温度高达40多度，看到兄弟们挥汗如雨，李伟实在心疼，就跑出找车间主任：“主任，今天太热了，干脆让兄弟们休息半天吧！”车间主任因为生产进度慢，交货期要延误的问题，刚刚挨了上级批评，听到李伟的话，就没好气地说：“你说歇就歇，耽误了生产进度谁负责？你是主任还是我是主任？”李伟小声嘟囔：“那也不能拿兄弟们的生命当儿戏呀？”车间主任发火道：“什么话，有本事你去找经理，别在这里充好人。”李伟感到既生气又委屈。

车间里有几台设备比较老，最近越来越不好使，给维修车间报修，他们过了半天才过来，看了看说：“现在没有配件，你们再等等吧。”李伟很着急：“你们让我们等到什么时候，耽误了交货谁负责？”对方说：“我们又不是为你们一个车间维修，那边还有一台重要的泵正等着我们修呢，今天晚上又得加班，你着急，我比你还急呢！”

……

为了能够达到直接的意见沟通、必要的信息交流，班组长应具备较强的沟通协调能力，良好的沟通协调能力能够有效地减少摩擦、融洽气氛、提高员工士气，能够构筑良好的信任关系。

一、班组长沟通协调的重要性

班组长第一个能力就是与人沟通的能力，怎样去与人沟通而不是命令，怎样沟通才能达成共识，怎样沟通才能有利于班组的建设，是每一个班组长都需要思考的问题。沟通是为了特定的目标，把信息、思想和情感在个人或群体间传递，并达成共识的过程。沟通有四个特点：①随时型，即我们所做的每一件事情都是沟通；②双向性，即我们既要收集信息，又要给予信息；

③情绪性，即信息的收集会受到传递信息的方式所影响；④互赖性，即沟通的结果是由双方决定的。

在班组长的日常工作中，沟通是一项重要的技能，有效的沟通可以促进工作的积极开展，可以使思想保持一致、产生共识；可以减少工作上的摩擦争执与意见分歧；可以使班组长洞悉真相、排除误解；可以减少互相猜忌、凝聚团队情感；可以疏导人员情绪、消除心理困扰；可以使员工了解组织环境、减少革新阻力；可以收集信息、使团队状况共有；可以增进人员彼此了解、改善人际关系；而且与他人沟通越充分，就越有可能实现自己的目标，同时任何形式出现的不良沟通都有可能带来时间和资源的浪费。

二、班组长沟通的形式

在班组长的日常工作中，面对面的交流是沟通的主要形式，同时也可以通过书面形式、体态语言形式、电子媒介形式等。

（1）口头形式。如开会、谈心、汇报、讨论、传闻、小道消息等。

（2）书面形式。如报告、备忘录、信件、期刊、布告栏等。

（3）非语言形式。如标识等。

（4）体态语言形式。如手势、面部表情、其他身体动作等。

（5）电子媒介形式。如电话、计算机、传真等。

三、班组长日常沟通的内容和要点

（一）与上级的沟通

与上级的沟通是指与直属上司的沟通，也包括与上司的同事、上司的上司之间的沟通。主要沟通的形式就是接受命令、汇报工作、商讨问题、表达不同意见。以下是班组长面对不同部门的上级时，进行沟通协调的主要内容、形式和要点。

1. 与部门领导的沟通

班组长与部门领导沟通的主要内容有：①工资分配问题，如任务少或人员调整频繁，工艺技术问题较多等引起的效率低下，希望能够在分配任务时给予支持；生产线不顺畅导致定额少，争取多给予定额等。②出现重大质量问题，例如多次与工艺员接触未果或严重的投诉等。③遇同级间无法协调解决的问题，如人员调动、质量异议等。以上问题主要通过汇报或书面报告的形式沟通协调。在沟通协调过程中要做到除非万不得已不要找部门领导，要想办法自己解决，尽可能结合分配制度思考是否汇报；找部门领导前要充分准备，要准备好书面的材料，尽量用数据说话。

2. 与技术质量组组长的沟通

当现场出现重大的工艺技术质量问题时，班组长需要以报表或报告的形式同技术质量组组长沟通，沟通前要准备准确的资料和依据。

3. 与生产管理组组长的沟通

班组长与生产管理组组长沟通的主要内容包括生产进度情况、零件齐套情况、设备紧缺情况、人员紧缺情况、质量问题等。主要沟通的方式是口头沟通及书面报告。班组长需要经常同生产管理组组长沟通，并且做到及时沟通，当生产进度出现问题时要分析原因及明确需要何种支持。

（二）与同级的沟通

与同级的沟通是指与同级的管理者、部门之间的沟通，这种沟通也称为协调。与同级进行沟通时，要明确与其的合作关系，沟通方式更多采取的是寻求帮助或是提供支持。以下是班组长面对其他班组长或是其他班组管理者时，进行沟通协调的主要内容、形式和要点。

1. 与其他班组长的沟通

与其他班组长主要协调的内容有：①探讨如何管理员工，如何排产及出现的问题；②工序增加需临时借调人员；③设备出现故障后需增加工序或设备时，班组间协调是否可以借用；④根据生产计划执行情况及时和前后道班组长沟通工序积压的解决方案并随时跟踪进展情况；⑤协调班组间的冲突。与其他班组长的沟通主要通过面谈或是电话的形式。在沟通协调时，要尊重对方，多倾听对方意见，重视对方意见，不背后议论；把困难留给自己，把方便留给别人；保持克制，就事论事，避免冲突。

2. 与工艺员的沟通

与工艺员沟通的主要内容有：①每天每工序出现的工艺技术问题；②现场发现的问题可以修改、增加工序等意见或建议；③贯彻标准作业中涉及作业指导书与实际操作不相符或不能按照作业指导书操作；④零件不能满足生产要求时商量决定是否需要投诉。班组长需要经常与工艺员通过面谈或书面报告进行沟通。在沟通过程中，班组长要能够站在对方的角度看问题；团结，避免冲突。

3. 与设备维修人员沟通

班组长向设备维修人员沟通的内容主要有：学习如何保养设备，当设备出现问题需要维修或巡线过程中出现的问题，设备在半小时内没有修理好。与设备维修人员沟通主要通过面谈或是当面咨询的形式，在沟通过程中，班组长应本着解决问题的态度，不能着急。

（三）与下级的沟通

与下级沟通是班组长最为重要的工作内容。同下级沟通主要通过下达命令、听取汇报、商讨问题、提出建议。在与下级进行沟通时，班组长要了解对方的心态，进行预先通知并做好充分分析准备，沟通过程中如果出现问题要打破僵局、调整气氛，不要先入为主要先听取对方表达意见，有针对性地进行交流。以下是班组长面对班组成员时，进行沟通协调的主要内容、形式和要点。

1. 与领料员的沟通

班组长与领料员的沟通主要是根据排产情况及时了解零部件齐套情况，同时对缺件进行协调。沟通的主要形式是面谈，班组长要与领料员保持经常性沟通，以避免生产过程中物料出现问题。

2. 与班组成员的沟通

班组长与班组成员主要围绕以下内容进行沟通：①针对班组的一些问题，听取员工的意见和看法；②新员工到位后，除教会该工序操作外，还需随时跟踪询问情况；③员工的合理化建议采纳及推广；④了解员工近期的想法，因势利导，从而提高员工队伍积极性和稳定性；⑤处理问题员工；⑥表扬先进员工；⑦新员工背景沟通，主要是先期工作经历，掌握员工心理。

第二节　班组长协调沟通的技巧

案例导入

在一次工作检查中，班组长李伟发现班组成员小李没有按照要求进行操作，当时就严厉地批评了他。这件事之后，李伟发现小李工作态度消极，自恃资历老，对布置的工作全凭兴趣和心情完成。尽管多次找他谈话，要求他加强工作责任心，但都收效甚微。用绩效评定考核的方法来改变其工作作风，反而起到相反的作用，小李认为是李伟有意和他作对，对分配的工作更是寻找各种理由推脱。

李伟认真观察了几天后，发现小李工作能力还是很强的，只不过自身存在一些问题，而且性格比较倔强。因此，李伟就将班组中一些比较有挑战性的工作交给小李做，并同他一起分析工作中的难点，同时充分肯定他的工作能力及工作成绩。当小李完成工作任务之后，李伟在第一时间向他表示祝贺，并在全体班组成员面前提出表扬，感谢他为班组做出的努力和贡献。在班务会上，李伟特别提出并分析小李的工作成绩，称赞他的工作能力，并建议全体班组成员向小李学习，同时让小李帮助那些技术能力较差的组员。渐渐地，小李完全转变了工作态度，成为班组中活跃的技术骨干。

针对不同的沟通对象和沟通场合，运用合适的沟通技巧是每一位班组长需要具备的能力。

一、班组长与上级沟通的技巧

班组长首先要时刻保持主动与上级沟通的意识。上级领导由于工作繁忙不可能事事兼顾，因此班组长不能只是埋头苦干而忽视了与上级的有效沟通，要养成主动与上级沟通的意识，有效展示自身能力和努力。同时，要保持真诚的尊重领导的态度。尊重领导是自身素养的表现，同时也是为人下属必须遵循的首要原则，在尊重的前提下有效表达反对意见，有智慧地说“不”。

尊重领导不等同于溜须拍马，在照顾领导面子的时候不能失去自我。当上级领导没有将急需的资源给自己的时候，首先要反省自己与领导的沟通方式是否正确。在沟通时，不仅要善于表达自己的观点和意见，更要学会倾听，揣摩领导的想法，巧妙地借领导之口表述自己的观点，赢得领导的认同与好感。日常工作中有时候由于沟通方式或时机不当，造成与领导沟通出现危机，让领导产生误会与不信任时，要及时找合适的时机主动地解释清楚。以下是班组长同上级沟通时需要注意一些重要问题：①了解上司的处境，进行换位思考；②改变自己要比改变上司容易；③随时提供详细的记录材料；④要完整地提出计划；⑤接收工作命令后要贯彻始终；⑥永远不要低估上司；⑦要获得上司的帮助；⑧要适当地赞美上司。

二、班组长与同级的沟通技巧

与同级的沟通对于班组长来说是非常重要的，因为大生产最大的特征离不开其他部门的协调，同级之间的沟通决定组织的正常、良好的运转。班组长与同级部门间的沟通需要判断是否需要使用正式沟通渠道、是否需要立即送达、是否需要直接送给接收者、是否要求对方立即答复。同时需要注意进行换位思考、从大局出发、避免感情用事、开辟多种沟通渠道等。具体而言，需要注意运用以下技巧。

1. 明确对方利益

班组长不能要求对方也能换位思考，但是必须明确告诉对方利益点在哪里，不能让对方猜测，事前告知相关规则和要求。

2. 加强情感沟通

对同级取得的成绩要表达赞美，要真心为对方高兴。同级部门间可以开展多种形式的交流活动增进彼此间的情感沟通。

3. 提供支持帮助

为平级部门或同事工作的开展提供支持和帮助。在请对方帮忙时，看看自己能为对方做些什么，以加快对请托之事的回应速度。

4. 主动承担责任

尽管在短期内可能因为主动承担责任会受到批评或惩罚，但从长远来看，对于部门或同事间良好关系的形成更加有利。

5. 优化工作流程

工作中出现问题，主动从过程中找原因，去掉不必要的步骤，明确相互的要求，保证流程的增值和效率。

三、班组长与员工的沟通技巧

（一）说服组员的技巧

班组长与班组成员沟通的一项重要内容就是说服，说服就是将自己的想法和希望做的事情向对方讲清楚，让对方接受，使对方行动起来，并且努力去做。为了进行有效的说服，必须遵循三个原则。

第一，用事实说话。班组长要少讲大道理，多用事实、数据讲话，因为数据的说服力是最强的。

第二，让员工明白工作的价值。员工只有了解做一件事情的价值，才能激发行动的积极性。如果员工做得不好，班组长还要指明不利之处，说服对方。

第三，必要时采取严厉的措施。班组长要先耐心说服员工，如果员工屡教不改，关键时可以用强制的手段，如采取严厉的批评。

做好说服工作，除了掌握说服的三原则，还要掌握说服的技巧，以下是说服技巧。

（1）班组长要改变组员已经公开宣布的立场，要做的就是尽量顾全他人的面子。在实际工作中，班组长最好采取单独面谈的方式，让下属避开公众的压力，使其反省。

（2）班组长要说服组员，要设法缩短与其之间的心理距离，通过提出共同的意识，使激烈反对领导的人听从领导者的劝说，这样，班组长就有了解释自己的观点进而赢得别人之心的机会。

（3）班组长应适时地给予鼓励慰勉，褒扬下属的某些能力，引导他们顺水行舟，更加努力工作。对员工某些固有的优点给予适度褒奖，以使员工得到心理上的满足，减轻挫败时的心理困扰，使其在较为愉快的情绪中接受劝说。

（4）当组员与自己的意见和看法相左时，切忌用权力压倒下属。要克己忍让，以柔克刚，让事实来“表白”自己。

（5）在说服别人时，所面对的被说服者可能有三种类型，即支持者、反对者、中立者。在说服时，就必须针对以上不同的态度来区别对待。

（6）班组长在说服下属时，不能总板着脸、皱着眉，很容易引起被劝说人的反感与抵触情绪，可以适当点缀些俏皮话、歇后语，从而取得良好的效果。

（7）班组长在劝说组员时，应推心置腹，动之以情，讲明利害关系，使对方感到领导的劝告并不抱有任何个人目的，没有丝毫不良企图，而是真心实意地帮助被劝导者，为他人的切身利益着想。

（8）许多说服工作遇到困难，并不是没把道理讲清楚，而是由于劝说者与被劝说者固执地据守本位，不替对方着想。班组长在劝说组员时，尤其应注意这一点，并自觉地运用到工作中，清除无形的情绪障碍。

（9）作为领导者，实际工作中班组长应针对不同的组员来明确任务，确定他们在近期内应实现何种转变，说服他们到底应该做什么及怎么做。

（10）巧妙传达信息。沟通中要从灵活的话题切入，首先使对方感到轻松；同时要精心组织需要的材料，必须了解什么是支持自己的主张的论据，并且把这些论据有效地加以组织，进行论证，从而有理、有力、有节地表达自己的意见；要有诚恳的态度，以对方为中心，一切为对方的利益考虑。

（二）表扬组员的技巧

对于班组长来说，表扬是最有效的激励手段，对组员工作的肯定和赞美，能够促进他们不断进步，同时还能给班组带来和谐的人际关系，提升班组的凝聚力。

1. 表扬要发自内心

班组长在表扬组员时，要充分体会对方的心情，让对方体会到这种热情洋溢的表扬是发自内心的。例如，班组长诚恳地说：“你的确很好地完成了任务，谢谢你了！”

2. 表扬要明确具体

班组长要使员工了解自己被表扬的地方，要说明表扬的原因，使组员可以了解到班组长对自己的期望。

3. 要注意全方位的表扬

班组长要对重点工作岗位的员工的工作成绩和表现进行表扬，更要对那些在一般工作岗位上埋头苦干的组员进行表扬，关注他们的工作和成绩，进行及时表扬，这样会使组员对班组长产生信赖。

4. 表扬的同时注意提醒

人在受到表扬时会增加对表扬者的好感，这时表扬者提出合理的意见，也会容易被听取，所以表扬的时候是提醒组员改正缺点的最好时机。

5. 表扬的同时提出今后的期望

表扬不仅仅限于简单地、临时性地对某种成绩和行为进行表扬，有时要从长远出发进行评价，着眼于对未来进行表扬，这对员工有极大的激励作用。如“干得很好，如果再吸收些相关知识，就能胜任更重要的工作，期待你取得更大的成绩”。

6. 注意表扬的场合

班组长应尽量使用私下表扬，如需公开表扬，一定要在组员取得公认的时候采取，以免让其他组员感到不公正，从而产生逆反心理。

（三）批评组员的技巧

批评是一门艺术，掌握适当的批评技巧，使批评成为促进组员进步的有效手段，对于班组长来说是十分必要的。班组长在批评组员的时候，要明确批评本身的目的，以防止出现批评过程中的混乱，引起批评无效或不良后果，批评的目的主要是禁止做不应做的事以及通过批评去教育人。在批评组员时，班组长需要掌握以下技巧。

1. 批评之前弄清楚事实

弄清事实是正确批评的基础。班组长在对员工批评之前要对客观事实进行全方位的调查，切勿不分青红皂白地对组员进行批评。

2. 具有倾听辩解的耐心

在清楚地了解了事件的客观真相的基础上，在批评之前班组长要倾听组员对事件的解释。班组长可以借此了解组员是否认识到自身的错误，同时有利于组员听进班组长的忠告和斥责。

3. 坚持对事不对人的原则

该项原则不仅容易使组员客观地评价自己存在的问题，能够心服口服，同时还可以在班组内部形成一种公平的环境。

4. 选择合适的批评方式

班组长需要根据不同的对象选择不同的批评方式。对于性格内向、善于思考的人，可以采用提问诱导的批评方式，让被批评者通过回答问题反思自身的缺点错误；对于脾气急躁、否定心理强的人，可以采取商量探讨的方式，使被批评者置身于一种平和的氛围中，在心平气和的条件下接受批评意见；对性格直爽、心理承受能力强的人，可以采取直接批评的方式，一针见血地促其警醒。

5. 巧用无声的批评

对于那些很明显、组员自己也会意识到的错误，班组长可以采取冷处理的方法，保持沉默，可以促进组员进行自我反省和自我检讨。

6. 批评要简洁明快

在组员认识到自己的错误后，班组长应该尽快结束批评，过多的批评会使组员感到不愉快和厌烦，甚至产生强烈的抵触情绪。

7. 批评时保持理性

批评是为了让组员接受，而不是发泄情绪。班组长在批评时，要保持理性，记住批评的目的，要让组员感到批评是有益的劝导，这样才容易接受批评意见。

8. 要针对组员的态度和思想

组员在态度和思想上的转变，会使其真正意识到自身存在的问题，并能主动地进行改变，因此要改变他的行为，要抓住隐藏在背后的态度和思想加以批评。

9. 批评前先表扬

班组长在批评前要先创造一个尽可能和谐的气氛，对其工作先进行一定的表扬，使组员能够心情愉快、放松，然后再给予告诫，这样会比较容易接受，取得较好的效果。

10. 用解决问题的方式进行批评

批评不仅仅是为了指出员工存在的问题，更重要的是找出问题产生的原因。因此，班组长应该和组员一起去探讨为什么会出现这种问题，共同探讨问题解决的方法，组员也能够更深刻地理解批评的意义。

实务训练

案例一 学会换位思考

某车间各个岗位之间的专业性都很强，各岗位也很分散，除本岗以外，想要弄懂其他岗位也很难。班组长程某勇敢地去面对这个头痛问题，经常和班组成员在一起沟通，一起谈生产上如何协调，一起谈工作上如何配合，一起谈集体的力量，等等。尤其是在车间搞成本核算考核以后，程某和班组里每一个成员共同研究如何才能节能降耗，如何使班组效益达到最大化。程某经常把成本核算结果拿给班组里的每一个成员看，让组员和别的班组比较，提高他们的成本意识；找到自己班组的差距，让组员们充分认识到，节能降耗不是一个人所能完成的。时间长了，大家都很关心这件事，每个人也都会主动地进行生产调整，降低消耗，各个岗位都会主动配合，并且紧密地团结在一起，努力争第一。这就自然而然地形成了一种凝聚力。有了班组这种凝聚力，各项工作就相应地好开展了。

案例二 沟通从心开始

杨某是某班新晋班组长，按照年龄来说，在班里年纪最小，其他组员工龄都比杨某长，因此刚开始，杨某遭到了一些组员的排挤。一日，杨某让一名组员去车间办公室把劳保用品取来，连续跟他说了三遍，他都没有动地方，到第四遍时，杨某非常气愤，以生硬的语气质问道："你是拿还是不拿啊？"虽然后来取来了，但这名组员是非常不情愿，这名组员认为，"凭什么，什么事情都让我干！"通过这件事，杨某的感触很大，杨某想到，如果自己被自己资历浅的人叫去干活，心里也肯定有所不悦，以后和自己的组员沟通要注意语气和方法。在以后的工作中，杨某也尽可能站在组员的角度去考虑问题，和班组成员经常沟通，遇到事情也说给组员听，让大家一起去想解决的办法。如果没什么异议就一起去实施。之后，该班组的日常工作不再让杨某每天去强调了，而是组员主动去做。

案例分析：

所处的位置不一样，思考的方式也不一样，因此班组长与组员之间的冲突也往往不可避免。如果班组长能够站在组员的立场，设身处地地为其着想，就能更好地理解组员的想法和做法，才能找到沟通的融合点。

“沟通从心开始”，对于基层管理者班组长来说同样如此。班组凝聚力建设和士气管理可以说是班组管理的重点，只有把班组成员团结起来，拧成一股绳，才能完成艰巨的任务，克服各种困难。要处理好自己与组员之间的关系，首先要尊重信任，理解他们，关心他们个人及家庭生活，力所能及地帮助他们解决遇到的困难。

思考题

1. 班组长日常沟通包括哪些内容和要点？
2. 与上级沟通可以采用哪些技巧？
3. 与平级沟通可以采用哪些技巧？
4. 说服组员可以采用哪些技巧？
5. 表扬组员可以采用哪些技巧？
6. 批评组员可以采用哪些技巧？

判断题

1. 在班组长的日常工作中，面对面的交流是沟通的主要形式，同时也可以通过书面形式、体态语言形式、电子媒介形式等。(　　)

2. 在班组长的日常工作中，沟通是一项重要的技能，有效的沟通可以促进工作的积极开展，可以使思想保持一致、产生共识。(　　)

3. 班组长同部门领导沟通主要通过口头汇报的形式沟通协调。(　　)

4. 班组长需要经常同生产管理组组长沟通，并且做到及时沟通，当生产进度出现问题时要分析原因及明确需要何种支持。(　　)

5. 班组长与平级沟通时需要注意进行换位思考、从大局出发、避免感情用事、开辟多种沟通渠道。(　　)

6. 班组长同下级沟通主要是通过下达命令。(　　)

7. 如果组员犯错误，班组长可以直接用强制的手段，如采取严厉的批

评。(　　)

8. 表扬仅限于简单地、临时性地对某种成绩和行为进行表扬。(　　)

9. 批评可以使本人认识到自己的不足之处，从而对其进行培养教育。(　　)

10. 班组长应尽量地使用公开表扬。(　　)

参考答案：

√　√　×　√　√

×　×　×　√　×

第二章
班组长的领导激励能力

学习目标

1. 了解班组长提升影响力的方式
2. 理解适合班组长的领导方式
3. 掌握班组长的激励技巧

学习重点

班组长提高领导力的方式

学习难点

班组长常用的激励手段

学习引导

班组作为基层“细胞”，是企业最基本的组织作业单元，是公司战略的执行者，是创新力量的孕育地，班组的重要性随着商业环境的变化越发重要，在以软实力比拼的新竞争时代中，班组管理水平正演变成不可模仿的竞争力，直接关系着企业经营的成败。作为班组长，如何引导班组成员实现特色班组建设？如何通过班组建设提升员工整体工作绩效？如何通过学习型和创新型班组建设，实现班组整体管理水平的提升？这些都需要班组长领导激励能力的发挥。本章将介绍班组长提升影响力的方式、适合班组长的有效领导方式以及班组长的激励技巧，使班组长能够对领导激励能力有更加清楚的认识。

第一节　班组长领导能力的开发

案例导入

李伟认为作为管理者，应有义务和责任去满足员工需要。他常为自己的组员做一些小事，如给组员两张下个月的艺术展览入场券。他认为，每张门票虽然只有20元，但是对组员和他的妻子来说却远远超过20元。通过这种方式，也是对组员过去几个月工作的肯定。

李伟每天与至少25%的组员交谈。他说，他已经意识到在管理中有不利因素，但大都是由于生产压力造成的。他的想法是以一个友好、粗线条的管理方式对待组员。他承认尽管目前在生产效率上不如有些班组，但他相信他的组员有高度的忠诚与士气，并坚信他们会因为他们开明的班组长而努力工作。

努力提升自身的非职位权力，在工作中根据不同情景采取不同的领导方式，是每一位班组长必须具备的能力。

一、领导及领导力

领导是通过对他人施加影响以实现某一特定目标的过程。作为领导者必须具备三个要素：①领导者必须有部下或追随者；②领导者拥有影响追随者的能力或力量，既包括由组织赋予领导者的职位和权力，也包括领导者个人所具有的影响力；③领导行为具有明确的目的，可以通过影响部下来实现组织的目标。领导的实质是组织成员的追随与服从。领导者在通过对他人施加影响来达到组织目标的过程中，主要发挥了指挥、协调、和激励三个方面的作用。

领导力本质上是一种影响力，是影响他人行为的能力，而影响力来源于权力。组织中的权力可以分为职位权力和非职位权力。

1. 职位权力

职位权力是在组织中担任一定的职务而获得的权力，主要有三种：合法权、奖赏权和惩罚权。例如，李伟担任了班组长，在其位就要谋其职。他有权在班组内安排生产计划，分解指标；有权布置工作、分配任务，有权临时处置、调度生产，有权内部协调、发出指令等。还可以根据班组成员任务完成情况，赋予其更多的责任、表扬等。另外，当班组成员违反相关规定的时候，他可以进行批评和相应的处罚。

2. 非职位权力

非职位权力是指与组织的职位无关的权力，主要有专长权、个人魅力、背景权、感情权等。其中，专长权源于信息和专业的特长，个人魅力是建立在超然感人的个人素质之上的，背景权是由于以往的经历而获得的权力，感情权是由于与被影响者感情较融洽而获得的权力。

职位权力以法定权利为基础，带有一定的强制性，在它的作用下，下属的心理和行为主要表现为被动和服从。非职位权力不是由组织赋予的，是领导者的个人特殊品质和才能产生的影响力，它对下属的影响是建立在信服的基础上的。非职位权力可以使下属心甘情愿、自觉地跟随领导者，对下属的影响比职位权力更具有持久性。因此，提高领导者影响力的关键在于提高其职位权力。

对于班组长来说，赋予其内涵的是他的才干和能力，如果没有什么能力也不会有什么影响力。班组长的影响力是靠班组长自己营造的，它具有人性化的因素。当一个班组长用自己真才实学赢得了上司青睐和组员拥戴时，他的影响力就自然而然产生了。

二、班组长提高领导力的方式

对班组长而言，为了在班组充分发挥自身的影响力，建立起领导者的威信，必须从工作能力和个人魅力两方面不断地提高自己。

（一）强化工作能力

班组长应从以下三个方面提高自身的工作能力。

1. 作为班组生产的指挥者

班组长必须掌握本班组生产任务应具备的专业知识和技能，熟悉本班组各工序的技术标准、工艺规程、操作要领；对生产任务要结合本班组实际精心组织、合理安排，加强对生产各环节的调度，及时解决出现的各种问题；要善于学习和掌握新设备、新技术、新工艺，成为生产技术上的多面手。

2. 作为班组工作的管理者

班组长应具备管理班组工作的能力，要有科学、民主管理的意识，要学习和了解现代企业管理的基本知识，并将其运用到班组管理实践中去；通过掌握提高劳动生产率、全面质量管理、经济责任、经济核算、劳动保护等方面的基本内容和管理途径，实现班组的科学化管理。

3. 作为班组的领导者、带头人

班组长要树立竞争意识，处处起模范表率作用，以身作则；树立效益观念、质量观念，带领班组成员不断创造个人和班组的新业绩，用事实证明自己的能力，用“身教”影响和带动一班人。

（二）强化人格魅力

增强影响力的第二个方面是增加人格魅力，树立良好的个人威望，取得班组成员的尊重与信任。为此，班组长应该努力做到公平公正、与人相处增加体贴、增强勇气和信念。

1. 努力做到公平公正

公正公平意味着程序上的公平公正，如对员工的奖惩要特别强调有据可依；公平公正意味着制度面前人人平等，立足点是制度管人；公正公平强调让事实说话，让数字说话，注意精确、有效；公平公正是对领导者的一种考验，它首先要求领导者品行的端正。为了给组员以好的影响力，班组长必须努力做到公平公正，要经常反思自己的行动，是否有不公平、不公正的做法。

2. 与人相处增加体贴

班组长要站在班组成员的立场上，设身处地地为他着想，即使对方没有诉说也能观察出对方的心情，时常给予员工温暖人心的话语，对下级的鼓舞、增添勇气将起到难以估量的作用。

3. 增强勇气和信念

对于正确的必须实行的事情即使有干扰，也要坚持完成。如果工作中出现了错误，就要敢于面对现实，在大家面前承认错误，进行反省。

三、班组长对于领导方式的选择

领导方式是领导者进行领导活动时对待下级和部署的态度、行为的表现。领导方式按照不同的标准进行划分有不同的分类。以领导活动的侧重点为标准进行划分，可以分为任务取向的领导方式和人员取向的领导方式。以领导者在组织领导活动时的方式为标准，可以划分为命令式、说服式、示范式的领导方式。以领导者与被领导者的关系为标准，可以划分为自决型（独断型）、放任型与民主型（参与型）的领导方式。在实际工作中，领导者极少完全采用其中一种方式，往往根据不同的情景选择不同的领导方式。班组长在选择合适的领导方式时，需要考虑以下三个因素。

1. 下属数量的多少与成熟度的高低

一般来说，如果下属数量较少，领导者在关怀维度上采取民主型领导方式可能性就随之增大。下属人数较多时，领导者一般会在结构维度上采取集权式、专制型的领导方式。当然，下属人数的多少并不是影响领导者选择领导方式的最重要的变量，领导者采取什么样的领导方式，更取决于所处理的问题的性质，同时领导者的风格要与下属的成熟度相适应。一般来说，当下属的成熟度较高时，领导者可以减少对活动的控制，还可以减少与下属的关系行为；当下属工作意愿低、能力弱时，命令型或指导型的领导方式是有效的；当下属工作意愿高、能力弱时，推销式的领导方式就是有效的；当下属工作意愿低、能力强时，说服式的领导方式是有效的；当下属工作意愿高、能力强时，参与式的领导方式就是有效的。

2. 工作结构化和非结构化的需求程度

有些工作具有典型的结构化特点，即领导者完全可以通过制度化的方式来解决，既没有必要发扬民主式使员工参与讨论，也不能将领导者自身的意识强加于他人。领导者按照大家一致认同的管理、规则、制度处理即可，这种处理方式既体现对制度的尊重又表明了对所有人一视同仁的态度。如果有些问题缺乏大家一致认同的惯例、规则或制度，就属于非结构性问题，在解决这些问题的过程中，领导者和下属都有充分的发言权，这时需要考虑第三个因素。

3. 个人利益相关性与组织利益相关性的对比

在处理非结构性的问题过程中，要充分考虑个人利益相关性与组织利益相关性的对比。如果一件事情与下属利益的相关性远远大于与组织利益的相关性，参与型、民主型的领导方式比较有效。当一件事情与组织利益的相关性远远大于与个人利益的相关性，专制型的领导方式比较有效。因此，当一项决策对下属非常重要但对组织无关紧要，领导者可以使下属分享并使用权利；如果一项决策对整个组织至关重要而对下属无关紧要时，采取集权化的领导方式就是极为必要的。

第二节　班组长激励能力的开发

案例导入

班组里有一名同志，平时工作比较懒散，且经常迟到，班组的其他成员对他的意见很大，工作不好开展。鉴于这种情况，李伟首先找这位同志坐下来诚恳地谈心，了解其懒散的原因。另外，在一次班组民主会上，征求大家的意见，就如何调动班组成员的积极性展开讨论，使班组在现有基础上更上一层楼。

通过大家的共同商定决定：工作和责任，和奖金挂钩。例如某个人经常迟到或怠工，就由班长或指定的人员干，这样就扣除那个人迟到和此项工作的工资，加到代他工作的人身上。如果一个人一个月有两次以上迟到或早退，加倍扣除奖金。如班里的工作做得好，车间给予适当的奖励，将会如数奖在相应负责人的身上，班组内不扣也不留不搞大锅饭。

此办法一出台，班组成员一致通过，班组工作的开展明显见好，大家工作的积极性得到很大的提高。在大家的带动下，以前比较懒散的同志的工作态度也有了明显的改善。

明确激励的原则，掌握有效激励的方法是每一位班组长都需要具备的能力。

一、激励的定义

现代员工管理主要包括三个方面：管态度、管知识、管技能。态度是基础，知识是保证，技能是落脚点。对于班组长而言，要做到态度高于一切，对态度的管理不能只落实在口头，要采用合适的激励手段，提高员工的积极性。

激励，简单而言就是激发和鼓励。在管理工作中可以将其定义为调动人的积极性的过程，或者更实质地讲是为了特定目的而对人们的内在需要或动机施加影响，从而强化、引导或改变人们行为的过程。激励从根本上来讲，就是要使员工实现这样一种转变：要他做变成他要做，即能够做到自发自动。

对于班组长而言，激励实际上就是通过满足组员的需要而使其努力工作，实现班组目标的过程。组员对班组的价值并不完全取决于他的能力，在很大程度上取决于他的工作动机，也就是工作的积极性。人的工作动机并不是天生就有的，人的努力水平取决于目标对他的吸引力，取决于目标能够在多大程度上满足他的需要。激励组员就是要设法使他们看到满足自己的需要与实现班组目标之间的关系，从而产生努力工作的内在动力。激励可以表示为效价和期望值两个因素的成绩。

$$激励 = 效价 \times 期望值$$

其中，效价即激励的办法对员工的吸引力。例如，如果奖励员工 20 元或 50 元，是不能起到激励效果的。提高绩效要按需激励，切中员工要害，这就需要在激励之前听取员工的意见，明白员工关注什么。

期望值即激励实现的可能性的大小。如果奖励的办法、东西、结果很诱人，但是对员工的要求特别高，员工很难实现，激励效果也不会很好。

激励有两种方式：物质激励和精神激励。物质激励是运用物质的手段使受激励者得到物质上的满足，从而进一步调动其积极性、主动性和创造性。物质激励有资金、奖品等，通过满足要求，激发其努力生产、工作的动机；精神激励即精神方面的无形激励，包括向员工授权，对他们的工作绩效的认可，公平、公开的晋升制度，提供学习和发展、进一步提升自己的机会，实行灵活多样的弹性工作时间制度以及制定适合每个人特点的职业生涯发展道路，等等。

激励有两种种类：正激励和负激励。正激励即对激励对象的肯定、承认、赞扬、奖赏、信任等具有正面意义的激励；负激励即当组织成员的行为不符合组织目标或社会需要时，组织将给予惩罚或批评，使之减弱和消退，从而来抑制这种行为。

激励员工需要结合马斯洛的需求层次理论，该理论人类有五个层次的需要。五类需求由低到高分别是生理需求、安全需求、社交需求、尊重需求、自我实现需求。一般某一层次的需要相对满足了，就会向高一层次发展，追求高一层次的需要就成为驱使行为的动力。

二、针对一线员工的激励原则

班组长主要的激励对象是班组的一线员工，班组成员工作积极性的高低直接影响着班组的业绩，为了实现有效的激励，在激励过程中班组长需要注意以下原则。

1. 实事求是

班组长要实事求是，根据事情本身激励员工。简单来讲，就是根据制度，采用合适的激励办法，而不是依据员工的背景做判断。此外，员工功劳大，获得奖励也要多；员工犯错造成的损失比较大，处罚力度也要比较大。班组长要根据员工功过的大小，实行不同的激励方式。

2. 标准一致

在激励过程中，班组长要做到按照制度、文件做事，这样才能标准一致。如果相关制度还未形成，要公示出来，争取到员工的认可。

3. 公平公正

对集体进行奖励时，不能搞平均主义。因为集体中每个人的贡献不同，平均主义看似很公平，其实是最大的不公平。

4. 目标结合

奖励要针对那些有意义的、与组织目标紧密结合的事情，特别是对经济效益方面有重大贡献的事情。

5. 连续可变

奖励的办法不能经常变，也不能不变。也就是说，及时形成激励制度，也要与时俱进，如果制度经常变，员工就会怀疑策划制度人的能力；如果不变，往往会引起不适应。因此，班组长要掌握好激励制度变化的频率。

6. 因人制宜

班组长要了解员工的需求，按需激励，最好达到投入少、效果好的状态。

7. 及时激励

对员工的激励要随时、及时发生。这里所说的激励不只包括物质激励，还包括精神激励，一句话、一个眼神、一个动作等都可能起到很好的激励效果。对于员工做得好的一些小事，班组长要及时激励、随时激励，该表扬的时候表扬，该批评的时候批评。

8. 物质激励和精神激励双管齐下

由于班组长的权力有限，物质激励需要上层领导的批准，往往导致激励不够及时。但是精神激励可以随时发生，能够起到很好的激励效果。班组长要用心激励下属，否则就达不到效果，员工的积极性得不到提高。

三、班组长常用的激励手段

（一）组内竞争

竞争可以激发每位员工的进取心，使他们力争上游，发挥出最大的潜能，常用的班组内的竞争形式有优秀员工榜和竞赛。

1. 优秀员工榜

优秀员工榜是班组经常采用的一种激励方式，这种方式可以每月或每季度评选。对于优秀员工将其照片放大，贴在醒目的位置，这对优秀员工是一种很大的激励和鞭策，同时优秀员工在班组内也能够起到“榜样”的作用，使班组其他成员有学习的目标，形成积极向上的良好氛围。

2. 竞赛

竞赛是一种非常有效的激励方式，例如质量比赛、操作技能比赛，同时用排行榜进行排名，对排名第一的给予奖励。这种方式对表现好的员工能够起到正向激励作用，对于后进的员工也能够起到刺激作用。

（二）经济奖励

经济奖励是激励工作中强有力的工具，其激励效果可能比其他方式更为明显。常见的激励手段有加薪、员工持股、带薪有假。对于班组长来说，由于其权力有限，在使用这种激励方式时一般只有建议权，需要上级的审批。

（三）适当的工作设计

班组中一般都有明确的劳动分工，这样员工易于掌握工作，熟练程度高，但员工往往会因为工作单调而产生倦怠感，造成工作效率下降。因此，在工作设计时应该考虑员工的心理及对工作的要求，合理的工作设计也能够起到有效的激励作用，常用的方法有以下几种。

1. 工作轮换

即将员工从一个岗位转换到另一个岗位，一段时间后再进行转换。这种方式主要是为了解除工作单调带来的乏味感，通过工作轮换可以使员工不断尝试新的工作所带来的挑战，增进员工多方面的技能，为员工的个人成长提供机会，能够激发员工的积极性，提高工作效率。

2. 工作扩大化

即训练员工对各方面的工作都有所了解，以增加工作范围，使员工有机会运用更多的知识和技能来适应工作的要求，这样既增加了工作量又减少了人力，同时有利于提高员工对工作的满足感。

3. 工作丰富化

工作丰富化不是指简单地将员工的工作增多，而是把工作责任、学习机会、成就感等激励因素融入员工的工作。工作丰富化后，企业只提出最终目标，其工作方法、工作进度可由员工自主控制，这样可以满足员工的高层次需要。

（四）培训

培训是一种十分有效的激励手段，对员工进行岗前培训、在职培训等有助于帮助员工顺利适应工作、增强自信心，既能够提高工作效率，又能满足员工追求个人成长与自我实现的需求，有效地激发员工的积极性。要保证培训对员工的激励作用，关键是保证培训效果，让参加培训的员工有所收获。

（五）民主管理

民主管理是通过员工参与管理，使员工了解企业的目标、个人的任务等，能够满足员工得到尊重与信任的需要。民主管理主要方式有员工参与目标的制定、员工参与管理、全员参与合理化建议等。

实务训练

案例一 “后进”员工积极性如何调动

有一名“后进”员工，各班都不愿意要，怕拖本班后腿。车间找到卫班长，希望能够接纳这位员工。经过一段时间相处，卫班长发现，该同志并非像其他人说的那样“不可救药”。该同志心细、干活不惜体力，缺点是坐不住、散漫、眼里没活，工作态度消极。针对其特点，加之本工位工作特点也是外部系统，面广、活多，为扬长避短，卫班长让其负责外部巡检及操作。当这个员工发现问题、处理问题得当时，及时给予表扬，并上报车间，给予肯定；当他有思想波动时，卫班长及时与他沟通，帮助他解决思想包袱。一段时间后，这名职工逐渐找到自信，工作态度也大为改变。

案例二 奖金分配带来的问题

为了调动大家的工作积极性，班组长小王决定在奖金分配上做出调整。班组一月一算，根据实际的工作情况，每月选出2—3名干得好的职工，给其多发奖金，意图是树立榜样，带动全班组进步。此法实施后，多得奖金的人积极性提高了，但是其余的人有想法，影响了全班组的整体工作积极性。

班组工作室由于岗位分散，各岗位人员工作的情况相互不十分了解，容易引起误解，同时，班组的总结也缺乏规范性，没有完全反映工作实际情况，因此班组也没有规范总结实际的工作情况，造成评比时员工有看法，而且最差的也没受到处罚，不能真正做到奖罚分明，引起思想波动，影响班组团结。

案例分析：

从案例中看到“没有差的员工，只有不对的领导”。同样一名员工，在不同的班组长的带领下却是两种不同结果。只要用对方法，“后进”员工也可以成为先进员工。作为班组长，要学会短中见长，扬长避短，让每个人发挥最大的作用，也让员工在发挥所长的过程中，找到自我的价值实现感。同时，班组长要对员工进行激励，使其得到精神满足，增强其荣誉感，使其发生质的变化，成为优秀员工。班组长要主动为班组员工解决心理或技能上的问题，对个人乃至班组的整体都有利。

班组激励如果仅仅针对综合绩效排名，那么最终的结果可能是被激励的永远是那几个优秀的员工，而一般员工和后进员工被激励的机会寥寥无几，班组激励应多元化，不仅仅是针对绩效激励，而且是进步最快的，学习最积极的，最善于协助他人的，最能活跃气氛的，等等。这样每个人都有被认可、被表扬的机会，全员的积极性就会调动起来。

思考题

1. 班组长可以采取什么方式提高自身的影响力？
2. 班组长在选择领导方式时需要考虑哪些因素？
3. 对一线员工进行激励时需要注意哪些原则？
4. 班组长可以采用哪些激励手段？

判断题

1. 领导者在通过对他人施加影响来达到组织目标的过程中，主要发挥了指挥、协调、和激励三方面的作用。(　　)

2. 班组长的影响力是靠班组长的职位营造的，它具有职权的因素。(　　)

3. 班组长要增加人格魅力，树立良好的个人威望，取得班组成员的尊重与信任。(　　)

4. 下属人数的多少不是影响领导者选择领导方式的最重要的变量。(　　)

5. 如果有些问题缺乏大家一致认同的惯例、规则或制度，就属于非结构性问题，在解决这些问题的过程中需要听从领导的指挥。(　　)

6. 当一件事情与组织利益的相关性远远大于与个人利益的相关性，民主型的领导方式比较有效。(　　)

7. 对于班组长而言，激励实际上就是通过满足组员的需要而使其努力工作，实现班组目标的过程。(　　)

8. 物质激励是运用物质的手段使受激励者得到物质上的满足，班组长应多采取此种激励。(　　)

9. 组内竞争对表现好的员工能够起到正向激励作用，对于后进的员工也能够起到刺激作用。(　　)

10. 要保证培训对员工的激励作用，关键是保证培训效果，让参加培训的员工有所收获。(　　)

参考答案：

√　×　√　×　×

×　√　×　√　√

第三章

班组长的一线教练能力

学习目标

1. 理解一线教练能力的必要性和内涵
2. 理解教练型班组长的特点
3. 掌握教练型管理的技巧和艺术
4. 理解实施教练指导的关键环节
5. 掌握教练型管理的方法

学习重点

教练型班组长的特点

学习难点

班组长实施教练型管理的技巧和方法

学习引导

班组长不仅是班组的一线管理者，同时应该是一线教练。作为管理者，班组长一般采用的是指挥、命令或是控制式的管理方式，而管理教练更多地采用引发、支持及协助式的管理方式。教练强调以人为本，从调适人的信念着手，着重于激发个人潜能，发挥人的主观能动性，帮助被教练者去发现和创造更多的可能性。本章将介绍一线教练能力的内涵、教练型班组长的特点、培养班组长一线教练能力的技巧和方法。

第一节 对一线教练能力的认识

案例导入

在一次作业过程中，由于设备异常导致在制品不良，岗位员工求助李伟解决。李伟并没有直接解决，而是引导那名员工说：“你知道是什么原因导致异常吗？想一下，这个问题你是能够独立解决的。”在李伟的引导下，那名员工分析了出现问题的原因，并提出了解决的方案，最后这位员工独立地解决了问题。下班后，李伟同那名员工就有关设备常见的问题及解决措施进行了进一步探讨，在李伟的引导和帮助下，这名员工成为班组中的技术骨干。

引导员工自主思考、让员工在解决问题的过程得到锻炼和提升，是每一位班组长需要具备的能力。

一、教练式管理的必要性

作为一名管理者，面对纷繁芜杂的各种人和事，如何提升管理效能是最为重要的事情。管理者的职责，关键是带好团队，激发每个成员士气，发挥最大潜能，从而取得最优绩效。从这方面来说，管理者要向体育界教练学习，争取做一名优秀的教练式的管理者。优秀的管理者要争取成为一名教练的必要性主要体现在以下三个方面。

1. 角色转换的需要

管理者成为主管之前，工作的重点是自己，关注的对象是个人的表现与成就、对组织的贡献，成功的全部内涵是成就自我，提升自我。一旦成为管理者，成为一个团队的主管，他的使命就会发生变化，工作重点就从“个人”转为“团队”，关注的对象变为下属，要对团队所有成员的表现负责，对团队的绩效、命运负责，要指导、协助、服务好下属提高技能、提升能力、完成任务，带领团队获得成功。管理者的成功不是因为自己，而是靠团队的卓越表现。成为一名合格管理者，要完成从以“自我为中心”到以“员工为中心”，从满足“个人需求”到满足“员工需求”，从“自我管理”到“带领团队”，从“明星队员”到“明星教练”的角色转变。

2. 团队取胜的需要

如何协助团队里的每一个成员完成他们的工作目标，需要依靠教练技术。教练通过激发团队成员潜能，予以必要技能辅导，增进成员信心，提升士气，带领团队取得成功。卓越的团队需要卓越的队员，卓越的队员来自于卓越的教练。因此，团队的出色表现有赖于管理者持续不懈地对队员进行教练般的协助、引导与提升。

3. 有效激励的需要

管理的重要功能之一就是激励，激励的前提之一是基于对下属欲望与需求的充分了解和把握。有时候，管理者往往自以为对下属了解很多，其实并不尽然，所以激励效果不理想。教练是对队员了解最多、最全面、最彻底的人，甚至比队员了解自己还多。教练了解每个队员的个性、特长、缺点，能及时发现每个队员状态、情绪的变化，知道他们的想法，知道用什么样的方法对不同的队员进行有效的激励。基于对队员的了解，教练在训练队员时才能做到“有的放矢”，充分调动每个队员的积极性。

二、一线教练能力的内涵

一线教练能力即对教练技术有效运用的能力。教练技术是将体育教练对运动员的督导、培训方式系统性地运用到管理领域中的一门新的管理技术。这个技术是更多地激励员工，让员工发挥创意，找出解决之道，重点在人而不在事。教练的过程不仅是实现一个目标的过程，同时也是一个挖掘员工、团队最大潜能的过程，它既着重于目标的实现，也着重于员工、团队在实现目标过程中的成长。教练与员工之间在深层次的信念、价值观和愿景方面相互联结形成了一种协作伙伴关系。

教练让员工看到自身的盲点和潜力，也让员工认清自己在组织架构中的位置以及应当发挥的作用。教练认为，人不仅是一种资源，更是企业最宝贵的资本。当人的能力和素质得以提升的时候，企业的资本就会加倍增值。教练文化以人为本的目的就在于通过充分激发人的潜能提高生产力，促进企业的高速发展。同时，教练还启发员工的其他能力，诸如学习能力、创新能力、沟通能力，对于建立学习型组织和团队自我管理有独特作用。简而言之，教练就是以技术反映员工的心态，激发员工的潜能，帮助员工及时调整到最佳状态去创造成果的人。

三、教练型班组长的特点

“一线教练”是班组长的关键角色之一，它和传统的班组长有很大的区别。

（1）与传统的班组长管理行为相比，教练型班组长应该多倾听，变“我说你听”为“你说我评”。通过倾听、评价和吸收基层员工的建议，改变过去的填鸭式训话管理，促进与员工正向积极的沟通。

（2）与传统的班组长管理行为相比，教练型班组长应该多提问，变“我说你听”为“我问你思”。通过提问引导员工思维，通过提问启发员工思考，从而改变过去员工一贯地凡遇到问题就找领导推卸责任所形成的“等、靠、要”的消极被动的工作态度。

（3）与传统的班组长管理行为相比，教练型班组长应该多教导，变“我说你做”为“你做我教”。将工作中出现的问题作为培训员工的课题，通过让员工现场演练实际操作，班组长在一旁观摩指导，将理论与工作实际结合，既有针对性又有实践意义，从而培养和提升员工的岗位技能。

（4）与传统的班组长管理行为相比，教练型班组长应该多激励，变“你做我批”为“你做我赞”。通过多激励多肯定，激发员工的工作活力，强化正确的工作行为，有利于帮助员工树立自信心，养成正确的工作习惯，同时促进和谐团队氛围的形成。

（5）作为教练型班组长在教导和教育培训员工时，特别是师带徒传授岗位技术，可以按照以下的教练歌谣进行操作指导：“说给他听，做给他看，让他做做看，做得好，鼓励他，做得不好，再改善，反复练习达成习惯。”

第二节 班组长的教练技巧与方法

案例导入

车间中新进一台全自动的设备，以往调试设备都是由经验丰富的师傅，但这次李伟指派新员工小王协助厂家负责这台设备的调试工作。由于近期班组人员变动较大，如何使新的成员迅速适应工作环境，尽快独立顶岗成为李伟面临的最大难题。而调试设备是促进新进人员尽快掌握岗位能力，锻炼实际操作技能最好的机会。

小王接到任务后，很犹豫地说："我可以吗？"李伟说："调试机器也是一个学习的过程，多和厂家沟通，你一定可以学到更多。"经过一个月的调试，小王对这台自动化设备驾轻就熟，完全掌握了设备的各项操作。

抓住各种机会，让员工在实践中成长也是班组长需要具备一项重要能力。

一、班组长实施教练型管理的技巧

教练有教练的行为准则与操守，成为一名教练式管理者，需要学习教练管理的技巧与艺术，其中有四点尤为重要。

1. 要有服务他人，成就他人的强烈愿望与信念

管理不是控制是服务，管理者即服务者。教练的最大作用在于协助队员成就自我，同样管理者要有成就他人的胸怀和勇气。成为教练型管理者，最重要的一点就是具有服务下属、成就下属的强烈欲望与信念。因此，管理者要时刻牢记身份的转变，彻底转变思维方式，端正位置，增强服务意识，做一名协助下属在工作绩效、个人事业发展等方面夺取更有表现的服务者、支持者、促进者、提升者。

2. 要真正尊重与重视每一个下属

教练要高度重视和尊重每一个队员，把每个队员当作独立个体，试着站在他们的角度看问题，理解他们的感受。教练高度重视与队员的沟通，通过

沟通达成共识；在沟通中注意倾听与观察每个人的表现，并给予及时反馈；尊重个体的差异，并根据每个队员的差异让他们发挥优势，尽量表现出色；要解决队员的“后顾之忧”，让他们能够一心一意地去实现目标。因此，管理者要像教练一样，做到“以员工为中心”，重视与培养每一个下属，真正对每个下属感兴趣，让他们感受到自己的重要性，从上级那里得到足够的建设性意见。管理者要多从下属的角度看事情，给予真诚的赞赏与感谢；多与下属沟通，听取意见，达成共识；要了解每一个下属的优势与缺点，适才用人，让其发挥所长；要帮助解决下属的困难与问题；要及时给予下属反馈，指导他们去改进工作。

3. 要善于激励

教练的技能不一定比队员优秀，但他们一定懂得如何让队员取得成功，几乎每一个优秀的教练都是激励高手。会激励、善激励的教练才是好教练，没有激励就没有队员的好的表现。管理者要学习教练，提升激励的效果。只有下属的工作热情、信心、动力被激发，才有可能发挥无限的潜能，完成超额的业绩。管理者要了解员工最适合何种激励方式，有针对性地设计他们的工作，激励他们的表现。管理者可以使用愿景激励、目标激励、期望激励、尊重激励、物质激励、荣誉激励、培训与学习激励、职位激励等方法。

4. 要重视指导与传授

教练要亲临现场，以身作则，必要时进行角色示范，言传身教，重视方法与技巧的指导与传授，要告诉队员应该怎么做，不应该怎么做；应该往什么方向努力。教练要善于启发队员学习、观察与思考，训练他们良好的工作方法与习惯。

二、班组长实施教练指导的关键环节

在具体应用过程中，特别是对员工绩效改善的指导过程中，教练要根据实施项目的具体任务和目标，注重把握三个关键环节，使教练指导落到实处。

1. 了解员工，确认任务

当某一绩效改善项目启动之后，员工着手制订绩效改善计划，明确改善任务、目标和方案。这时应安排第一次教练指导，教练与员工之间要建立伙伴关系，教练对员工所选任务的背景、员工的工作环境、现状以及希望解决的问题，为后续的教练过程奠定良好的基础。同时，教练与员工对任务进行讨论和确认，探讨其价值与可行性。对不合适的任务和模糊的目标进行提醒。在这个环节，教练也注意了解员工的态度，激励他们建立信心。

2. 厘清目标，完善方案

厘清目标、完善方案是绩效改善项目的关键环节，也是教练指导的重点。在此环节，教练要引导和帮助学员厘清目标、认清环境和资源，清除内心障碍，拓展视野和思路，完善行动方案。教练在辅导过程中通过有针对性的沟通交流，引导员工一步一步理清思路，找准问题，自己完善计划，真正挖掘了员工的潜能，调动了其主观能动性。

3. 实施方案，优化推进

在方案实施的过程中，定期跟进指导，协助解决员工遇到的问题，有时还需灵活调整、优化方案，使改进效果更好。

三、班组长实施教练型管理的方法

教练型管理方式，基于以人为本的管理思想，重视激发，而非控制；重视沟通，而非命令；重视激励，而非惩罚。它采取一种参与式、帮扶式、挑战式的人才培养方式，来激发和增强员工的体验感、获得感、团队感和成就感。班组长在实际工作中，可以运用“三装三赏”的方法，实现向教练型班组长转型。

1. “装哑”

在班组会议发言中，让员工多说话、多表达、多分享，班长只是引导说、补充说、最后说，重点作点评、作激励、作补充。通过这种方式，调动员工参与班组管理，发表见解，实现班组管理的全员参与和民主管理。口才提升是一种综合能力的锻炼，通过让员工积极发言，能够激发员工思考、锻炼员工能力、促进彼此了解、分享经验诀窍、实现共同提升。

2.“装傻”

在班组日常工作中，当员工遇到问题、困难来找你，班组长不要直接告诉其答案，而应该反过来询问员工：你怎么看？你有什么好办法？以此启发、引导员工思考，让员工学会分析问题、查找原因、开拓思路，找到更好的解决方案。让员工分析问题和解决问题，是以问题为师的一种学习方式，也是让员工成长提升、发挥聪明才智的重要平台。

3.“装弱”

在班组日常管理中，让员工牵头和担责。将班组的事务、设备、区域的管理责任分解到人，或让员工担任班组委员、工作负责人、QC 小组组长，还可引入轮值机制，设立班组轮值委员。班组长则为员工做支持、做教练，而不再是班长事事亲力亲为，自己卷起袖子来干。让员工牵头、担当责任，是以实践为师的一种学习方式，也是员工参与管理、发挥作用、体验成长的重要途径。

通过“三装”，班组长可在语言表达、问题解决、责任担当等方面，为员工搭建多样化的锻炼和成长平台。

4. 欣赏

重视、欣赏和发掘员工的个性、价值和独特性，相信员工之人性本善，相信员工拥有较大的潜能，只是尚未被发掘和激活。

5. 赞赏

对于员工的工作、贡献和成就，要及时给予鼓励、赞美和表扬。班组长适时地对员工的工作予以鼓励和表扬，这将起到“催化剂”的作用，能够催化和激发员工的热情和积极性。

6. 奖赏

对于员工的优异表现、进步和成果，要及时给予认可、激励和奖励。在奖赏和激励手段上，班组长首先要考虑非物质奖励的方式。比如：拍拍员工的肩膀、在会议上点名表扬、在看板上张榜公示、以员工姓名来命名改善创新成果等。然后，班组长也应该在条件允许的情况下，为员工争取相应的物质奖励。

实务训练

案例　实践是最好的老师

吴班长是储运车间某班组的班组长，自担任班组长以来，新分配到车间的员工，车间都会分配他负责培训。新分配来的员工，对设备的操作比较陌生，工作不熟悉。针对这种情况，他特别制订了一套具有特色的培训计划：首先，要求新员工熟悉掌握工艺技术流程，然后学习设备知识、现场操作。培训侧重实际操作，使新员工尽快掌握操作技能。其次，通过现场出题和笔试相结合的方法，考察职工掌握的具体操作情况。最后，根据考试中发现的问题，及时给予纠正，再给新员工进行必要的辅导。

首先，吴班长带领新员工转现场流程，认真给新员工讲解操作要领，由简单操作到复杂操作，由掌握单个岗位操作到系统操作。在新员工熟悉现场操作后，每一次操作，吴班长都让新员工说出操作步骤，不对的地方及时给予纠正。这样加深了他们对每一次操作的印象，在下次操作中就不会犯重复错误，提高了新员工的操作水平。吴班长还经常组织新员工进行现场模拟操作，以提高他们处理突发事件的应变能力。在学好现场实际操作的基础上，吴班长鼓励新员工利用中班时间进主控间学内操操作，给他们讲解如何调整参数，怎样调整才能达到最佳状态，并让他们亲自调解各参数。这样使新员工在实际操作中得到了锻炼与培养。

案例分析：

班组长在辅导员工时，普遍采用的是直接告诉答案的方式，如："你应该这么做，第一步……第二步……"这样的辅导方式虽然能保证员工这次做对，但是下次当同样的问题再出现，他可能已经忘记该怎么做了。知识是建筑材料，思维是建筑工人，锻炼员工的思维能力，比传授具体的知识更为重要。教练式班组长采用的是完全不同的一套策略：不直接告诉班员答案，而是通过一步一步的、有逻辑性的提问，引导员工自己找到问题的答案。教练式管理能够启发训练班组成员的思维，形成人人会思考、人人善思考的局面；让员工在解决问题的过程中自己成长；激励员工主动求变、主动求进，班组成员的能力得到锻炼和提升。

思考题

1. 教练式管理的必要性体现在哪些方面?

2. 和传统的班组长相比，教练式班组长有哪些特点?

3. 教练型管理有哪些技巧?

4. 实施教练指导有哪些关键环节?

5. 班组长可以采取哪些教练式管理的方法?

判断题

1. 团队的出色表现有赖于管理者持续不懈地对队员进行教练般的协助、引导与提升。(　)

2. 教练式管理的过程也就是实现一个目标的过程，只着重于目标的实现。(　)

3. 教练式的班组长是“我说你听”“你做我批”，可以进行填鸭式训话，员工遇到问题就找他。(　)

4. 班组长的技能一定要比班组成员优秀。(　)

5. 教练式班组长要善于启发班组成员学习、观察与思考，训练他们良好的工作方法与习惯。(　)

6. 在班组会议发言中，班组长应多说话、多表达、多分享，以便对班组成员起到引导作用。(　)

7. 在班组日常工作中，当员工遇到问题、困难来找你，班组长应该直接告诉其答案。(　)

8. 在奖赏和激励手段上，班组长首先要考虑物质奖励的方式。(　)

参考答案：

√　×　×　×　√

×　×　×

第四章

班组长的执行能力

学习目标

1. 了解个人执行能力的内涵
2. 理解班组长如何进行心态修炼
3. 掌握班组长培养执行能力的方法和工具

学习重点

班组长执行能力的内涵

学习难点

提升班组长执行能力的方法

学习引导

班组是企业的“细胞”，是企业最基层、最活跃的组织，是激发员工活力的“细胞”，是提升企业管理水平，检验执行力的落脚点。作为企业各项管理政策在基层的执行者，班组长的核心作用在于落实企业的工作方针、带动广大职工的工作热情、提高劳动效率等，这些都有赖于班组长执行能力的发挥。本章将介绍班组长执行能力的内涵、班组长如何进行心态的修炼、提升班组长执行能力的方法和工具，使班组长能够对执行能力有更加清楚的认识。

第一节　班组长的执行能力及心态修炼

案例导入

正值一年中任务最忙的时候，不但每月的计划生产任务额加大，而且临时订单和加急订单也是一个接着一个。李伟的好朋友小赵是二车间的一位班组长，为了按时完成任务，确保整个班组业绩，他在要求班组成员加班加点赶任务的同时，不断地鼓励整个班组发扬“不怕苦不怕累”的精神，保证任务能够完成。

月初，车间主任又安排下来一个大客户的紧急订单，要求小赵的班组必须按时、按质完成。于是，第二天的班前会上，小赵鼓舞班组成员一定要以拼搏精神完成任务，并针对原定生产任务和新的紧急任务进行了调整，明确必须按时完成紧急生产任务，并给每位成员规定了具体的任务和要求。

为了确保紧急订单任务按时、按质完成，小赵每天都会在生产现场进行监督、控制。到了第8天，有一个班组骨干生病请假，小赵就安排另一个员工接替工作，尽管这个员工的工作能力差一些，但也能满足按时交货的要求，因此小赵就没有过多考虑。

眼看紧急订单的交货日期就要到了，前两天由于忙于其他事务未在现场的小赵想去车间看一下生产进行得是否顺利。当他赶到现场，被眼前的情形吓了一跳，由于顶替的员工效率上不来，要想完成紧急生产任务是不可能的了……

小赵感到很困惑，为什么感觉尽在掌控，事实却不尽如人意。

对于班组而言，执行力就是战斗力；对于班组长而言，执行力就是班长的能力。班组及班组长的执行能力直接影响着生产的进度、人员的稳定、产品的品质，对企业预期目标的实现有着直接的关系。

一、班组长执行能力的内涵

执行能力指的是贯彻战略意图，完成预定目标的操作能力，是把企业战略、规划转化成为效益、成果的关键。执行能力包含完成任务的意愿，完成任务的能力，完成任务的程度。执行力有个人执行能力和团队执行能力之分。个人执行能力是指每一单个的人把上级的命令和想法变成行动，把行动变成结果，从而保质保量完成任务的能力。个人执行能力取决于其本人是否有良好的工作方式与习惯，是否熟练掌握管人与管事的相关管理工具，是否有正确的工作思路与方法，是否具有执行能力的管理风格与性格特质，等等。为更好地完成班组管理工作，班组长要培养自身的个人执行能力，其特点主要体现在以下九个方面。

1. 自动自发

一个人除了会做还是远远不够的，还要有工作意愿(动机)，即要自动自发。所谓的自动自发不是一个口号一个动作，而是要充分发挥主观能动性与责任心，在接受工作后应尽一切努力与想尽一切办法把工作做好，这是一种积极健康的人生态度。班组长的执行能力首先表现为自动自发地做事，同时为自己的所作所为承担责任。

2. 注意细节

应把做好工作当成义不容辞的责任，而非负担，要认真对待、注重细节。做工作的意义在于把事情做对，以较高的、大家认同和满意的标准来要求自己。班组长不仅要认真对待工作，将小事做细，还要注重在做事的细节中找到机会。

3. 敢于负责

诚信是立身处世的准则，是人格的体现，是衡量个人品行优劣的道德标准之一。班组长要为实现自己的许诺而积极肯干，同时慷慨地对由于自己失信的行为负责，及时地采取必要的措施弥补因自己的失信给他人造成的损失。

4. 应变力强

善于分析、快速应变能力是在竞争日益激烈、变化日益迅速的今天有效执行的必要条件。班组长要对客观环境和市场形势可能出现的变化，提前作出预测，并备有应付各种变化的预案。

5. 具有创意

学习能力、思维能力、创新能力是构成现代人才体系的三大能力，其中，善于学习又是最基本、最重要的第一能力。如果班组长没有善于学习的能力，其他能力也就不可能存在，因此也就很难去具体执行任务。

6. 工作投入

全力投入工作的热忱不仅仅是管理者成功的要素，也是每个人获得成功的要素。班组长要对工作热忱，全身心投入工作，坚持到底，对成功多一份执着，这样才会充分发挥自身的创造力。

7. 有韧性

韧性是指具备挫折忍耐力、压力忍受力、自我控制和意志力等。班组长要能够在艰苦的、不利的情况下，克服外部和自身的困难，坚持完成任务，在较大的压力下坚持自己的目标和观点。

8. 团队精神

团队精神不仅仅是对员工的要求，更应该是对管理者的要求，团队合作对管理者的最终成功起着举足轻重的作用。对班组长而言，真正意义上的成功必然是整个班组的成功。

9. 欲望强烈

欲望是一切行动的源泉，是人生必备的条件，也是支持人生的动力。班组长具备强烈的欲望才能将自身的能力发挥到极致，为事业的成功献出一切。

二、班组长的心态修炼

个人执行能力的核心要素是心态和能力。因此，班组长不仅仅需要通过自主学习提升自身的能力，还需要通过自我约束、自我管理，调整好自己的心态。一名优秀的班组长应具备以下四种心态。

1. 积极的心态

就是拥有乐观、勇敢的心理素质，它能够激发一个人的最大潜力，去克服生活中和工作中的种种艰难困苦，在职场上实现自己的价值与目标、光荣与梦想。建立积极的心态首先改变看待问题的态度，要从积极的方面看待问题；其次享受工作的过程，将注意力放在积极的事情上；最后压力太大的时候要学会减压。

2. 学习的心态

随着企业的不断发展，工作的任务、方法、程序等都发生了一定的变化，班组长必须首先跟上变化的步伐。班组长要时刻注重自身素质的提高，不断地加强政治理论、科学知识和业务知识的学习，带头参加技术比武、岗位练兵、QC 小组等活动，要有突出的学习业绩和成果。

3. 老板的心态

老板心态是一种使命感、责任心、事业心，是一种大处着眼、小处着手的工作精神，是对效率、品牌、质量、成本等方面持续的关注以及尽心尽力的工作态度。这种心态要求班组长要对企业的文化和理念表示认同，并在实际工作中体现出来；要能够与企业风雨同舟；要用老板的标准要求自己，对自己有比较高的要求；像老板一样思考和行动，要为企业创造业绩，同时也要对自己负责任。

4. 感恩的心态

感恩是一种处世哲学，源自于人们的心灵；是一种深刻的感受，能够增强个人的魅力；是一种习惯和态度，即对他人、对企业的无私奉献。懂得感恩是一个班组长优良品质的重要体现，在其为确定的目标奋斗过程中，才能够获得更多人的协助从而助其达成目标。如上级领导批评的时候应该感激他的教诲，使你能够在今后的工作中不再犯错；在经历工作中的挫折的时候应该感激事业给了你宝贵的经验，为将来取得更大的成绩做好准备。

第二节　提升班组长执行能力的方法

案例导入

面对繁重的生产任务，班组长李伟认识到生产任务的完成有赖于班组成员的凝聚力和执行力，他在班组内采取了一系列的措施。首先，每天在晨会上利用五分钟时间组织唱班歌、喊口号，充分激发班组每位成员一天的工作热情和潜能。为加强班组成员的责任心，与班组成员一对一签订"工作承诺书"，并张贴在工作台醒目的位置以时刻提醒自己。开展"一帮一"活动，通过"一对一"的强化培训、业务指导等，使技能较差的班组成员快速适应生产的节奏和要求。李伟参照之前的培训内容制定了"日事日清工作表"时刻检查自己的工作完成情况。在李伟和班组成员的共同努力下，所在班组按时按质地完成各个订单的生产任务。

有效地运用各种管理方法和工具，带领班组成员实现各项目标，是每一位班组长需要具备的能力。

一、班组长提升个人执行能力的方法

（一）基本方法

班组长要想提高个人执行力，一方面要增强自身素质，另一方面就是要端正工作态度。

1. 加强学习，更新观念，努力提高业务能力和办事效率

如果连解决问题的能力都没有，何来执行完成工作任务一说。科技发展迅猛，作业手法也在不断更新，各项业务各种新技术、新仪器都需要专业人员来操作。只有从工作实际出发，加快知识更新，优化知识结构，不断丰富和做好本职工作的知识武装和知识储备，努力提升业务素质和解决问题的能力，才会有提高执行力的知识资本。

2. 端正工作态度，摒弃惰性，培养自己的自觉习惯

观念决定行为，行为形成习惯，而习惯左右着我们的成败。对待日常工作，不要总找借口，要从自身出发，不断加强学习更新观念，不断分析认识提高自己，改变不执行不作为的不良习惯，自觉地做好本职工作，要不怕问题，想方设法解决问题，千方百计消灭问题。同是一项工作，为什么有的人能够做得很好，有的人却做不好呢？关键是一个思想观念认识的问题。首先，

面对自己有能力完成的工作，要做到效率和准确，今日事今日毕，绝不拖拉。其次，遇到有挑战性的工作任务时，要积极面对问题，不怕困难，发挥主观能动性，学习各种相关知识，必要时向有经验的专业人士寻求指导，不怕“难啃的骨头”，就怕没有啃骨头的心。当完成一项有挑战性的任务时，不仅个人能力得到新的提升，让平日的工作更加游刃有余，攻克难关的好心情也会在下次挑战来临时更加积极地面对，解决问题的态度更加向上，无形中个人执行力得到提升，工作生活的心情也更加愉悦。

3. 脚踏实地，目标明确，扎实地完成工作任务

除扎实的工作能力和端正的态度之外，脚踏实地的作风和明确的各阶段或长远或短期目标，能够调节工作状态。遇到困难不气馁，脚踏实地想办法解决并吸取经验教训；圆满解决一项工作时也不骄傲自满，谨记不骄不躁不急不馁，以饱满的精神状态向下一个预期目标出发。

（二）时间管理

在班组长自我管理中全面引入时间管理的方法，也可以帮助班组长更加有效地完成管理活动。

1. 时间管理的原则

时间管理应遵循的原则有七个方面：①列出班组工作年、月、日的工作及目标清单；②将班组工作目标按重要性程度进行排序；③列出实现班组工作目标的活动内容和要求；④进行活动优先排序，即应做、必做，有时间才做，可授权他人；⑤进而列出每年、月、日的详细工作时间表；⑥依据时间表实施并展开工作表；⑦进行每日、月、年的工作回顾总结。

2. 时间管理需要注意的问题

班组长在应用时间管理的时候要注意以下几个方面的问题，方可获得更加科学、高效和人性化的管理效果。

（1）寻找最佳工作时间。每个人都有自己的生活规律，有些人上午做事效率高，有些人下午做事效率高，有些人晚上做事效率高。只有准确寻找最适合自己的方式，才会提高自己的工作效率和时间的有效性。同样，班组长

也应在员工工作效率高的时间安排重要的活动和工作。

（2）明确工作职责。不同人做一件事所耗费的时间差别很大。所以，应尽量在安排工作的时候明确职责，减少忙而无获的结果。

（3）集中处理不重要的事务。日常工作中常常会有许多不重要的事情困扰着我们，如果与重要的事混在一起会大大影响做事的效率，因此应注意在不忙碌的时候集中处理不重要的事务。

（4）提高会议效率、议程和时间。班组内基本是以培训和活动实施管理的，而培训和活动都是会议的特殊表现形式。获得有效的会议效果是班组长最为关注的方面，这需要在前期策划中注意把握严谨的议程和简短的时间。

二、班组长提升日常事务执行能力的方法

（1）通过企业执行力文化的塑造与建立，逐步影响员工，进而提升企业员工执行力。因为在企业文化中蕴含执行力文化，会对员工在执行力方面的改变有着重要和长期作用，起到非常重要的积极作用。

（2）建立良好的沟通渠道，及时收集并反馈信息，协调内部资源有效解决问题，促进员工执行力的提升。因为通过建立良好的沟通渠道，使得沟通起来方便快捷，避免传递信息不到位或传达错误引发工作出现被动；同时通过及时收集并反馈信息，进而协调内部资源及时解决遇到的各种矛盾和问题，纠正出现的偏差和错误，确保各项工作的顺利和有效开展。

（3）依据工作目标，制订合理制度与方案，常抓不懈，充分发挥检查、监督与激励作用。因为如果没有做到常抓不懈或缺乏检查、监督和激励措施，容易使得员工感觉没有督促或干好干坏一个样，等等，进而引起员工在工作时会出现懒散甚至捣乱现象。

（4）充分发挥工作强有力的执行力带头作用。员工执行力的强与弱往往跟主管领导有着直接关系，所以作为一线管理者，班组长需要充分发挥工作时执行力的带头作用，养成雷厉风行的工作习惯（但绝不是莽撞盲打），充分发挥管理人员的模范和带头作用，积极引导员工朝着正确的方向前进，确保按时保质保量地完成各项工作任务与目标。

（5）构建合理的工作流程，明确工作目标，明确员工分工，做到职责清晰，提供工作方式方法。因为如果缺乏合理的工作流程，容易让员工工作起

来不顺畅；如果缺乏工作目标，容易让员工工作起来很茫然；如果缺乏明确分工，容易让员工工作时出现扯皮现象；如果工作方式方法不得当，容易让员工工作起来事倍功半。

（6）结合员工的观念、心态和工作实际，建立行之有效的执行力培训体系，提升员工工作能力与意愿。因为企业员工在工作过程普遍存在不清楚该做什么、该怎么做、做到什么程度、何时何地做等问题，所以这就需要结合工作实际与员工的观念心态进行有针对性的培训（包括理论培训、现场培训等），进而提升员工的工作能力与意愿。

（7）积极选用执行力强的人员，并通过树立标杆发挥带动作用，促进提升员工的执行力。根据岗位需要，积极选用执行力强的人员，使之带领或带动局部执行力的提升，同时根据实际需要，树立执行力强的员工作为标杆，进而促进和影响其他员工。

（8）建立具有适度压力的工作氛围，使得员工具有适度危机感，进而有助于提高员工的执行力。因为员工在适度压力的工作氛围中工作会树立危机意识并形成危机感，进而转换为工作动力，有效促使提升员工的执行力。

（9）积极深化和提升企业员工责任心，进而转化为内部工作动力，提升员工的工作执行力。因为具有很强执行力的员工往往具有高度责任心，通过积极深化和提升员工的责任心，使得从工作意识、工作态度、工作能力上上升到工作责任心和责任感，进而转换为工作的内部动力，促进工作执行力的提升。

（10）让员工积极参与提出合理化建议，积极参与基础作业标准的制定，等等，并了解企业愿景与战略，有助于提升执行力。因为让员工参与提合理化建议和制作作业标准等，既能利用员工智慧，又能使员工感受到被重视，同时还使得员工在执行自己参与制定的内容时积极性更高，进而有效地提升执行力；让员工了解企业愿景与战略，使得员工认识到企业发展前景，进而认识到发展的空间等，使得自身逐步融入企业，有助于员工提升执行力。

三、班组长提升执行能力的常用工具

班组长的执行能力更多地体现在工作任务完成情况上，“日事日清”是班组长执行能力的一种重要体现。“日事日清”即当天的工作要在当天全部完成，不要给明天留下尾巴，最好是每天还有点提高。为了更好地在工作中体现“日事日清”的思维，班组长在工作中可以运用以下的工具，详见表 3-4-1、表 3-4-2。

表 3-4-1　日事规划表

时间	工作内容	今日工作计划	未完成原因，何时完成
※ 上午表格随时放在你的身边，每一个小时写一次，记录你每个小时的工作结果。			
7:00—8:00		A. 今天重要的第一件事	1. 已经完成？ 2. 未完成原因？ 3. 何时再完成？
8:00—9:00			
9:00—10:00			
10:00—10:30		B. 今天重要的第二件事	1. 已经完成？ 2. 未完成原因？ 3. 何时再完成？
10:30—11:00			
11:00—11:30		C. 今天重要的第三件事	1. 已经完成？ 2. 未完成原因？ 3. 何时再完成？
11:30—12:00			
自我控制观念：每时每刻铭记你最终要的目标。			
12:00—13:00		D. 今天重要的第四件事	1. 已经完成？ 2. 未完成原因？ 3. 何时再完成？
13:00—14:00			
14:00—15:00		E. 今天重要的第五件事	1. 已经完成？ 2. 未完成原因？ 3. 何时再完成？
15:00—16:00			
16:00—17:00		你用什么样的心态对待生活，生活就怎样对待你。 你满意今天的自己吗？	
17:00—18:00		每日心态管理：以下每项做到 10 分，未做到 0 分	
18:00—19:00		坚守承诺（ ）分	认真（ ）分 乐观（ ）分 自信（ ）分 效率（ ）分
19:00—20:00		爱与奉献（ ）分 决不找借口（ ）分	保证完成任务（ ）分 今日总分（ ）分

表 3-4-2　日清自检表

序号	日事内容	日清标准（自检）				日清记录（不足之处）	纠正措施	日清时间	归档管理
		实效	质量	数量	结果呈报				

实务训练

案例一　工作就要“日事日清”

王班长所在的班组采用月报管理模式，每位组员每月把自己工作中遇到的问题或服务案例分点记录，对事件的发生，问题的暴露，通过思考总结经验，进而提出对策落实，对取得的效果逐一记录，再通过班组例会分享的形式，使班组成员之间相互交流经验，牢记教训，得出类似问题最优的解决方法并在全组内进行推广。但时间一久，每天发生的案例到月底总结时组员们都忘得差不多，鉴于这种情况王班长提出每天下午在当班组员内部开一次小会总结一天发生的各种问题和案例并记录在案，等到写每月一篇的月报时可以有据可查。这种“每天一会”的方式正是日事日清工作方法的有效实践。这种方式与月报模式相结合使得每位组员，在日积月累的过程中，有效地提升了自己的服务意识，增强应变沟通能力，从而进一步提高了个人综合素质。

案例二　爱岗敬业、无私奉献的卫班长

卫班长在工作过程中始终严格执行化学运行操作规程和安全操作规程，对现场中存在的各类不安全因素他总能及时发现并采取有效措施，确保机组的安全运行，连续多年被评为“先进工作者”。

有一次，卫班长启动曝气水泵时发现出口有异音，填写缺陷并通知了检修，经检查为出口逆止阀损坏，开票更换逆止阀时逆止阀掉落的半片活页没有找到，检修后试运时，出口手动门处还有金属撞击声，怀疑半片活页被水冲到出口手动门上部。由于出口联络门不严，运行时无法将手动门取下，检修交代只有等设备全停时再处理。卫班长利用多年工作经验想到一个办法，在设备不用全停的情况下，将掉落的半片活页取出，为此受到厂部嘉奖。

还有一次，卫班长接班后巡检时听到水处理东墙排水沟里有明显排水声（当时水处理设备没有排水），揭开地沟盖板检查发现东墙处地沟上部墙体有裂缝，有水从裂缝中大量流出注入地沟，由于附近地下只有消防水管路通过，怀疑地下消防水管路泄漏，卫班长取样后送化验室化验水质以进一步确定泄

漏水质来源，经化验为生水，马上通知了消防维护员。经过一上午配合消防维护员反复检查，确定为消防水管路泄漏，为此受到厂部嘉奖。

案例分析：

“今日事，今日毕”这个简单的道理，对班组长工作上合理分配时间借鉴意义很大。“日清管理法”的核心就是日事日清，日清日高，即今天的事情今天必须完成，今天做的事情应比昨天有提高，明天的目标应比今天的结果更高。有些时候碰到不喜欢的工作，或是认为任务很轻松不需要太多时间时，会自以为是地把工作拖后转而去做其他事情，等期限到了才后悔。因为不能回到过去来弥补，只能匆忙工作了事，这样的工作效果必定大打折扣。因此养成日事日清的习惯是很重要的。

作为基层生产组织的管理者和中坚力量，班组长作用的发挥很大程度上决定了班组的执行力如何。因为，只有班组长具有了高度的责任心、领导力和突出的业务技能才能将班组打造成一支具有执行力的队伍。在实际工作中，班组长以身作则，发挥榜样作用，以认真敬业的精神和过硬的技术能力来对班组成员产生积极影响，引领员工不断取得新的进步，促进班组整体执行力的提高。

思考题

1. 个人执行能力的特点主要体现在哪些方面？
2. 班组长应该具备什么样的心态？
3. 个人执行能力的提升可以采取什么方法？
4. 日常事务执行力的提升可以采取什么方法？

判断题

1. 个人执行力取决于其本人是否有良好的工作方式与习惯，是否熟练掌握管人与管事的相关管理工具，是否有正确的工作思路与方法，是否具有执行力的管理风格与性格特质，等等。(　　)

2. 作为一线管理者，班组长应该加强自身管理能力的提升，可以弱化技术知识和专业技能的学习。(　　)

3. 员工执行力的强与弱往往跟主管领导有着直接关系，所以作为一线管理者，班组长需要充分发挥工作时执行力的带头作用。(　　)

4. 为提高员工的执行力，班组长应避免在工作中给员工施加压力。(　　)

5. 让员工参与提合理化建议和制作作业标准等，既能利用员工智慧，又能使员工感受到被重视，同时还使得员工在执行自己参与制定的内容时积极性更高，进而有效地提升执行力。(　　)

参考答案：

√　×　√　√　√

第五章

班组长的班组建设能力

学习目标

1. 理解班组建设能力的内涵
2. 理解班组建设对班组长的要求
3. 掌握班组长自身建设的主要内容
4. 了解“五型班组”创建活动的主要内容
5. 理解班组长如何在“五型班组”创建活动中发挥作用

学习重点

班组建设能力的内涵

学习难点

“五型班组”创建活动的主要内容

学习引导

一个组织要具有较强的竞争力，要在激烈的竞争中生存、发展、壮大，一定要使这个组织成为一个和谐完善的统一体，在这个组织的成员之间达成共识和默契。班组长的班组建设能力就是最大限度地激发班组成员目标一致性、主观能动性、工作积极性和思维创造性，提高班组的战斗力、凝聚力和人才培养能力，使之成为企业有生命力和创造力的组织“细胞”。本章将介绍班组长自身建设的主要方面、班组建设对班组长的要求、班组长在创建“五型班组”中的作用，使班组长能够对班组建设能力有更加清晰的认识。

第一节 班组建设能力的主要内容

案例导入

班组长李伟所在的企业在发展过程中，工会承担责任，发挥优势，主动履行党政赋予的任务，创建“五型班组”，推动班组工作上新的台阶，促进了企业全面协调可持续发展。多年来，企业坚持以人为本，全心全意依靠职工办企业的指导方针，以“创建学习型组织、争做知识型员工”、创建“工人先锋号”等活动为载体，以“四化”管理（人本化、规范化、标准化、集约化）和“5S现场管理法”（安全、节约、整理、清洁、素养）为规范，以建“五型”班组，打造学习型、知识型、创新型“四有”职工团队为目的，以中国特色社会主义核心价值观和企业文化以及“四德”（社会公德、职业道德、家庭美德、个人品德）、“四心修炼”（仁爱之心、敬畏之心、感恩之心、进取之心）为要求，努力建设一支高素质的职工队伍和一批各具特色、充满活力的先进班组，为推动企业平安和谐发展提供了坚实基础，走出了一条符合企业实际的班组建设道路。

运用有效的方法和手段，创造全员参与班组建设的良好氛围，实现班组建设的各项目标，是每一位班组长必须具备的能力。

一、班组建设及班组建设能力

班组建设是指通过有效的手段和方法，在班组内部进行班组文化、学习制度及工作制度等的建设，最大限度地调动班组成员生产的积极性、创造性，提高班组成员的生产工作技能与综合素质的活动过程。班组建设涉及方方面面，主要有五个方面：

（1）提高产品质量。质量关系到市场和客户，班组长要领导员工为按时按量地生产高质量的产品而努力。

（2）提高生产效率。提高生产效率是指在同样的条件下，通过不断地创新并挖掘生产潜力、改进操作和管理，生产出更多更好的高质量产品。

（3）降低成本。降低成本包括原材料的节省、能源的节约、人力成本的降低等。

（4）防止工伤和重大事故。有了安全不一定有了一切，但是没有安全就没有一切。一定要坚持安全第一，防止工伤和重大事故，包括努力改进机械设备的安全性能，监督职工严格按照操作规程办事，等等。很多事故都是由于违规操作造成的。

（5）提高班组管理水平。正确运用绩效考核，增强员工的良性竞争，提高工作效率。加强班组民主管理，增强员工责任感、认同感与归属感 。营造出健康良好的班组氛围，从而激发出爱岗敬业的奉献精神。

班组长的班组建设能力就是通过导入方法、模式和工具，提升员工素质，夯实企业管理基础这样一个持续改善过程，使班组成为规范、高效的作业单元，最终带来企业安全、质量、成本、效率的改善或提升。班组建设能力要求班组长能够做到：①认识到自己在企业管理中的重要作用和地位；②学会运用班前预测、班中控制、班后掌握的技巧有效地防范、控制与解决问题；③系统掌握提升产能效率的技巧，有效完成工作任务、达成客户交期；④拥有严格的质量意识，执行“零缺陷”要求，以降低质量异常，提高产品优良率；⑤系统掌握发现问题、分析问题、解决问题的方法，快速解决现场的冲突和异常；⑥掌握教导、培育员工的方法，全面提升员工素养与技能；⑦掌握有效沟通、高效激励的技巧，从而使班组团队更具有战斗力；⑧班组长系统掌握辅助上司、带领部属的有效方法，发挥承上启下的作用。

二、班组建设对班组长的要求

1. 工作思路要清晰

思路是班组开展工作的前提，没有清晰的工作思路，班组就处于混乱状态，就会成为没有竞争力和活力的班组。班组长首先要认清当前企业形式，明确企业生产的方针目标和班组管理的内容和任务，再传达给班组的每一个组员，让组员们明确当前的形势和目标。

2. 生产管理要严格

在生产管理中，班组长要树立精益求精的理念。严格要求自己，要用班组管理制度来约束每个组员的意志和行动，这是生产工作的顺利进行和各项工作的全面完成的保证。在安全管理中，班组长要做好班前安全点评，查出存在的安全隐患，保证每个组员带着安全去上岗，切实把安全贯彻到每一个组员心中。在质量和材料管理上，要让每一个组员有一种向质量“零缺陷”靠近的追求，成本向最低点挑战的工作氛围，实现班组各项工作的新跨越。在执行制度上，确保公平性，制度面前人人平等。

3. 思想工作要用心

在班组思想工作管理中，班组长要努力做到以心换心，与组员心与心的交流，情与情的碰撞，要学会换位思考，多考虑别人，少考虑自己，要有维护班组利益的理念。在班组思想工作管理中，班组长首先要在工作中做到公平、公正、公开，不能有损公利私的念想。其次在班组中要从尊重人、关心人、理解人等观念出发，要注意班组成员的动态，关心爱护每个人。最后班组长要把每项规章制度“活”学“活”用，工作要有的放矢，因人而异。在班组管理中，既要做好班组成员工作期间的思想工作，又要做好工作以外的思想工作，时刻关注每一个班员的思想动态。

4. 搞好落实交接工作

班组长交接工作主要是同其他部门的交接以及与班组长的交接。在班组管理中班组长要切实做好交接工作，将交接制度落到实处，使工作紧密衔接、前后情况清晰，防止出现无人控制管理的状态或是事故的发生。

5. 考核奖励要到位

考核奖罚制度是激励和约束各个成员的有效机制，调动每一个组员的积极性和主动性，搞好搞活班组的工资奖金分配，要充分体现多劳多得，奖勤罚懒的分配原则，利用最合理的分配去最大限度地调动职工生产积极性。要增强班组工资奖金分配的透明度。实行公开公平，符合班组员工的意愿。要让考勤表、计分表张榜公布，让每个组员互相监督、自我管理，使分配更具有民主性、公正性，赢得员工的信任，让他们着实感受到奖罚制度的实施。作为班组长，对需要进行表彰的同志，及时向上级反映，营造一个赶超氛围，提高班组的向心力和凝聚力。

三、班组长自身建设的内容

搞好班组建设，班组长必须具备思想好、安全责任感强、技术精、懂业务、会管理、作风正、干劲足、有威信等特性。这样才能带领班组成员完成各项生产任务。因此，班组长要不断加强学习，不断提高自身的职业道德修养，不断提高自身的业务技能，做员工的表率、技能的标兵、岗位的能手。

1. 提高自身的综合素质

班组长自身素质的高低直接影响班组的管理，这就要求班组长必须要有高度的事业心和责任感，既要懂生产、精技术、通安全、熟管理，又要有一套灵活的工作方法，有效地带动班组成员形成合力。作为班组的第一责任人，应加强自己的管理意识、知识素养和责任感。平时不仅要注意学习技术知识、管理经验，而且还要带头严格执行各项规章制度，只有这样才能被班组员工所尊重、信任。

2. 树立良好的楷模形象

班组长是班组的领头人，这就要求班组长不但要用职权管好班组成员，更要用良好的形象带好班组成员。因此班组长应具备的基本素质是：讲学习，有一定的理论功底，是大家学习的榜样；讲技术，是班中的多面手，在困难面前走在前头；讲工作，事业心强，有变通能力，善于创新；讲纪律，严于律己，公平待人；讲团结，推功揽过，敢于承担责任，真正成为班组成员的良师益友，发挥率先垂范、凝聚人心的核心作用。

3. 具备较强的管理能力

班组长应当既能实干又会管理，同时要有组织能力、鼓动能力，能充分调动和发挥班组成员的积极性、创造性，能使班组团结友爱，把班组建设成“第二个家庭”。班组长可以通过培训学习、观摩、座谈交流等多种形式提升自身的管理能力。

4. 明确管理的目标

班组长要从繁重的生产任务中解脱出来，成为生产一线的管理人员。班组长除要对生产任务进行安排布置之外，更要对生产过程中可能出现的问题做出详尽、具体的说明和布置，做到班中监督、班后评比、奖优罚劣，用明确的、具体的、量化的目标进行管理。

5. 善于管人、用人

班组长作为一名最基层的管理人员，在管人时需要管心，因此，班组长必须在生活上关心、在情感上尊重、在心灵上沟通员工，使自己成为班组成员的精神支柱，使班组成员有“家”的温暖。生产一线员工流动性较大，特别是熟练工的流失对生产的影响较大，如不及时加以控制，将直接影响企业的发展。这就要求班组长在自身过硬的前提下要带好自己的“兵”。对于员工，要搞清楚他们在想些什么？他们需要什么？要为他们排忧解难，消除他们的思想顾虑。要认真把握员工的思想动态，及时消除员工的抵触情绪，以提高员工的工作积极性，激发他们的工作激情。在遇到问题的时候，要动之以情，晓之以理，做到以理服人，以情留人，要让员工看到希望。

第二节 “五型班组”建设对班组长的要求

案例导入

班组长李伟结合车间“五型班组”考核细则，制定了以建设“五型班组”为核心内容的“班组公约”，经过班组全员讨论后实施。在“公约”中明确了各岗位应承担的责任，将班组的各项工作分配到个人，当出现问题时，立刻能查出应该是谁负责的，并制定了相应的惩罚措施：如果因为个人工作不到位，被车间扣分，每分罚 20 元，当个别岗位工作较多，岗位人员不能单独完成时，其他岗位人员能帮助完成工作任务的，按工作量进行奖励，5 元起。并约定此项奖金不可用于他处，与班费分开计算。在奖励与惩罚之间，每名员工够能拿出百分之百的工作热情，“斤斤计较”每项工作，班组的管理工作完成了由粗放到细致的转变，达到了细致管理的要求。也正是通过“公约”的实施，全班各项工作得到了有序开展，小到班内卫生、分担区卫生、迟到早退，大到车间重大操作变动时人员不足的问题，都得到了解决，而且大家都感觉到了自身的工作价值，增强了工作的热情和主动性。

将“五型班组”的创建落实到班组实际工作当中，充分发挥自身在“五型班组”创建活动中的作用，是每一位班组长需要具备的能力。

一、“五型班组”创建活动的主要内容

“五型班组”是班组建设追求的最终目标，“五型”班组即技能型、效益型、管理型、创新型、和谐型班组，这“五型”体现了新时期班组建设的基本目标和发展方向。以下是“五型班组”创建活动的主要内容。

1. 创建学习型班组

（1）班组重视学习，倡导终身学习理念，积极开展“创建学习型组织，争做知识型职工”活动，经常组织学习理论和业务技术知识，学习氛围浓厚。

（2）充分肯定和尊重职工的学习热情、学习成果和劳动创造，形成了工作学习化、学习工作化，以学习推动工作，以工作促进学习的局面。

（3）根据生产经营任务，注重组织职工进行工艺、流程分析，严格按作业标准进行操作，能够及时发现问题并提出改进措施，经常提合理化建议，班组创新创效的实践能力突出。

（4）能够结合施工生产实际，组织进行班组岗位培训，积极开展“以师带徒”活动。

（5）认真组织班员参加所在单位或公司举办的各种业务技术学习和培训，按时参加技能鉴定，并能一次通过；在各种技术比武、比赛中，班员成绩突出。

2. 创建安全型班组

（1）高度重视安全工作，牢牢坚持“安全第一，预防为主”的方针，结合实际，创造性地开展班组安全治理工作。

（2）全员安全意识强，熟知并能深刻领会公司安全理念，切实树立“我要安全”“我会安全”“我能安全”的意识。

（3）认真组织班员参加单位举办各种安全知识的学习及培训、应急预案的演练等，把握安全生产应知应会知识，自我保护能力不断增强。

（4）班组长切实履行班组安全第一责任人职责，坚持班前安全讲话并规范记录，坚持进行安全监督检查，班员能够互相爱护，互相提醒，互相监督，

尤其要做好对新职工的安全监护。

（5）班员能够自觉规范穿戴各种劳保用品，严格遵守各种安全制度和操作规程，果断抵制和反对“三违”现象，没有安全责任事故。

3. 创建清洁型班组

（1）工作场所整洁有序。班组及其成员的工作场所、休息室等，能按公司现场标准化治理规定布置，物品摆放有序，整洁无废物。

（2）生活环境好。注重保护生活驻地环境和卫生，不乱扔乱倒垃圾，班组宿舍内地面干净，无异味，个人物品摆放整洁。

（3）班员讲究个人卫生，注重仪表仪容，在有着装要求的场合，能按规定统一着装，整洁划一，体现出公司的良好形象。

4. 创建节约型班组

（1）班组认真贯彻执行国家和上级的有关节能法规、政策，且能够结合实际，制定有关节能降耗的具体办法和措施并加以落实。

（2）科学生产提高效益，班组及其成员在生产过程中，注重科学组织，合理安排时间，有效利用资源提高效益。

（3）加强成本分析与控制。班组经常组织进行针对性的成本分析，并采取相应措施，班员有强烈的成本意识，时刻注重精打细算。

（4）班员有良好的节俭习惯。坚持对班员进行勤俭节约的道德教育，班员养成和保持了良好的节俭习惯，爱护公物，班组范围内无长流水、长明灯等不良现象。

5. 创建和谐型班组

（1）团结协作干事创业。班组成员能够始终同心同德，围绕班组目标团结一致，协作奋进，按时高质量地完成承担的各项任务。

（2）正确处理同所在单位、部门、业主、其他班组等各方面的关系，相处融洽。

（3）班员之间互相关心，互相爱护，互相谅解，互相帮助，无打架斗殴现象，凝聚力强。

（4）班员遵章守纪，集体荣誉感强。班组及其成员关心爱护集体，服从领导，服从安排，组织纪律观念强，无违法乱纪现象；积极参加所在单位或上级组织的集体活动，努力争创和维护班组荣誉，在班组内营造乐观、健康、向上的良好氛围。

二、班组长在“五型班组”建设中的作用

（一）做学习型班组的学习楷模

班组长作为班组排头兵，业务能力的好坏、技术水平的高低将直接影响班组工作的质量，在班组管理中班组长不但要做到以理服人，还要做到以技服人，为此班组长必须加强学习。作为班长要重视知识的更新积累，要充分利用一切机会加强业务知识和管理知识的学习，特别要对新技术、新知识的学习投入更多的精力。要做好班组建设工作，班组长必须不断提高自身素质，做个“知识型”的班组长，做业务上的权威、做技术上的精英。

作为一名班组长，要坚持把创建学习技能型班组与日常生产工作相结合，鼓励职工“在干中学、在学中干”。不断调动班组学习气氛，积极宣传终身学习的理念，努力营造以认真学习为乐，以更新知识为荣的良好氛围。与此同时，要采取多种形式对职工进行培训；充分发挥专业技术人员、工人技师的作用；深入挖掘和推广绝活、绝招、绝技，帮助职工掌握实用技能；广泛开展小改革、小发明、小创造等群众性技术创新活动；认真征集小窍门、小建议等，让每名职工都有展示才华的舞台，增强班组建设的活力。

（二）做安全型班组的安全护卫

安全生产是每个企业的主旋律，也是班组工作的永恒主题。班组长应抓住这一主题不放松，任何时候都要把安全作为工作的重中之重。安全环保是五型班组创建的重要内容之一，也是一个优秀的班组必须具备的条件。班组长作为最基层的管理者，其自身素质和安全管理水平在很大程度上决定了企业的安全生产形势。

班组长要注重抓好班组安全教育，强化班组成员的安全意识。通过班务会、班组安全日等活动认真学习有关安全生产的方针、政策、法律、法规及规章制度，认真学习和分析同行业的安全生产经验和事故教训；及时总结班

组工作中存在的问题并提出整改措施；不断强化班组成员的安全意识。建立安全文化体系，大力营造“人人重视安全、人人关心安全”的浓厚氛围。通过不断完善各项安全管理制度，实现安全生产管理模式，善于及时发现、整改各类事故隐患等措施，确保班组安全生产和职工健康。

（三）做清洁型班组的服务表率

班组长不仅要在工作现场卫生、生活环境卫生、个人卫生方面做好表率，而且要将这种表率作用延伸至服务意识上。班组是直接和各车间打交道，服务质量和意识决定着市场的空间，所以要树立“人人都是形象，服务就是市场”的理念，注重创新服务内容，要深入开展回访、信息交流、座谈会等优质服务活动，组织人员分批分期到各车间走访，了解生产工艺、流程的重要性，及时解答各车间提出的问题，进一步协调与各车间的合作关系，不断提高服务水平和用户满意率。

要深化“准”“快”“及时”的服务理念，确保各生产车间的半成品、成品出厂的产品质量，要及时采样、准确分析，保证产品出厂分析合格率达100%。要建立优质服务承诺，积极开展有益于和生产车间协作关系的各类活动，定期组织班组生产骨干深入到生产车间中，为用户答疑解难，提供技术培训、技术咨询等优质服务，靠提升整体员工素质，把好产品质量的第一道关，使生产车间与企业同步发展。班组要以优质服务为主线，要经常与生产车间开展“联姻”活动，和生产车间成为一个整体，时刻以企业利益为重，从小事做起，全心服务，靠班组的优质服务，树立良好的企业形象。

（四）做节约型班组的管理先锋

班组长要对日常工作所需的人员、材料、设备和技术、安全、制度、卫生等诸多方面管理如数家珍，样样皆通。这就要求班组长具备较强的组织能力和全面的统筹能力，并需要在不断完善管理方法中挖掘自己的潜能，将班组长的作用发挥好。

首先要抓好班组技术管理，技术管理包括技术资料的汇集更新、规程的修改和标准化作业指导书的编写、技术培训、各种运行岗位记录等。技术资料（包括设备说明书、技术数据、接线图纸及历年的检修报告）为设备的运行和检修试验提供理论依据。在设备安装检修时，要求班组人员要认真地收集好各种技术资料，不断更新相关数据，并在检修中严格用规程制度规范班组人员的行为，指导正常的各项工作，避免有的规范编制修订不及时、与实际不符、部分章节和条款可操作性差不能满足实际工作需要等问题。其次在实际工作中，班组长要监督本班人员将规程、规范和标准的管理要求转化为操作、检修等环节的标准化工作程序，杜绝违章指挥违章作业等问题，防止出现设备定期检查不规范、缺陷处理不及时、作业质量不高、交接验收不认真等问题。

（五）做和谐型班组的文明使者

班组民主管理可以通过建立班组民主评议制度，设置班组民主管理员，召开班组民主管理会、班组献计献策会和班组民主生活会等形式，广泛征求意见、收集信息，掌握班组管理的第一手资料，为防止重大决策的失误起着重要的防范与指导作用。

班组长必须坚持民主公正，做到言行一致，才能在班组中树立威信。办事要民主公正，这说起来容易做起来难，因为公正公平常常被错当成平均主义。所以，班组长要注意收集大家的意见和建议，制定出各种管理制度；分配工作时依据制度合理安排，做到办事公道、奖罚分明。作为班组长还要身体力行，言行一致。做到言必信、行必果，对待工作善始善终。例如，对于制定的规章制度，必须以身作则、严以律己，同时要求职工共同遵守，对违章违纪行为，必须果断明确地制止、考核。

实务训练

案例 “五型班组”建设中的班组长

自开展“五型班组”创建活动以来，班组长小刘带领作业部紧密围绕公司生产经营和建设发展，扎实开展创建“五型班组”活动。在这个过程中小刘充分发挥班组长的模范带头作用。

一、注重学习，提高自身素质

小刘牢固树立“终身学习”的理念，在业余时间坚持每天拿出一定时间学习相关业务知识，积极参加公司和作业部举办的相关业务培训，并进行相关考证和测试，时刻保持着一颗向上的心。同时对年轻的同志细心指导，要求他们认真学习的同时虚心向老师傅请教，以积累实际工作经验。同时不断完善班组学习环境和内部机制，努力营造学习氛围，调动员工学习积极性。在学习业务的同时，小刘带领班成员认真学习党的方针政策及企业的各项规章制度以提高自身的政治、业务素质。

二、有责任心，确保安全作业

为扎实开展安全生产，稳固班组安全根基，小刘牢固树立“安全第一、环保优先、以人为本”的理念，认真贯彻落实集团公司反违章六大禁令，进一步提高员工的安全意识，规范员工的安全行为，严格执行公司各项规章制度，落实安全岗位责任制，狠抓安全生产死角，以实现“零事故”为最终目标。小刘要求每一位成员都必须具备强烈的责任心，对待每一个环节都要仔细检查，在作业中时刻保持一颗警惕的心，形成安全意识，努力做到“不伤害自己，不伤害别人，不被别人伤害”。

三、清洁井场，注重环保

很多时候，由于作业时间长，中午用餐会在作业现场。小刘带领班组每个职工自带餐具，不再使用一次性筷子和食堂的餐具，这样既节约了成本，又能防止传染病的发生，改变了以前一次性筷子的塑料包装撒满地的现象，杜绝了白色污染。为进一步强化班组及周边环境污染的预防和控制，小刘要求大家牢固树立环保意识和清洁发展理念，严格履行环境保护目标责任，平时发现有脏乱及时清理，在干净整洁的环境里工作学习大家心情舒畅，每个人都把单位当自己家一样地爱护。

四、节约成本，创最佳效益

在小刘的带动下，班组每个人都有较强的节约意识。从节约用料、用油、到自己动手制作管线，在控制成本方面做了突出贡献。班组成员对废旧管线进行了充分的利用，达到了以旧改新，同时学会自己动手制作管线，既适应了各种施工的需要，又节约了成本开支。

五、讲团结，营造和谐

小刘坚持“尊重人、关心人、启发人、激励人”情感式管理，牢固树立“和谐发展”的理念，努力在员工内形成关系和谐、工作协调、互助互爱的良好氛围。时时处处起模范带头作用，乐于吃苦，勇挑重担，把方便让给别人，把困难留给自己。由于工作的需要，很多时候班组都会随着项目的更换而驻扎在外地，小刘关心、关注班组成员生活、工作的各方面，通过聊天拉家常等方式加强与其他班组的沟通，进一步增强员工的归属感。在小刘的带动下，班组员工之间政治上爱护、技术上互相指导、工作上帮助、生活上关心，班长和组员思想融洽、心心相印，互敬互谅，相处非常和谐。班组成员感受到集体的温暖，感受到自身存在的价值，班组形成一种向心力，形成一个团结战斗的集体。

案例分析：

“五型班组”标准化建设可以有效地提升班组管理水平，给班组长带来事半功倍的效果，班组长要善用“五型班组”标准化建设工具，同时在这个过程中努力提升自身的素养。在班组建设过程中，班组长是行动的标兵，对班组成员应该起到示范作用；班组长是上级组织联系的桥梁和纽带，是班组生产技能的带头人；班组长要带领班组人员团结协作、合理地组织人力、物力，充分利用各种信息，完成企业的各项工作任务目标。班组长必须政治先进、思想上进，成为保证班组建设的坚强的“主心骨”；班组长要练就过硬的“基本功”，成为“一岗精、多岗通、全岗能”的多面手；班组长要充分发挥个人魅力、提升自身素质，团结全班员工、凝聚班组成员，通过一言一行、一举一动给员工做出示范和表率；班组长行为能力必须强，特别是组织能力更强，使班组工作“一呼百应”、全员共进。

思考题

1. 班组建设对班组长有什么样的要求?

2. 班组长可以从哪些方面进行自身建设?

3. “五型班组”创建活动包括哪些内容?

4. 班组长如何在“五型班组”建设中发挥作用?

判断题

1. 班组建设是指通过有效的手段和方法，在班组内部进行班组文化建设、学习制度及工作制度等的建设，最大限度地调动班组成员生产的积极性、创造性，提高班组成员的生产工作技能与综合素质的活动过程。(　　)

2. 班组长要掌握有效沟通、高效激励的技巧，从而使班组团队更具有战斗力。(　　)

3. 在班组管理中，班组长只需要关注班组成员的生产完成情况，他们的思想工作不属于班组长管理范畴。(　　)

4. 班组长可以通过培训学习、观摩、座谈交流等多种形式提升自身的管理能力。(　　)

5. “五型班组”是班组建设最终追求的目标，“五型”班组即技能型、效益型、管理型、创新型、和谐型班组，这“五型”体现了新时期班组建设的基本目标和发展方向。(　　)

6. 班组长要重视知识的积累，由于担任管理工作，特别要重视管理知识的积累，技术知识可以放在次要位置。(　　)

7. 班组长作为最基层的管理者，其自身素质和安全管理水平在很大程度上决定了企业的安全生产形势。(　　)

8. 班组长要在工作现场卫生、生活环境卫生、个人卫生方面做好表率。(　　)

参考答案：

√　√　×　√　√

×　√　√

第六章 班组长的创新改善能力

学习目标

1. 理解创新改善能力的内涵
2. 理解创新性思维能力培养的路径
3. 掌握缺点列举法和检核表法
4. 掌握“工作九步法”的主要内容
5. 理解“工作九步法”的实施要点

学习重点

班组长提升创新改善能力的方法

学习难点

班组长“工作九步法”

学习引导

班组长是企业组织细胞中直接带兵打仗的“兵头将尾”，是公司制度改革及战略目标、方针的落实者。班组长的管理理念和创新改善能力直接关系到班组的战斗力和团队素质。班组长要能够在班组管理和建设中引入现代化班组管理观念、手段和方法，与时俱进地创新和实施与新形势、新任务相适应的班组管理措施，掌握管理创新知识和组织能力，不仅要做生产上的好手，而且要做管理上的能手。本章将介绍班组长如何培养创新思维、班组长进行创新改善的主要方法、班组长的“九步工作法”，使班组长能够对创新改进能力有更加清晰的认识。

第一节　班组长的创新思维和技法

案例导入

班组长李伟认识到要使班组创造出高效业绩，就必须保持班组内的激情活力和创造力，激发团队精神，充分调动队员的积极性，让其感受到自己在团队中有存在的价值与光明的前景。在全体班组成员的共同协作和实践下，班组发明了“集优卡”。

集就是集中、收集的意思；优就是优点、优秀的意思。集优卡就是将所有的优点集中在一起写在一张卡片上。集优卡在班组里就是让每一位班组成员经过认真思考之后，写出其他成员的优点，通过数据对比，写出最闪光的一面，然后收集起来即可。集优就是赞美，这种赞美不仅能使人的自尊心、荣誉感得到满足，而且能让人感到愉悦和鼓舞。从而对赞美者产生亲切感，相互间的交际氛围也会大大地改善。对于个人来说，集优卡对个人潜能有激发作用，容易形成激励机制，促进自我优化。对与班组管理而言，集优卡是激励机制的有效运用，是促进班组团结、激发团队精神的最佳形式。通过“集优卡”活动，集优成为班组的一种自发的习惯，组员养成了赞美别人的习惯，组员的工作热情和积极性也极大地提高了。

班组长要努力培养自身的创新意识，从看似平常的工作中找到创新改善的机会，将创造性的思维运用到工作当中。

班组长作为班组的领导者和决策者，其创新意识和开拓精神尤为重要，可以说班组的发展过程就是在班组长的组织指挥下不断创新的过程，建设创新型班组，班组长必须具备创新意识和创新改善能力。

一、创新改善能力和创新意识

班组长的创新改进能力是指班组长能够看到问题，能够有勇气迎接挑战，追求理想的改进状态，能够解决问题并产生理想的效果。创新改进能力是一种独立并创造性解决问题的能力，主要表现为三个方面：一是敏锐地发现问题和提出问题。既善于观察，又能从观察中筛选出有意义的问题。二是善于提出解决问题的具体方案。提出问题是为了解决问题，解决问题就要有解决问题的方案。三是能够准确评审和选择解决问题的方案。有创新能力的人，能够把握未来方向，预测未来，选择出最佳方案。此外，创新具有很强的实践性，创新改善能力最终取决于实践能力，要通过实践结果来体现。因此，班组长仅具有创新意识是不够的，只有进行创造性的工作，才能完成创新活动。

创新过程首先起始于人的创新意识，即创造性思维。人们在社会实践活动中，通过对客观事物的认识，不断产生不满足感和创新的欲望，并通过创造性思维活动产生有别于现状的设想，然后完成创新过程。其次可以看出，班组长创造性思维的培养是其开展创新活动的关键，没有创造性思维就不可能有创造性想象，更不会有创造性成果。最后创造性思维是进行创造性活动所必须具备的重要心理要素，是创新活动能否成功的基础。班组长必须培养良好的思维习惯。

二、班组长创造性思维能力的培养路径

思维是人脑对客观事物所进行的概括和间接反应，不是天生的和一成不变的，而是在实践中逐步形成的，班组长的创造性思维能力可以通过有效的途径培养和提高。

1. 敏锐的观察力是创造性思维的前提

观察是认识的重要阶段，一切高级的心理活动（如思维）都是在观察的基础上产生的。通过借助观察力对客观事物进行周密、系统、精确的观察，获得对研究对象的感性材料，形成表象，从而抓住问题的突破口，寻找出解决问题的方法。班组长要培养自己的观察能力，捕捉到别人尚未发现的信息，从而及时采取对策。培养观察能力要做到耐心细致，时时注意相关的信息，进行丰富的联想。

2. 丰富的知识和经验是创造性思维的基础

知识与创新密切相关，创新是建立在既有知识成果基础上的。丰富的知识和开阔的视野，是创新的基础和前提。知识越丰富，经验越丰富，产生创

新的可能性就越大。因为思维同问题是紧密相连的，而丰富的知识和经验是发现问题和解决问题的前提。班组长的知识和经验越丰富，思路就越宽，思维就越灵活，判断就越准确，解决问题就会越正确。创新知识结构应该是多元化的结构，是进行创新思维的硬件系统。在以知识决策和知识管理为导向的知识经济时代，知识是用途最广泛的控制力的来源。班组长必须通过学习，拓宽自己的知识领域，建立合理的知识结构，在实践中不断总结经验，提高创新思维能力。

3. 科学的思维方式是创造性思维的实现条件

思维方式是认识事物的方式方法。科学的思维方式就是根据思维和存在辩证关系的原理，用科学的方法去客观地认识问题、分析问题、解决问题。首先，要注意培养系统意识。在观察、分析、研究和解决某一问题时，要有意识地将它作为一个整体系统来看待，并从系统相关的角度来分析认识它。班组本身是一个系统，同时又是企业系统中的子系统，其每一项活动都是在相互联系中进行的。其次，摆脱习惯性思维的束缚。当人们一旦习惯于从某个角度认识问题之后，便很容易在头脑中形成固定的思维模式，就自觉不自觉地受这一思维定式的影响。班组长必须摆脱这种思维的羁绊，从新的角度，用新的方法去思考。特别是班组建设中进行非程序化决策时尤为重要。再次，培养发散思维能力。创造性思维应该是以发散性思维为主的思维，对所研究的事物进行全方位辐射性探索，从而找出尽可能多的解决方案。最后，班组长要不断调整自己过去的思维模式，建立一种多元化的立体思维方式，从不同角度去观察和思考问题。

三、班组长提升创新改善能力的方法

为培养创造性思维、提升创新改善能力，班组长可以采取缺点列举法和检核表法两种方法。缺点列举法可以解决班组长面对创新选题无从下手的窘境，而检核表法可以帮助班组长找出解决问题的新思路。

1. 缺点列举法

缺点列举法就是通过对已有的、熟悉的事物进行深入地分析，在对其缺点尽数列举的基础上，找出相应的解决方案，从而完成创新的方法。这种方法很简单，也很实用，但有一个重要的应用前提，就是一定要具备“常见生疑”的意识。缺点列举法可以帮助班组长突破“问题感知障碍”，启发其发现问题，找出事物的缺点和不足，从而有针对性地进行创新。这种方法不需要多么高深的学问，只需要保持那种安于现状的心理状态，培养“吹毛求疵”的习惯，就能取得创新的成果。缺点列举法是对现有事物的革新，属于“有中生无型”的创新。

班组长可以有意识地对自身的创新改善能力进行训练，以下是缺点列举法的训练步骤。

①选定管理的某个方面，无论是对人的管理还是对物的管理。如某项管理制度、某件事情的流程、管理手段、管理的方法等；②尽可能多地列举出所选“创新对象”的各种缺点；③找出急需解决的1—2个缺点；④围绕主要缺点，尽可能多地提出解决方案；⑤从众多的解决方案中选出一个最佳的方案加以实施。

在生产作业现场，班组长可以通过从以下十个方面入手应用缺点列举法。

①能改进作业动作吗？②能降低工作要素时间的波动程度吗？③能将人机工作分开吗？④能否修订在制品的数量标准？⑤能否减少步行的距离？⑥能否更好地均衡工人之间的工作？⑦能否改进生产的质量？⑧能否改进设备的可靠性？⑨能否更加有效地储存、放置、转移物料？⑩还可以考虑到哪些方面？

2. 检核表法

检核表法是采用提问的方式，围绕需要解决的问题或者创新的对象，把事物规律性的内容提炼之后，按照顺序一一罗列出来，然后针对每个提问进行扩散性、想象性思考，以促进对旧思维框架的突破，引向创新设想。这种方法不仅可以帮助班组长进一步提升问题意识，而且可以找到解决问题的新思路，同时还可以大幅度提高创新的效率。

检核表法几乎适用于任何类型与场合的创新活动。现在在不同的领域中都有相对成熟检核表可以直接使用，另外班组长也可以自己制定，以下是制定检核表的程序。

①明确要解决的问题；②收集与问题相关的各种资料和信息；③找到解

决问题的一般规律、思路和步骤；④运用扩散思维、求异思维等提示可能的设想方案；⑤完成相应的检核表。

在练习和使用检核表过程中，为产生广泛的联想，提高创新的价值，要进行想象思维的训练。详见表 3-6-1、表 3-6-2、表 3-6-3。

表 3-6-1　员工管理检核表

1. 员工有哪些想法、哪些情绪、哪些要求？
2. 为什么会有这些想法、情绪和要求？
3. 多少人有？什么时候有？哪些人有？
4. 产生这些想法、情绪和要求的原因是什么？
5. 怎样解决？有几种解决方案？
6. 哪种方案最好？
7. 谁来解决？什么时间解决效果最好？
8. 有什么值得总结的经验和教训？
9. 类似的情况还有吗？
10. 能否把坏事变成好事？

表 3-6-2　管理者职业素质检核表

1. 在紧张的情况下，你在表达自己意见的时候，会采取粗暴、责骂、不当的字眼和语气吗？
2. 你跟上级、下级、同事都刻意保持亲切、友善的关系吗？都能保持“一副面孔”吗？
3. 你能随时接受应得的批评吗？
4. 你能与别人分享荣誉吗？
5. 你经常可以让别人在需要与你磋商的时候来见你吗？
6. 当你无求与他人时，你能尊重对方吗？
7. 你能体谅别人的时间安排、工作负荷，并尽量不打扰别人正常的工作吗？
8. 当你在场时，别人是否感到舒服？
9. 你对下级和职工做过无法兑现的承诺吗？
10. 在别人愤怒时，你能镇定、沉着吗？
11. 你能尽量避免在工作人员的下级在场时“申诉”工作人员吗？
12. 你能经常及时地向下级告知自己的想法和计划，以增进信任吗？
13. 你能经常注意给别人提供能带来满足感的工作吗？
14. 在工作中，你能设身处地地为他人着想吗？
15. 在别人出现过失，采取某些措施前，你能耐心地听取犯错误人的解释吗？
16. 你愿意同别人共享你的资料和信息吗？

表 3-6-3 创新学习检核表

1. 对不对？（判断性思考）
2. 是什么？（叙述性思考）
3. 为什么？（叙理性思考）
4. 还有什么？（创新性思考）

第二节 班组长“工作九步法”

案例导入

李伟所在班组承担了一项新产品部件的装配任务，但是由于技术问题，该部件的一次通过率较低。李伟白天因为工作忙，没有时间琢磨，就晚上下班后去生产现场实地研究。在领导并没有给他安排这个难题破解任务的情况下，他以个人名义组织项目攻关，应该说是冒着一定的风险。李伟为此请来了技术人员仔细分析，提出了改变尺寸的创新方案。但是一个小小的尺寸改变，却涉及两个冲压件的模具修改，风险很大，万一创新不成功，不仅会给企业造成损失，而且延误新产品的组装进度，影响企业的整体经营战略。尽管面临非常实际的压力，尽管这时仍可以知难而退，但李伟选择了继续前行，他相信自己依靠技术人员所提出的解决方案是可行的。为了确保万无一失，李伟又对改进方案在计算机上进行了数学分析模拟，进行了细而又细的测试，终于确定修改模具的方案。李伟的方案得到企业的认可和支持，这一方案的提出不仅解决了技术难题，同时为企业创造了极大的经济效益。

立足本职工作，以严谨的科学态度和扎实的技术功底进行创新改进，是每一位班组长应该具备的能力。

一、“工作九步法”的主要内容

为了能够更有效地提升创新改进能力、提高工作效率，班组长在工作中可以采用“工作九步法”。“工作九步法”分别是指问、看、准、查、控、记、练、清、诊，以下是九步法的主要内容。

（1）“问”，即提前到岗“三个问”，问清上一班生产的工艺变更、设备运行、生产运行的三个基本情况。

（2）“看”，即深入现场“四查看”，查看岗位记录、生产运行、工艺控制、现场管理情况。

（3）“准”，即信息传递“两个准”，准确传递上一班生产运行情况，准确传达当班管理要求与任务。

（4）“查”，即开展“三查一整治”。查制度执行、安全隐患、现场管理，整治违章违纪和不规范操作，建立并维护稳定的生产秩序。

（5）“控”，即重点目标“三个控”。开展对产量、质量、成本（物耗、能耗）这三项重点目标过程的监控与管理。

（6）“记”，即落实“四个记”。记好当班生产管理中的突出问题、管理措施、执行情况、工作设想。

（7）“练”，即技能注重“两个练”。组织开展“一旬一题”“一旬一练”岗位演练。

（8）“清”，即交班做到“三个清”。交清生产运行情况、交清工艺变更、交清遗留问题。

（9）“诊”，即每旬工作“三诊断”。诊断生产指标完成情况、诊断班组管理执行情况、诊断个人工作完成情况。

二、“工作九步法”的实施要点

班组长“工作九步法”注重班组长工作内容的细化，规范了班组长工作流程的管理，明确了班组长每天工作的规定动作，在此基础上班组长才能进一步审视自己的工作以进行更好的创新改善。

（1）“问”“看”使班组长做到心中有数。如上一班生产有无设备停机，设备停机数为多少，设备的位号，质量控制数据有无超标，工艺变更的具体内容是什么，等等。

（2）“准”要求班组长充分准备集体交接班内容，准确向班员传达上一班生产运行情况和当班生产运行管理具体要求与任务，并做好相应的安全辨识，哪些操作是严禁的，哪些操作要注意风险，都会对相关人员进行具体交代，做到全员清楚。

（3）“查”要求班组长做到定时、定路线检查。如在班组开展“今天我是安全员”巡查，组成以班组长为领队、2—3名员工共同参与的“安全检查队”，重点开展“三查一整治”自纠自改，并将检查结果汇总，当班结束上报。

（4）“控”要求班组长围绕产量、质量、成本指标进行过程监控，对照要求对主要工艺点的控制进行跟踪，及时发现隐患，及时调整，使生产始终处于受控状态。如品种翻改作业，班组长负责确认工单随品种逐岗传递，确保工艺参数随品种逐岗更改，不出差错。班组长要时刻监控当班的中间品质量。

（5）“记”要求班组长要有“班组长工作日志”，围绕当班突出问题、工作设想、过程内容、管理措施等进行记录，使工作有迹可循，提高思考问题、解决问题的能力。

（6）“练”要求班组长组织日常实操训练，这是运转班组成员有效提高操作水平、消除隐患的抓手。班组长要针对各自岗位的特点，开展“一旬一题”“一旬一练”，以及应急预案的岗位演练。

（7）“清”要求班组长针对下一班的“问”做到生产运行情况、工艺变更、遗留问题的“三清”，同时还要对当班工作进行回顾，进行“诊”，诊断生产指标完成情况、班组管理执行情况、个人工作完成情况。班组长还必须根据目标完成情况进行诊断，总结经验，指出不足，制定措施，提出下一旬的目标，实现PDCA循环。

实务训练

案例　追求卓越，打造精品的创新精神

“追求卓越，勇攀技术高峰，打造精品”是陆班长所在班的重要特征。陆班长结合班组实际，鼓励班组成员立足岗位，持续创新，大力开展“集体研讨、相互学习、举一反三”活动，形成了追求卓越，努力打造精品的浓厚氛围。

陆班长所在班组的主要工作就是在配网发生故障时，对故障点柱上的开关快速进行定位分析。公司给他们定下了每次故障定位时间≤ 60 分钟的质量目标。但是通过对上半年故障点柱上开关定位情况的调查分析，发现定位的平均耗时达到了 79 分钟 / 次，没有达到标准，班组的生产质量存在隐患。面对困难，陆班长带领班组成员深入分析查找原因，并利用班组所倡导的“经验交流传帮带、一专多能促成才”活动，深入公司相关部门、班组进行调研，获取了交叉配合专业的实际数据，进行统计、分析与标准对照，最终确认了产生问题的 3 个主要原因。

为解决这一难题，陆班长组织班员多次召开“你说我听大家谈”主题班会，集思广益，制定措施。综合运用 TPM 法、统筹法、自动化等手段，及时掌握线路联接关系，缩短审核故障点柱上开关线路图时间。同时，引入 5S 质量管理办法，优化抢修指挥流程，缩短确认非低压用户故障时间。通过对下半年故障点柱上开关定位时间进行效果检查，定位时间达到了平均 52 分钟 / 次。经过公司制度性的推广和成果转化，故障点柱上开关定位时间进一步稳定在 50 分钟 / 次，有力地提升了配网故障处理的效率，减少了每次事故的停电时间，年均创造经济效益 100 多万元。

案例分析：

随着社会的不断发展和进步，班组内的问题越来越复杂、非程序化，班组成员的学历层次越来越高，需要班组长从技能型向职能型、创新型转化。班组长要善于思考勤学习，要利用业余时间学习班组管理工作原理，根据工作需要参加培训班学习专业理论知识，注重在学习中提升、在提升中组合、

在组合中创新，总结提炼班组岗位工作流程、操作规范。班组长要多方互动勤沟通，在沟通过程中创新工作思路。在生产过程中遇到的问题，应加强与上级领导的沟通，及时研究解决问题的办法；主动与班组成员沟通，了解其工作、生活情况；班组之间勤沟通，了解班任务完成情况、工作中存在的问题和需要注意的事项，详细交接清楚，消除隐患；班组长经常与技术人员沟通，从中获取更多信息。

思考题

1. 班组长的创造性思维能力可以通过哪些途径培养和提高？
2. 班组长提升创新改进能力的方法有哪些？
3. 班组长“工作九步法”包括哪些内容？
4. 班组长“工作九步法”有哪些实施要点？

判断题

1. 创造性思维是进行创造性活动所必须具备的重要心理要素，是创新活动能否成功的基础。(　　)

2. 班组长的知识和经验越丰富，思路就越宽，思维就越灵活，判断就越准确，解决问题就会越正确。(　　)

3. 班组长要不断调整自己过去的思维模式，建议一种多元化的立体思维方式，从不同角度去观察和思考问题。(　　)

4.“缺点列举法”需要高深的理论基础，要求班组长进行系统的学习。(　　)

5. 核检表法不仅可以帮助班组长进一步提升问题意识，而且可以找到解决问题的新思路，同时还可以大幅度提高创新的效率。(　　)

6. 检核表法在创新活动的类型与场合方面比较有限。(　　)

7.“工作九步法”分别是指问、看、准、查、控、记、练、清、诊。(　　)

参考答案：

√　√　√　×　√

×　√

第七章

班组长的持续学习能力

学习目标

1. 理解持续学习能力的必要性和内涵
2. 理解班组长提升持续学习能力的途径
3. 掌握成为学习型班组长的要点
4. 理解班组长如何在学习型班组中发挥作用
5. 掌握有效学习的方法

学习重点

如何成为学习型班组长

学习难点

班组长进行有效学习的方法

学习引导

持续学习能力对于一线班组长来说尤为重要。班组长不仅要承担班组的管理任务，还要参与企业具体的生产任务，这就需要班组长自觉追求、不断提高技术素质，具备过硬的专业技术水平和业务能力，做到“关键时刻拿得下，困难时刻挑得起，紧急时刻站出来”，在班组中树立威信。本章将介绍持续学习能力的内涵、班组长提升持续学习能力的途径、培养班组长持续学习能力的要点和方法。

第一节　对持续学习能力的认识

案例导入

随着新的生产设备的引入、新的产品订单的出现，对班组成员的操作技能、团队协作能力、责任心等要求非常高，各班次当班人员更是需要团队中的精英。李伟认为最大限度地提升班组整体技能水平是关键中的关键，需要班组成员不断地学习。“学习是进步的阶梯”，只有学习才能进步。在班组管理中，他注重培养班组成员“热爱学习、善于学习”的良好习惯，使他们具备“善于通过学习解决问题”的能力，将学习融入日常工作中。在组织班组学习时，李伟紧扣员工关心的“热点”学、找准员工的“兴趣”学，抓住身边的“亮点”学，并结合工作中的“难点”学，调动班组成员的学习积极性。同时李伟充分发挥其过硬的技术水平和吃苦耐劳精神，带着大家干，做给工人看，在实践中传授大家操作方法，讲解工作要领，并将好的经验积极推广。李伟组织班组成员对提高效率、保证质量、降低成本、管理改善等一系列典型案例定期进行整理、分享和推广。定期组织班会，畅谈工作中的问题，商讨解决方法，交流工作中的经验方法。在李伟的带动下，班组的整体业务能力和管理水平不断提升。

要提高企业综合竞争力、确保各项工作有序推进、保障班组建设的正常开展，班组长以及整个班组综合学习能力的提升势在必行。

一、持续学习的必要性

随着各种新技术、新设备应用到生产现场，一线员工呈现出与以往不同的特点，班组长的管理环境发生了很大的变化。为了更好地履行职责，作为一线管理者，班组长要通过学习和实践，努力提高管理能力和管理水平。

工作环境的改变要求班组长必须持续学习，提高管理能力和管理水平。班组长工作和管理的环境每天都在不知不觉中改变着，市场和用户对生产的质量、时限、安全提出了越来越高的要求，特别是计算机技术在生产现场的应用，作为管理者要能根据网上生产信息的变化情况，对生产作业组织做出及时的调整，适时的管控。这些客观环境的变化要求班组长必须加强学习，提升能力，适应岗位工作的需要。

知识老化和能力弱化要求班组长必须持续学习，提高管理能力和管理水平。许多在岗的班组长大都离开校门多年，学识程度随着工作的时间增长而衰减。作为管理者，工作多年以后，班组长的知识老化和能力弱化，使他无法更好地适应岗位需要。因此，班组长必须持续学习，提高管理能力和管理水平。

当然，作为管理者，班组长通过学习可以获得知识，提高素质和素养，但是这并不代表他就具备了相应的管理能力，要想把知识变成能力，必须通过实践，实践是把知识变成能力的过程，这个过程中凝结着管理者的思想智慧成果，只有把学习和实践有机地结合起来，才能提升能力。因此可以说，学习提升素质，实践练就能力。

二、持续学习能力的内涵

学习是人类在社会实践与认知实践过程中获取经验和知识、认识和掌握客观规律，使自身获得发展、文明与进步的社会活动。学习既具有社会性行为又具有个体性行为的双重属性。从个体性行为分析，学习就是人接受环境的刺激并与环境相互作用，经过内化而获得感知与经验，通过强化练习，使人的潜在反应能力获得较为持久的改变。并能外化为行为表现的过程。这里所说的学习是广义上的学习，既有理论上的学习，也有实践方面的学习，可以向书本学习、向网络媒体学习，也可以向实践学习，或是抱着学习的态度向身边的领导、同事、员工们学习。要带着管理的思维去学习，去观察周围发生的事情。学习的目的在于应用，最有效的学习，是带着问题去学，带着思考和困惑去学，带着需要去学，这样学习成效最显著，能力提高的最快。

学习能力就是学习的欲望、意志、方法和技巧并使之成为习惯，也是人所有能力的基础。班组长的持续学习能力是指班组长从自身素养与学习活动的角度，对职位履职要求的适应与发展所进行的履职能力开发与建设。养成持续学习的习惯，关键取决于三个因素：意愿、能力与毅力。意愿可以提供一个人的学习动力，保证“人想学”；能力提供的是人的学习行动力，保证

“人能学”；毅力提供的是人的学习韧性，保证人“坚持学”。班组长要培养持续学习能力，就应该有意识地培养自己的意愿、能力与毅力，最终学有所成，学有所用。

三、班组长提升持续学习能力的途径

班组长要提升持续学习能力，可以从以下几个方面着手。

1. 工作学习化，学习工作化

班组长日常的工作过程就是有效学习的过程，工作现场就是学习现场，学习无处不在。班组长应该认识到，管理工作是一种实践，实践出真知，工作实践的过程就是不断学习、丰富的过程，而班组长学到的新知识、新技能又可以进一步指导班组工作。

2. 共享学习

最有效的学习方式是团队学习，而共享学习是最典型的团队学习。班组长要在班组里建立分享文化，如建立分享会制度，让班组成员分享自己的经验、创意，甚至是教训，这样有助于形成团队学习的氛围。

3. 反思学习

班组长要善于反思日常工作中的得失，总结经验，反思不足。在工作中可以以车间为单位设立班组长管理“反思会”，定期进行反思，班组长可以将本班组在生产、管理等各方面好的做法，尤其是负面的教训分享给大家，让整个车间进行学习反思。

4. 学习与实践相结合

学习之后要有所行动，学习的目的不仅仅是开阔视野，增长见识，更关键的是学以致用。如班组长在参加完培训后，可以将培训课堂上所学的知识运用于班组实践，真正达到班组学习的目的，提升班组管理绩效。

第二节 班组长持续学习能力的培养

案例导入

转眼间，李伟在班组长的岗位上已经三年了，在此期间他和班组成员共同完成了企业、车间下达的各项任务，共同渡过了一个又一个的难关。提到班组长一词，李伟说："当好一名合格的班组长，首先要懂业务，还要有吃苦的精神，想办法用自己的模范行动来当好带头人。"在当班组长之前，李伟在相对固定的岗位上已经工作了多年，对其他岗位特别是设备了解的不是特别多。为了干好自己的工作，从当班组长的那一时刻起就一边向车间里的老师傅学习，一边利用下班后的时间阅读大量的技术、管理方面的书籍学习。随着车间引进新的生产设备、加工新的产品，李伟感觉他需要学习的东西更多了，他要学习最新的生产技术方面的知识、学习新的管理理念和方法，更要学习计算机技术和应用方法。尽管每天都忙忙碌碌，但是李伟觉的很充实，感觉自己在学习中不断地提高。

通过自主学习提升自身的素养，通过团队学习提升整个班组的水平，是每一位班组长都必须具备的能力。

一、如何成为学习型班组长

学习型班组长是时代发展的需要，是现代企业发展的需要。作为企业管理技术人才的班组长，要不断提升自身学习力，不仅要学习本行业、本职业、本岗位的专业技能和知识，还要学习知识经济时代作为社会人所应具备的计算机技能和知识、外语、经济常识、法律法规、市场规则、生产经营管理等其他知识和技能，同时在学习的过程中发展和完善人格，使自己成为忠诚企业、敬业爱岗、乐于奉献、恪尽职守、又红又专的企业最需要的复合型人才。成为学习型班组长应从以下几个方面着手。

1. 学习要有目标

有目标，才能随时检核学习的成效，才能知道学习的过程如何与企业的实务运作相结合，才能够建立达成目标后的激励精神，时时保持乐观的正向心智享受学习的愉悦。所以说，班组长要带着目标去学习。

2. 学习要有一种“挤劲”

尽管班组长的工作非常繁忙，但“没有时间”不应该成为班组长的借口。在学习时间上，班组长应该有一种“挤劲”。

3. 学习要有一股“钻劲”

班组长只有勤奋好学、学以致用，才能与时俱进。那种认为不学习照样能够干工作、不愿意用心学习的想法，那种满足于一知半解、浅尝辄止的态度，那种借口工作忙不去学习或者敷衍了事的做法，那种把学习当作装点门面而不是用来推动工作的现象，都是十分错误和有害的。班组长应该摒弃这些想法、这些做法。

4. 把学习变成一种习惯

习惯是行为的自动化，不需要特别的意志努力，不需要别人的监控，在什么情况下就按什么规则去行动。习惯一旦养成，就会成为支配人生的一种力量，班组长应将学习变成自己的一种习惯。

5. 带着“问题”去学习

班组长在学习和工作中要善于发现问题，带着问题去学习。要主动寻找、学习新知识和新方法，在学习中改变固有的思维模式，并用学到的新思想、新技术、新方法解决问题，更好地完成工作。

6. 班组长要成为学习型的楷模

班组长要成为学习型班组的设计师、仆人和教师，要带头成为学习人。学习型班组长的行为对班组成员起着潜移默化的示范作用，他们率先执行开放、革新行为，向班组成员提供企业的愿景，并通过理解、支持等方式率领班组成员实现这一远景。班组长带头学习新的知识、技术、观念、方法，进行创新实践，有助于班组形成学习型班组文化。

二、如何在学习型班组中发挥作用

创建学习型班组，班组长是关键。班组学习活动组织的好坏，很大程度上取决于班组长综合素质的高低。在学习型班组创建过程中，班组长需要从以下几个方面努力。

1. 注重人格魅力的塑造

人格将决定行动的结果，班组长只有为人师表，班组成员才有可能人心相向，这是班组成员团结完成工作任务的前提，同样也是提高团队学习力的前提。第一，班组长要自觉把自己的行动同维护企业大局、维护班组利益联系起来，树立正确的价值观。努力以自身的形象来带动班组的风气好转，这是做好上级交给工作的不可缺少的主观条件。第二，要求真务实，真抓实干，坚持用“学与用、知与行、说与做”的统一，形成科学有效的工作思路和正确的工作方法。第三，要依靠群众，勤勉敬业，坚持做一切事情以群众赞不赞成、满不满意为标准，善于解决群众最关心、最需要解决的问题；始终保持旺盛的工作热情，有强烈的工作责任心和使命感，这是班组长形成人格魅力的内在条件。

2. 注重自身知识面的提高

带领团队学习，班组长仅仅依靠几分学习热情是远远不够的，要掌握学习型组织的基本理念、基本经验，成为会学习、懂学习的学习带头人。随着企业的发展，工作任务、方法、程序都发生了一定的变化。班组长必须首先跟上变化的步伐，时刻注重政治素质、业务素质的提高，不断加强政治理论、科学知识和业务知识的学习，带头参加技术比武、岗位练兵、QC 小组等活动。班组长不仅要在工作干劲上比员工强，在综合素质上，在学习上也要成为员工的榜样，这样才能潜移默化的带动员工团队学习、共同提高。

3. 注重团队学习方法的探索

组织团队学习是一个繁杂的过程，班组长要讲究科学有效的学习组织方法。一是要注重培养员工主动学习的愿望。通过组织学习新的理念，帮助员工发掘自己的潜能，围绕职业技能培训、学历教育等制订自己的学习计划和从业规划；围绕生产、安全、质量指标和经济技术创新目标，提炼班组的共同愿景，使之成为班组成员前进的动力和使命。二是要注重学习内容的确定。组织员工学理论、学文化、学科学、学管理、学法律、学新技术。班组学习要有较强的针对性，有严密的计划，有明确的要求，结合班组员工的知识结构、业务水平和企业人力资源开发的现状，提高员工学习的兴趣。三是要注重学习方法的创新。要采用灵活多样的学习形式，给团队学习注入持久的活力。班组学习形式不仅可以是灌输式的培训、讲座，还可以是主动式的问题管理、互动式的过程管理、讲评式的结果管理，也可以是各种形式的全过程的系统团队学习管理。

三、班组长有效学习的方法

在工作忙、时间不够用的情况下，如何解决好工学矛盾，是很多班组长都在思考的问题。解决这一问题的关键在于制订科学合理的学习计划，提高学习的有效性。

（一）制定学习计划的方法

1. 设定学习目标

首先设立一个整体目标。班组长结合自身情况，设定学习的范围，并确定一个最短学习时限和最长学习时限。其次，将整体目标细化成小目标，即将整体目标拆分成各个小的学习环节，明确每个学习环节的学习内容和阶段目标。最后，将每个阶段的学习内容与合适的学习途径相结合，将自主学习融入企业培养中。

2. 每天至少保证一小时的学习时间

班组长每天的工作过程也是学习的一部分，但是班组长要想取得良好的学习效果，每天还需要进行工作之外的自主学习。每个人都有自己的学习习惯，首先，了解自己学习的黄金时段，在学习的黄金时段抽出一定的时间静心学习，学习效果会更高。其次，充分利用一切可以利用的时间进行学习。比如上下班途中等车、坐车的时间，就可以带上纸介的学习资料和辅导资料来学习。最后，保证每天至少有一个小时的学习时间。如果因为一些必要的事情耽误了，那么就用另外的时间进行弥补，每天坚持下来，学习效果就会好得多。要想取得良好的学习效果，关键是要有持之以恒的精神，不能轻易放弃每一天的学习。

3. 随时关注学习进度

为了提升自己的自主学习能力，班组长要随时了解自己的学习进度，将学习进度与学习计划相对比，以了解自己的学习进度是正常还是比较缓慢。如果学习进度正常，就继续努力，一如既往地合理安排自己的学习。如果学习进度较慢就需要抓紧时间学习，加快学习进度，或向其他管理者请教合理安排学习进度的方法。

4. 要有紧迫感

不要等待，时间永远不会正合适。从现在就开始学习、开始为学习目标而努力。实践表明学习时间拖得越长完成自主学习的困难越大，因此班组长要紧凑地安排学习时间，不要让时间在犹豫等待中流逝，安排好工作、生活和学习，成为一个优秀的时间管理者。

（二）提高学习效率的方法

班组长如何在自主学习中能够兼顾职业责任、家庭责任与自身素质，需要提高学习的有效性。以下是几种比较有效的学习方法。

1. 重点学习法

即对所要学的内容，从开始直到最后，每一部分的重点予以明确，并进行深入理解、反复记忆，达到融会贯通的效果。

2. 系统比较学习法

即依次对每部分的学习内容按照一定的逻辑进行整理，做到心中有全局，同类（比如特点、原则、性质、分类等）各部分之间相比较，本质区别搞清楚，以加深理解，牢固记忆。

3. 自问自答的验效法

即在基本内容大体掌握，重点难点皆明确的基础上，自己出题目，或按参考书中已出的测试题目，转抄单列在纸上，自己作答，然后核对检验理解、记忆掌握的程度。不会的再下功夫理解记忆，提高学习的针对性。

4. 相互问答法

即同事在一起学习时，在基本内容已经掌握的基础上，可以采取相互提问的方式，答的不对、不会的问题记下来，再学习。

5. 顺序温习法

即在学习时间充裕、学习内容已基本掌握时，可以对学习过的内容按照一定的逻辑顺序进行整理、温习，掌握不下来的部分，再下功夫去学。由于有顺序概念，大脑识别系统容易形成逻辑，加强记忆理解，可大大提高学习效果。

6. 理论联系实际法

即结合自己的理论知识，解决或解释工作中的现实问题，或将理论方法应用于实践，检验其效果的学习方法。

7. 案例学习法

即用学到的知识，结合案例，减少学习的枯燥感，增加对知识的效用性认识。

8. 讨论式学习法

即多人在一起时，在对某学习内容基本熟悉的基础上，对其中的重点、难点、疑点、应用方法进行充分讨论，集思广益，不仅可加深理解，而且开阔思路，增加实用知识，培养知识的系统能力和演讲能力。

9. 研讨式学习法

即可以同其他的班组长和管理者自发地结合起来进行讨论，通过讨论可以掌握了解一些好的学习方法、管理经验以及一些创新性的理论和做法，从而大大开阔视野，提高自身素质。

10. 自我挑战法

即根据自己职业岗位特征，设计出自己业务技术的提高规划、职务晋升计划及素质能力和创新能力涉及领域的深度计划，从而增加需求渴望感和紧迫感。

实务训练

案例　在学习中提升

随着变电站自动化水平的不断提高、智能变电站在系统内逐渐增多，班组年轻职员工比例增大，班组人员技能水平和人员结构出现两极分化和断层问题。在这种情况下怎样高效、快速地提高班组人员专业技能水平是变电检修二班韩班长正在思考的问题。

班组成立至今面临的主要问题是人员结构过于年轻化，班组人员专业技能、工作经验严重不足。变电二次专业性质决定没有过硬的业务技能，工作寸步难行。在一次检修过程中因为二次安全措施执行错误，导致较大的事故发生。事故发生后班组人员查找自身原因，全班人员展开讨论，深刻反省班组在执行工作任务时存在的问题。事故发生后全班人员知耻而后勇，坚定从哪里跌倒就从哪里爬起来的信念，班组制定两年的短期目标，在两年短暂的时间内，通过班组及个人的努力学习，提高班组人员专业技能水平，个人能够达到自主完成本专业日常运维、检修工作的技能水平。

韩班长在班组内倡导终身学习的理念，积极开展班组培训活动，经常组织班组成员学习理论和业务技术知识，培养班组浓厚的学习氛围。第一，韩班长在班组内采用一人发现和解决问题，全班进行学习讨论的方法。班组人员记录工作中发现和解决的问题，以每周为时间节点全班人员进行讨论学习，发现不足，提出不同意见，进行相互学习。

第二，充分肯定和尊重班员的学习热情和学习成效，形成了工作学习化、学习工作化，以学习推动工作，以工作促进学习的局面。根据班组检修任务和消缺计划，注重组织班员分析二次回路原理图纸，检修作业前采用讲解工作步骤、原理图纸的方法，能够及时发现问题并提出改进措施，经常提合理化建议。

第三，结合工作实际，组织进行班组岗位培训，积极开展“导师带徒”活动。

第四，认真组织班员参加所在单位或公司举办的各种业务技术学习和培训。参加培训人员在班组开展“再培训”的学习方法，在班组进行二次学习，提高全班人员综合能力。

为了智能化变电站运维的需要，班组人员抓住每次公司组织外出培训学习以及新建智能站现场验收学习的机会，向厂家学习、向施工人员学习，制订相应的培训计划，加强对班组员工的专业知识和业务技能的培训，使员工不断更新现有的知识结构，同时，班组员工之间也加强学习，注重实践，不断提高自身综合素质。

经过一年半的学习和工作，全班人员的专业技能水平有了很大的提高，今年新入职班员外其他成员有了单独完成各项工作任务的能力。

案例分析：

创建学习型班组，培育创新型学习人才，打造高素质的员工队伍，是推动企业持续发展的有力武器。班组长作为班组的领导，其水平与能力决定了整个班组的创建水平，除了具备良好的技术与业务专长，良好的沟通协调能力，优秀的组织管理能力，还需要有良好的政治素养，持续的学习与创新思维。班组长是创建学习型班组的第一责任人，不仅要提升自身的自主学习能力，还要带动班组成员形成“工作学习化、学习工作化”的良好氛围，将班组学习变成一种动态的、主动的、与工作不可分离的学习和延伸。

思考题

1. 班组长持续学习的必要性体现在哪些方面？
2. 班组长提升持续学习能力可以通过哪些途径？
3. 班组长如何成为学习型班组长？
4. 班组长如何在学习型班组中发挥作用？
5. 班组长可以采取哪些有效学习的方法？

判断题

1. 工作环境的改变要求班组长必须持续学习，提高管理能力和管理水平。(　　)

2. 作为管理者，班组长通过学习可以获得知识，提高素质和素养，这代表他就具备了相应的管理能力。(　　)

3. 学习型班组就是通过看书、读报、听课等进行学习，或是为了解决某个问题而进行的事务性学习。(　　)

4. 养成持续学习的习惯，关键取决于三个因素：意愿、能力与毅力。(　　)

5. 最有效的学习方式是个人自主学习。(　　)

6. 学习的目的仅在于开阔视野，增长见识。(　　)

7. 班组长在学习和工作中要善于发现问题，带着问题去学习。(　　)

8. 班组学习形式仅限于灌输式的培训、讲座。(　　)

9. 组长要想取得良好的学习效果，每天还需要进行工作之外的自主学习。(　　)

10. 班组长要根据自己职业岗位特征，设计出自己业务技术的提高规划、职务晋升计划及素质能力和创新能力涉及领域的深度计划，从而增加需求渴望感和紧迫感。(　　)

参考答案：

√　×　×　×　×

×　√　×　√　√